Zu diesem Buch

Die Bedeutung der Brust für die Frau selbst ist Thema dieser einzigartigen Arbeit, durch die nicht nur im medizinischen und psychotherapeutischen Bereich, sondern weit darüber hinaus verdeutlicht wird, in welch ausgeprägtem Maße das weibliche Selbstverständnis mit diesem Organ verknüpft sein kann.

Dr. med. Ingrid Olbricht, Chefärztin der psychosomatischen Abteilung der Wicker-Klinik in Bad Wildungen, ist der Frage nach der Brust als Symbol und Organ weiblicher Identität jahrelang nicht nur im Rahmen ihrer ärztlichen Tätigkeit nachgegangen. Sie kommt zu dem Ergebnis, daß die weibliche Brust über die biologischen und physiologischen Funktionen hinaus auch eine Reihe seelischer Funktionen erfüllt: Symbol für weibliche Potenz, Macht, Vereinigungsfähigkeit und Harmonie.

Ingrid Olbricht

Die Brust

*Organ und Symbol
weiblicher Identität*

Rowohlt

Gesundheit steht bei den meisten Menschen an erster Stelle ihrer Wünsche an die persönliche Zukunft. Gesund sein, das bedeutet nicht nur nicht krank sein. Gesundheit manifestiert sich in körperlich-seelischer Harmonie, im entspannten Umgang mit der eigenen Körperenergie. Denn viele organische Leiden haben ihre Ursache in seelischen Verspannungen, bei denen die herkömmliche Pharma- und Apparate-Medizin meist versagt.

Medizin und Gesundheit faßt deshalb das Themenspektrum weit. Unter dieser Klammer erscheinen Titel zu neuen Entwicklungen der naturwissenschaftlichen und psychosomatischen Medizin und zur Medizingeschichte, aber auch praktische Ratgeber zum Umgang mit spezifischen Krankheiten und ihrer Heilung. Ernährungsratgeber sind hier ebenso zu finden wie Bücher zum Stressabbau, zu Körpertherapien und Entspannungsprogrammen.

Veröffentlicht im Rowohlt Taschenbuch Verlag GmbH,
Reinbek bei Hamburg, Oktober 1989
Dieses Buch erschien 1985 beim Kreuz Verlag, Stuttgart
unter dem Titel «Verborgene Quellen der Weiblichkeit»
Copyright © by Dieter Breitsohl AG,
Literarische Agentur Zürich
Umschlaggestaltung Manfred Manke
Satz Garamond (Linotron 202)
Gesamtherstellung Clausen & Bosse, Leck
Printed in Germany
980-ISBN 3 499 18525 3

Inhalt

Wie kam das Thema
dieses Buches zustande?

Dieses Buch entstand aus mehreren Motiven. Am Anfang war die Langeweile eines Kongresses. Ich saß in einem Café und wartete, daß die Kellnerin endlich zu mir kam, zu der Frau, die da alleine saß. Es gab keine Zeitung. Die anderen Gäste, meist geschäftige Männer, ein Pärchen, eine Mutter mit zwei braven Kindern, hatte ich mir bald angesehen. Sie regten meine Phantasie nicht sonderlich an. Dann kramte ich in meiner Handtasche. Ausweis, Kalender, Scheckbuch – nichts Aufregendes. Doch da war noch ein kleiner Notizblock, weiße Blätter, leer. Er hatte dazu dienen sollen, Wichtiges von dem besuchten Kongreß festzuhalten. Ich hatte mir einiges an Inhalt versprochen. Aber was kam? Profilierungszwänge, Verstiegenes und Abstruses, Selbstbespiegelung und Rivalisieren, Hahnenkämpfe – kaum etwas, das wert war, mitgenommen zu werden. Der Block blieb leer. Ich begann, auf dem ersten Blatt herumzukritzeln. Zwei Hähne entstanden da, sie standen sich gegenüber. In der Luft einige Federn – sie hatten wohl aufeinander herumgehackt. Es waren häßliche Hähne, zerrupft und mit krummen Schnäbeln, wie Raubvögel. Also doch Wichtiges vom Kongreß? Ich malte Kringel darüber, Kreise, bis die Hähne zugedeckt waren. Das gefiel mir. Ich merkte, wie mein Zorn langsam abnahm, das Kreiseziehen beruhigte mich.

Ich wartete immer noch auf meinen Kaffee. Geschäftige Männer waren inzwischen gekommen, bedient worden, gegangen. Warum saß ich hier und bekam meinen Kaffee nicht? Ich würde den gleichen Preis zahlen müssen wie die Männer, die da gerade aufstanden. Als ich mich wieder bemerkbar machte, nickte die Bedienung flüchtig in meine Richtung.

Ich sah wieder auf mein Blatt. Aus den Kreisen hatten sich Brüste geformt – so fand ich in diesem Augenblick jedenfalls. Sicher waren es nur gewöhnliche Kreise, wie man sie vor sich hin kritzelt, aber vielleicht war es die Besänftigung, die von dieser Beschäftigung ausging, daß mir die Assoziation zu Brüsten einfiel.

Brüste – wozu sind sie gut? Warum besänftigen sie? Der Gedanke an die nährende Mutterbrust kam mir in diesem Augenblick nicht in den Sinn. Ich saß hier und wartete auf meinen Kaffee – war durstig und keineswegs getränkt. Die Bedienung hatte große, spitze, wippende Brüste, die sie vor sich her trug. Irgendwann würde sie eine Kaffeekanne damit von irgendeinem Tablett stoßen. Nicht von meinem. Ich wartete immer noch.

Ich dachte an meine eigene Brust. Was wußte ich davon? Das Thema schien unergiebig, aber bestimmt nicht uninteressanter als der Kongreß. Ich sah wieder auf meine Zeichnung. Der Hahnenkampf – und die Kreise darüber. Und immer noch kein Kaffee. Eine Frau alleine ist eben, noch heute, in manchen Cafés offenbar Person zweiter Wahl.

Die Brust – wozu ist sie da?

Diese erste Frage schrieb ich auf das zweite Blatt meines Blocks.

Und das ist die zweite Motivation zu diesem Buch: Ärger. Es begann mit dem Ärger über einen Kongreß, der anstelle von Inhalten Profilierungskämpfe anbot und für die Vortragenden und Seminarleiter Bewunderung forderte, Beifall, Applaus, Händeklatschen.

Eine einzige Frau war unter den Vortragenden, sie war gehemmt und schüchtern, bemüht, ihre Sache gut zu machen. Sie sah hübsch aus, nett und freundlich. Ich habe geklatscht, obwohl sie nicht viel Neues sagte. Eine Alibi-Frau, die sich bemühte, es den Veranstaltern recht zu machen.

Und das Publikum, das applaudierende, das immer zum Beifall bereite? Es bestand überwiegend aus Frauen.

Und dann kam noch der Zorn über die Bedienung im Café dazu. Eine Frau, die Frauen einfach sitzenließ, ohne Kaffee. Die Frauen offenbar geringer schätzte, wenn sie nicht in Begleitung eines Mannes waren – oder wenigstens in Begleitung von Kindern, die indirekt zeigten, daß ein Mann hinter ihr steht.

Die Brust – was bedeutet sie für mich?

Ich schrieb die zweite Frage auf meinen Block. Sie bedeutet, so sieht es jetzt aus, daß ich irgendwie benachteiligt werde. Und nicht nur ich. Allerdings hatte die Kellnerin offenbar Vorteile davon, ganz anders als ich. Sie lachte mit ein paar graugekleideten, seriösen Geschäftsleuten. Offenbar gab es ein gutes Trinkgeld.

Mit den beiden Fragen auf meinem Block ging ich. Ohne Kaffee, ungenährt. Die Kellnerin rief mir zu, als ich den Mantel anzog, der Kaffee komme sofort. Ich murmelte, daß ich keine Zeit mehr hätte, und ging. Leider erfuhr sie nichts von dem, was ich erlebt hatte. Ich war damals zu gehemmt und schüchtern, wollte auch kein Aufsehen erregen. Was hätte ich denn auch sagen sollen? Ich wußte es selbst nicht.

Dann machte ich mich auf die Suche nach Literatur zum Thema «Brust». Mein erster Weg führte zum Büchertisch des Kongresses. Ich blieb wohl eine Stunde dort und suchte. Es gab Bücher über Mütterliches und Weibliches, Bücher über Träume, über Märchen, über Psychotherapie aller Richtungen und für alle Lebenslagen. Einmal fand ich das Stichwort «Brust». Ich schlug freudig nach: Die breite Brust des Mannes war gemeint. Mein Staunen zuerst, dann meine Enttäuschung, beides war da, beides war groß. Also war das kein Thema. Ich würde nichts darüber erfahren.

Das Stichwort «Brustkrebs» war ergiebiger. Die Ausbeute war dafür um so deprimierender. Allerdings war mir solche Fachliteratur noch von meiner Doktorarbeit her bekannt, die ich 1976 über die verschiedenen Untersuchungsmöglichkeiten der weiblichen Brust geschrieben hatte. Schon damals waren mir charakteristische Verhaltensweisen der untersuchten Frauen aufgefallen, die ich nicht verstand und die irrational waren. Aber dann hatte ich dieses Thema wieder aufgegeben und vergessen, weil die Bearbeitung wegen des Fehlens von weiterführender Literatur aussichtslos schien.

Dies hatte sich nicht geändert: Ich fand Artikel über radikale Operationen, Nachbehandlungen und Bestrahlungen, Rekonstruktionsoperationen, Statistiken, sogar über Autogenes Training und dessen Nutzen. Man gibt sich Mühe mit diesem Thema.

Nichts fand ich darüber, wie Frauen sich fühlen, nichts, was Psychotherapie für sie tun könnte. Die Information, daß Frauen so

aktiv waren, Selbsthilfegruppen zu gründen, war immerhin tröst-
lich.

Jetzt wurde ich neugierig. War das wirklich kein Thema – oder
wußten sie nur nichts darüber? Das letztere kam mir jetzt wahr-
scheinlicher vor. Nun, wenn ich von einer Sache nichts weiß, dann
will ich etwas herausfinden. Das Nicht-Wissen trieb mich in die
Universitätsbücherei.

Die Frau, die für die Ausgabe zuständig war, sagte mir glücklicherweise, zu diesem Thema gäbe es eine Menge Literatur. Ich war
erleichtert, und bald hatte ich viele Bücher vor mir liegen. Zuerst sah
ich nach den Vornamen der Autoren. Ich dachte in meiner Naivität,
Frauen müßten von diesem Thema etwas verstehen und einen besonderen Zugang dazu haben. Aber ich fand keine. Keines der Bücher, in denen das Thema «Brust» behandelt wurde, hatte eine weibliche Autorin.

Also zum Inhalt. Ich fand Anatomisches, Gynäkologisches, Phy-
siologisches, Biochemisches, eine Menge Statistiken und Aufstel-
lungen über Brusterkrankungen und Operationstechniken und -ri-
siken, Mutmaßungen über Psychosomatisches, Diskussionen über
das Für und Wider der Brusternährung und Analysen der künstlichen Säuglingsernährung, auch Kosmetisches, Kurioses und Zyni-
sches. Ich sah den Stapel von Büchern vor mir auf dem Tisch an. Viel
Fleiß steckte darin, ohne Zweifel; auch viel Wissenswertes für den
Arzt, den Chirurgen, den Gynäkologen, den Naturwissenschaftler,
für Männer also. Aber was fand ich darin für das Selbstverständnis
der Frau? Ich blätterte noch ein wenig herum, schon halb entmutigt
– alle diese vielen Bücher waren nicht für Frauen geschrieben. Hier
und da mal ein halber Satz, kümmerliche Lesefrucht einiger Stunden.

Aber warum gab es so wenig? Wieder diese Frage. Ein unwichti-
ges Thema oder gar ein gefährliches?

Ich räumte alle Bücher zusammen und gab sie der freundlichen
Frau am Ausgabetisch. Sie sah meine Enttäuschung und zuckte mit
den Schultern. Ob vielleicht E. Neumann oder E. Borneman – sie
sagte wirklich «E», als sie die Nummern heraussuchte, denn Computer gab es damals noch nicht in dieser Bibliothek – noch etwas
bringen könnten? Da wäre vielleicht noch was – oder S. Freud, aber
da hätte sie Bedenken. Mit Sexualität und so: ja, aber Brust... sie

könne mal nachsehen. Immerhin, ein paar Bücher hatte ich nun, auch etwas über Psychosomatik. Wiederum alle von männlichen Autoren. Aber da war ich nicht festgelegt, warum sollten sie nicht etwas über ein weibliches Thema wissen?

Ich habe in vielen Büchern nachgelesen. Bücher über Frauen, besonders über weibliche Sexualität, werden meist von Männern geschrieben. Erst in neuerer Zeit gibt es Bücher von Frauen über Frauen. Häufig geht das dabei aber nicht um die Frau als Person, um ihre Identität als Individuum, sondern um ihre Lebensbezüge, um ihre Umwelt, ihr Umfeld, um die Frage ihrer Rechte oder ihrer Entrechtung.

Ein Buch einer Frau über die Beurteilung von männlicher Sexualität habe ich – damals – nicht gefunden.

Warum interessieren sich Männer so sehr für Frauen? Warum schreiben sie dicke Bücher über sie? Ich sah sie vor mir, die Autoren: eine Reihe von Professoren, Lehrern, Philosophen, Theologen, Ärzten – graue Anzüge, schwarze Talare, weiße Kittel –; mir fielen meine Onkel ein, meine Lehrer, die Pfarrer, die Professoren – alle hatten mich belehrt, mir gezeigt, was ich dürfe und was nicht, was ich können müsse und was auf keinen Fall, was schicklich sei und was nicht. Mein Vater war in dieser Reihe nicht dabei. Er hatte mir Märchen erzählt – und daß das Leben schön sei. Aber er war der einzige, der mir sagte, Neugier sei spannend und Wissen sei nützlich, auch für ein Mädchen. Manchmal glaubte ich später, auch dies habe zu seinen Märchen gehört.

Alle diese Autoren – warum schreiben sie so viel über Frauen? Warum tragen sie fleißig so viel über sie zusammen und füllen Seite um Seite? Warum setzen sie ein Bild der Frau aus Tausenden von Puzzlesteinen zusammen, und warum fehlen ihnen so viele? Oder haben sie sie mit Absicht verloren oder vergessen? Diese Frage beschäftigte mich, als ich endlich zu Hause war – mit ein paar wenigen Büchern und einem kleinen Zettel, auf dem zwei Fragen standen:

Die Brust – wozu ist sie da?
Die Brust – was bedeutet sie für mich?

Ich fügte eine dritte Frage hinzu:

Die Brust – was bedeutet sie für die Menschen?

Ich hätte gerne das Wort «Menschheit» benutzt, aber es schien mir zu großartig für solche schlichten Überlegungen zu sein. Aber geht es hier um eine schlichte, einfache Frage?

Diese dritte Frage verknüpfte sich mit den beiden ersten und mit anderen Fragen, die ich mir schon gestellt hatte. Es waren viele Fragen – vor allem die, warum Männer so viel über Frauen schreiben und warum so viel Wissen über die Frau verlorengegangen oder nicht vorhanden ist. Und dann kam mir eine neue Frage: Hatten sie vielleicht Angst, diese vielen Autoren, die da Millionen von Wörtern über die Frau geschrieben haben? War das der tiefere Grund?

Aber warum sollten sie Angst haben?

Sie hatten ja früher sogar ernsthaft daran gezweifelt, daß Frauen eine Seele hätten. Sie schrieben über den «physiologischen Schwachsinn des Weibes» (Paul Möbius u. a.) allen Ernstes dicke Bücher. Was sie alles gemacht haben aus uns: Objekte für alles, für ihre Wissenschaften und ihre Philosophien, ihre theologischen Erörterungen und medizinischen Überlegungen – und für ihren persönlichen Gebrauch.

Warum? Könnte es wirklich sein, daß sie Angst haben? Meine Neugier wuchs. Aber da war noch eine größere Neugier: Wo war die Antwort auf die Frage, was eine Frau sei? Ich fand sehr viel darüber: Was sie nicht ist oder hat, was sie im Vergleich zum Mann nicht ist oder hat – aber was sie ist oder was sie hat, das fand ich nicht.

Und was bin ich?

Mit all diesen Fragen setzte ich mich hin und begann geduldig, Archäologie zu betreiben. Schicht um Schicht trug ich vorsichtig ab, Fundstelle lag unter Fundstelle; manchmal mußte ich aus Bruchstücken rekonstruieren, manchmal fand ich unversehrte Stücke – und sehr oft fand ich nichts.

Ich fand das Phänomen, daß die mechanische Nutzungsmöglichkeit der Brust übriggeblieben und daß ihre eigentliche Lebenswirklichkeit verlorengegangen ist. Ich bin dem Phänomen der Blindheit begegnet, die das Sichtbare und Vergleichbare für nicht existent erklärt. Ich habe gefunden, daß seine Seinswirklichkeit geleugnet und gleichzeitig die Verleugnung zur Realität erhoben wird. Ich habe Behauptungen gehört, besonders von Kollegen, daß dieses Thema banal und unwichtig sei. Solche Behauptungen waren noch harmlos, denn sie leugneten nur die Wichtigkeit des Themas, nicht dessen Vorhandensein. Die Meinung hingegen, das sei doch verstiegen, Spinnerei, an den Haaren herbeigezogen, leugnet die Existenz des Themas überhaupt.

Freilich ist das Thema unbequem: für Frauen deshalb, weil sie nun ihre Rolle neu definieren müßten, nämlich aus ihrer Eigenexistenz, allein aus ihrer Weiblichkeit heraus und nicht aus dem Vergleich, als Ergänzung oder Gegensatz, in Anlehnung oder Unterscheidung zum Mann.

Für Männer wird es teilweise leichter, teilweise sehr viel schwieriger, sich damit auseinanderzusetzen. Wenn das monistische phallische Primat nicht mehr gelten sollte, müßten sie sich ebenfalls um eine Neuorientierung bemühen, die sich nicht mehr aus Machtstrukturen ableitet, sondern aus Verschiedenartigkeit und Gleichwertigkeit. Aber leichter werden kann eine solche Position durch die Tatsache, daß damit die Verpflichtung entfällt, das Territorium des Primats künstlich zu erhalten und zu verteidigen. Denn das Aufrechterhalten eines künstlich geschaffenen Ungleichgewichtes kostet stets viel Kraft, Energie und Anstrengung, die dann für effektivere Tätigkeiten, vielleicht sogar für das Leben, für ein eigenes persönliches Leben – vielleicht mit längerer Lebenserwartung, vielleicht mit größerer Lebensqualität – frei werden könnten.

So zeigte sich bei meiner archäologischen Arbeit auch, daß unter dem persönlichen Problem jedes einzelnen ein überpersönliches Problem jedes Geschlechtes zum Vorschein kommt und daß dahinter ein universelles Problem der Menschheit – und hier benutze ich dieses Wort im vollen Bewußtsein seiner Bedeutung – vergraben liegt.

So entstand dieses Buch.

Einleitung

Die Arbeit an dem vorliegenden Buch hatte für mich mehrere Funktionen. Zum einen war es die Auseinandersetzung mit einem Thema, nämlich mit der weiblichen Brust, von dem mir als Frau, die damals in einer Frauenklinik arbeitete, auffiel, daß es merkwürdig unbeachtet war. Dabei hatte ich jedoch das Gefühl, daß sich dahinter etwas Wichtiges verbergen könnte. Nur schien niemand außer mir diese Wichtigkeit wahrzunehmen. Die Folge davon war damals eine «typisch weibliche» Reaktion: Ich übernahm die Einstellung der mich umgebenden Männer, die zum Teil seit vielen Jahren in diesem Bereich arbeiteten, ungeprüft als richtig, zumal ich Neuling war und sie über Berufserfahrung verfügten. Ich habe meine Fragen damals – wie ich glaubte, endgültig, weil nicht relevant – ad acta gelegt. Aber sie sind wiedergekommen.

Zum anderen aber ging es für mich um die Auseinandersetzung mit der Weiblichkeit an sich und damit auch mit der Frage der eigenen Identität. Mir waren die Auswirkungen der Polarisationsstereotypen (weiblich = passiv, schwach; männlich = aktiv, stark) auf das Identitätsgefühl nie zuvor so deutlich geworden, sie wurden zunehmend plastischer bei der Klärung sprachlicher Ausdrücke und ihrer Etymologie, aber besonders auch durch die Auseinandersetzung mit gängigen Definitionen für weiblich und männlich, Matriarchat und Patriarchat und den damit verbundenen psychologischen Vorstellungen.

Und dann wurden mir auch die Funktionen der Weiblichkeitsstereotypen, mit denen ich immer wieder konfrontiert wurde, bestürzend deutlich. Die Auseinandersetzung mit

– der Idealisierung als kompensatorisch-unrealistischer Aufwertung (Madonna, «heilige Mutterliebe»),

– der Dämonisierung als Abwertungsrechtfertigung («Sexbombe», «Hexe») und

– der Trivialisierung als Möglichkeit, den Unwert der Frau, ihre Bedeutungslosigkeit zu beweisen («Hausmäuschen», «Prestigeobjekt»)

bei der Definition der Frau zeigte mir das ganze Ausmaß ihrer Abwertung. Ich stellte mir die – realistisch gesehen – fast unmögliche Aufgabe, die Abgründe zwischen Definition und Wirklichkeit der Frau gedanklich, aber auch gefühlsmäßig zu überbrücken und sie wieder in ihrer eigentlichen, unentstellten Gestalt zu sehen.

Meine Betroffenheit führte zum Glück nicht mehr in «weibliche Passivität», wie das einige Jahre vorher geschehen war, als ich mich der allgemeinen Meinung anschloß, das Thema der weiblichen Brust sei – außer für den Operateur, den Untersucher, den Arzt und den Ehemann – unwichtig. Für mich wurde das Thema der Brust zur Chance der Auseinandersetzung mit dem Begriff Weiblichkeit und mit der Realität des Weiblichen.

Ziel des Buches ist nun nicht die Abwertung des Männlichen zugunsten des Weiblichen – das wäre die gleiche Sackgasse mit anderen Vorzeichen, in der wir bereits zur Genüge stecken. Ziel ist auch nicht eine neue, andersartige Idealisierung der Frau – und damit wieder ihre Entfremdung von der Wirklichkeit –, ebensowenig wie etwa eine Nivellierung von Frau und Mann. Ziel ist es genausowenig, zu fordern, daß unsere ganze geschichtliche und kulturelle Entwicklung wieder rückgängig gemacht werden sollte; das wäre völlig unrealistisch und würde erneut in die Einseitigkeit führen. Ziel ist jedoch eine Standortbestimmung in bezug auf ein weibliches Thema, Bewußtmachung der Defizite und der Versuch einer Rekonstruktion. Ziel ist auch die Kritik bestehender Zustände, die ja die Entwicklung beider, Frau wie Mann, behindern, einengen und zu gefährlichen Auswirkungen führen, die noch gefährlicher werden, wenn sie weiter so unbewußt ablaufen.

Natürlich ist mein Engagement nicht unparteiisch. Das kann es auch nicht sein; denn ich bin nicht unbeteiligte Zuschauerin, sondern aktive und passive Mitspielerin.

Entscheidende Hilfe war mir dabei die Teilnahme meiner Freundinnen und Freunde, besonders aber auch die Bereitschaft derjenigen, die mir ihre eigenen Erlebnisse, Erfahrungen, Träume und Bilder überließen. Das zeigte mir, weil es sich dabei um sehr persönliche

Äußerungen handelte, wieviel Interesse dem Thema und wieviel Vertrauen mir entgegengebracht wurde.

So danke ich besonders E. S., D. B., L. P., M. K., L. R., E.-A. L., C. N., A. J., N. G., S.-N. W. und H. G. für ihre Berichte.

Andere machten mich auf Literatur aufmerksam, stellten mir Sonderdrucke zur Verfügung oder besorgten oder liehen mir Bücher.

Mein ganz besonderer Dank gilt Ursula, Antje, meiner Tochter Claudia und meinem Mann Karl, die vieles durch kritische Hilfe, Durchsicht, Hinweise und Gespräche klären und präzisieren halfen.

Wie Frauen
ihre Brust erleben

Alle Frauen haben zuerst einmal den flachen Oberkörper eines Kindes gehabt, Mädchen sind an dieser Stelle nicht von Jungen zu unterscheiden und ebensowenig untereinander.

Den kleinen Unterschied zu den Jungen haben sie meistens schon früh entdeckt, und je nach Erziehung und Klima im Elternhaus bewerten sie ihn sehr unterschiedlich. Einige Mädchen beneiden sicher die Jungen, weil sie es einfacher haben, wenn sie unterwegs einmal austreten müssen. Auch das Wettpinkeln im hohen Bogen ist Mädchen anatomisch nicht gut möglich. Ebenso nehmen sie recht bald wahr, daß den Jungen mehr erlaubt ist und daß sie größere Freiheiten haben. Andererseits gibt es Mädchen, die genau wissen, wo der wunde Punkt der Jungen ist und wo sie sie am ehesten schmerzhaft treffen können, sowohl beim erbitterten Raufen als auch durch Spott.

Irgendwann wird dann die Neugier aber auf ihren eigenen Körper gelenkt. Das erste Zeichen für die Entwicklung eines weiblichen Körpers ist der Beginn der sichtbaren Brustdrüsenvergrößerung.

Viele Frauen erleben diese Entwicklung von der Knospenbrust bis zur endgültigen Form nicht bewußt. Sie bemerken sie oft erst, wenn die Mutter ihnen das unbefangene Bewegen mit nacktem Oberkörper verbietet, und dann meist als einschränkend, als Verlust von Freiheit. Nur etwa ein Viertel aller Frauen überhaupt beobachtet als Mädchen mit Aufmerksamkeit die Entwicklung der eigenen Brüste. Wegen der häufig mangelnden Aufklärung und der oft fehlenden Freude über diesen Vorgang wird die Brustentwicklung meist ängstlich oder mit Unbehagen beobachtet. Oft wird die Wahrnehmung dieses Vorgangs deshalb verdrängt. Immer scheint das Vorbild oder die Reaktion der erwachsenen weiblichen Personen der Familie entscheidend dafür zu sein, wie ein Mädchen sein Heranreifen erlebt und bewertet.

An dieser Stelle wollen wir einmal sehen, wie verschiedene Frauen die Entwicklung ihrer Brust erlebt haben. Zuerst eine 41 jährige Frau, die fast resigniert hätte:

E. S.: «Zu den frühesten Wahrnehmungen gehört die Figur meiner Mutter, die ihre üppigen Formen in ein Korsett schnürte. Das war für mich Ausdruck von Eingesperrtsein, und sehr früh kam die Angst, daß mir das auch passieren könne, und zugleich ein inneres Gelöbnis: Ich will nie so dick werden. Obwohl ich auch ältere Schwestern habe, war mir deren Entwicklung zur Frau entgangen. So wurde ich mit meiner Flachbrüstigkeit erstmals bewußt beim Aussuchen des Kleides zur Konfirmation konfrontiert. Die Schneiderin gab sich Mühe, das Oberteil so zu gestalten, daß sich später entwickelnde Brüste auch noch Platz haben würden. So hing dann die Jacke sehr stark, wo sie hätte gefüllt sein sollen. Zu dieser Zeit wurde es dann auch notwendig, einen Büstenhalter zu tragen, und ich betrachtete diesen recht entmutigt. Zuerst fühlte ich mich dadurch beengt und spürte, daß er verrutschte, was sehr unangenehm war. Im Laufe des Tages habe ich ihn abgemacht und versteckt. Später dann gab es eine Zeit, wo ich mir vorstellte, daß sich mein Busen durch das Tragen eines Büstenhalters entwickeln müsse, aber diese Phase ging auch vorüber. Beim Zusammenkommen mit bedeutend bewußteren Teenagern meines Alters versuchte ich durch das Tragen von gepolsterten Büstenhaltern meinen Mangel auszugleichen. Dabei war ich mir der Täuschung bewußt, und es gab Zeiten, wo ich häufig an mir herunterschaute, um sicher zu sein, daß die gefüllten Formen am rechten Platz waren. Aktivitäten wurden dadurch stark beeinflußt, besonders wenn ich in einer größeren Gruppe von Mädchen, zum Beispiel beim Sport, war. Andererseits hatte ich mir im außerschulischen Bereich eine stark leistungsorientierte Turngruppe gesucht, wo es mir eher positiv schien, nicht durch einen großen Busen belastet zu sein.

Lange habe ich das falsche Außenbild zur Schau gestellt, und erst durch eine Erkrankung, die das Tragen eines Büstenhalters vorübergehend unmöglich machte, konnte ich langsam ein etwas sichereres Auftreten mit meinen eigenen Formen wagen. Daß ich nichts mehr vortäuschte, auch keinen Mangel versteckte, begann ich zu genießen, wobei mir aber auch die allgemeine Entwicklung im Kleidungssektor entgegengekommen war. Inzwischen habe ich mich damit ab-

gefunden, bis auf wenige Zeiten, beispielsweise am Strand oder im Schwimmbad, wo ich einerseits Sonne genießen will, das Oben-Ohne aber noch nicht akzeptiert wird. Dort plage ich mich noch mit dem Oberteil eines Bikinis ab, jetzt aber ohne Körbchen, und es gibt auch da noch Zeiten, wo dieses Teil verrutscht, was aber jetzt ein unangenehmes Körpergefühl verursacht, weniger stark das Bewußtsein von mangelnden Körperformen.»

Zuerst schildert diese Frau, wie sie die Figur ihrer Mutter wahrnahm, die durch ihre üppigen Formen und deren Einschnürung abschreckend wirkte. Die Mutter vermittelte ihrer Tochter so wenig Positives über die weibliche Figur, daß es bei der Tochter zu einem Gelöbnis kam, nie so dick zu werden. Sie bewirkte also durch ihr Beispiel, daß die Tochter ihr Frauwerden in der Form, wie die Mutter es modellhaft anbot, nicht annehmen konnte. Das ging so weit, daß sie sich auch nicht für die Entwicklung ihrer älteren Schwestern interessierte. Der erste Anstoß, sich selbst wahrzunehmen, erfolgte von außen: Beim Aussuchen eines Kleides zu einem festlichen Anlaß, zur Konfirmation, gab es Schwierigkeiten. Die Jacke hing, der Büstenhalter beengte sie und verrutschte. Alles signalisierte, daß dieses junge Mädchen nicht so war, wie es hätte sein müssen. Sie kam in einen Konflikt zwischen der Ablehnung der weiblichen Gestalt, wie sie ihre Mutter vertrat, und der Notwendigkeit, die vorgegebenen Formen der Jacke oder des Büstenhalters auszufüllen. Der Konflikt wurde so entschieden, daß die junge Frau beschloß, einen Entwicklungsanreiz für die Brüste in Form des Büstenhalters zu setzen. Diese Phase ging vorüber, als sie merkte, daß ihre Vorstellung nicht in Erfüllung gehen konnte. Dann kam die Phase der Täuschung: Sie gab vor, die Norm einer guten Figur zu erfüllen, indem sie einen gepolsterten Büstenhalter trug. Der Preis dafür war die Behinderung bei sportlichen Aktivitäten, allerdings suchte sie sich dann kompensatorisch eine stark leistungsorientierte Turngruppe aus, die ihr gleichzeitig das Bewußtsein geben konnte, daß ihr Makel oder ihr Nichterfüllen der Normen auch Vorteile hatte. Im Laufe ihrer Entwicklung war es ihr aber möglich, zu ihrem eigenen Körper zu stehen, das falsche Vorbild aufzugeben und ein Selbstbewußtsein mit der gegebenen Realität des eigenen Körpers zu entwickeln.

Eine andere Frau, 45 Jahre alt, hat ihre Brust als Last empfunden:

D. B.: *«Die ersten körperlichen Veränderungen habe ich nicht so ernst genommen. Das Gefühl, ein Kind zu sein, war für mich noch nicht begrenzt, ich ignorierte die Zeichen, daß diese Zeit zu Ende gehen könnte. Die erste, die mit Restriktionen reagierte, war meine Mutter. Die Zeiten, in denen ich sorglos im Badehöschen oder in der Turnhose herumspielen durfte, waren vorbei, ich mußte immer eine Bluse oder ein Hemd anziehen, das später auch immer weiter wurde, denn «sonst bist du so abgemalt». Ich sollte auch nicht mehr rennen, damit es nicht so wippt. Der Anfang meiner Brustentwicklung bedeutete also Einschränkung. Das war die eine Seite.*

In unsere Klasse ging damals ein Mädchen, Anneliese, zwei Jahre älter als die anderen, die bereits eine gutentwickelte Brust hatte. Ihren BH bewunderten wir in der Turnstunde beim Umziehen. Ein solches Kleidungsstück aus feiner Wäschespitze, mit einem Schleifchen vorne, in Weiß, Rosa oder Hellbau, konnten wir anderen nicht aufweisen. Ich begann, mir Tennisbälle oder Taschentücher ins Kleid zu stopfen und die Wirkung zu beobachten. Dabei ging ich vor dem Spiegel auf und ab und versuchte, mich möglichst von der Seite her zu sehen. Zu dieser Zeit wünschte ich mir einen recht großen und auffälligen Busen. Als mich meine Mutter bei diesem Spiel erwischte, sagte sie mir, wie verdorben ich sei. Es war das letzte Mal, daß ich Schläge bekam.

Meinen ersten BH mußte ich zur Konfirmation tragen, er war weiß und ohne die so bewunderten Spitzen und Schleifchen. Von da an mußte ich ihn täglich tragen, abgelöst wurde er lediglich durch ähnlich unattraktive Wäschestücke. Meine Mutter machte mir klar, daß Spitze sich nicht kochen läßt und daher unhygienisch ist.

Von da an beobachtete ich das Wachstum meiner Brust mit Argwohn und Sorge. meine Mutter kaufte mir die Kleider vorsorglich zwei bis drei Nummern größer, so daß man die Brust nicht deutlich sehen konnte. Erst nach ihrem Tod habe ich meine wahre Kleidergröße erfahren. Die Folge meines vogelscheuchenähnlichen Aussehens war natürlich Ablehnung bei den Klassenkameradinnen, Hänseln in der Tanzstunde, Mauerblümchendasein und als Folge äußere und innere Isolation. Ich wurde ausgesprochen kontaktscheu, ging vornübergebeugt und verschränkte jahrelang die Arme in einer für mich schließlich typischen Geste vor der Brust.

Als ich neunzehn war, beim ersten Kuß, versuchte der Mann, dabei meine Brust zu berühren. Ich geriet in panische Angst und entzog mich dem. Ich vermied dann körperlichen Kontakt, um nicht wieder an der Brust berührt zu werden. Erst nach meiner Hochzeit duldete ich die Berührung, ohne dabei jedoch etwas Positives zu empfinden. Innerlich zuckte ich, glaube ich, noch jahrelang davor zurück. Als ich mein erstes Kind bekam, stellte sich nach wenigen Tagen eine Brustentzündung ein, so daß das anfänglich als sinnvoll und positiv erlebte Stillen eingestellt werden mußte. Dieses Kind gedieh nicht recht, schrie viel, war sehr häufig krank und war sehr schwierig. Beim zweiten Kind wußte ich es dann etwas besser. Ich teilte in der Klinik nichts von der vorangegangenen Brustentzündung mit und achtete auf die nötige Hygiene, die das Klinikpersonal beim erstenmal nicht beachtet hatte und mit der es auch dieses Mal sehr lässig umging. Körperliches Lustgefühl oder Freude beim Stillen habe ich nie empfunden. Dagegen war ich voller Stolz darüber, daß mein Kind fast ein halbes Jahr alt wurde, ehe es eine andere Ernährung bekam. Ich hatte so das Gefühl, alles, was dieses Kind ist, stammt von mir. Das Stillen diente für mich dazu, das Kind als Teil von mir zu erleben. Dieses Gefühl gab sich erst, als ich mein Kind mit anderen Speisen ernährte und es schließlich abstillte.

Im Lauf der Jahre habe ich gelernt, meine Brust als das zu sehen, was sie ist: nicht klein, aber auch nicht unförmig und verunstaltend. Es ist ja so paradox, daß ich im Spiegel nicht das wirkliche Bild meiner Brust sehen konnte, sondern daß ich gleichsam mit den Augen meiner Mutter nur das Häßliche, Monströse, Unförmige und Entstellende gesehen habe. Jetzt weiß ich, daß meine Brust eine normale Größe hat, und manchmal weiß ich sogar, daß sie recht schön ist.»

Diese Frau nimmt als Mädchen das Kindsein als gegebenen Zustand an, sie möchte nicht erwachsen werden. Die Frage, ob dies etwas mit dem Vorbild der Mutter zu tun hat, wird in ihrer Schilderung hier noch nicht beantwortet. Aber die erste, die auf die Veränderungen ihres Körpers reagiert, war auch hier wieder die Mutter. Die Zeiten der Sorglosigkeit waren vorbei, die Einschränkungen begannen. Im Folgenden zeigt das Mädchen eine deutliche Ambivalenz: Es ist bereit, die Einschränkungen hinzunehmen, weil es gleichzeitig auch positive Seiten der Brustentwicklung wahrnimmt: Das Beispiel der Klassenkameradin, die einen hübschen Büstenhalter besaß, aber auch unabhängig davon die Beschäftigung mit möglichen eigenen Körperformen. Hier hätte eine positive Entwicklung zur Weiblichkeit hin einsetzen können. Die Mutter macht dem ein plötzliches Ende mit Bestrafungen und moralischen Vorhaltungen. Die ablehnende Haltung der Mutter wird auch deutlich in der Einstellung, daß Körperlichkeit schmutzig sei; Wäsche muß sich kochen lassen, um sauber zu werden. Körperliches ist unhygienisch. Verständlich, daß das Mädchen mit Argwohn und Sorge reagiert. Aber die Mutter handelt noch weiter: Sie bewirkt durch den Kauf viel zu großer Kleider, daß die Brust der Tochter nicht gesehen werden kann. Mehr noch, sie kann auch keine Rolle im Umgang mit Jungen spielen, die Tochter wird äußerlich unattraktiv gemacht, insgesamt erfährt sie, daß ihre Brustentwicklung und deren Folgen Grund sind für Ablehnung und Spott, daß ihr sichtbares Frauwerden in die Isolation führt. Dementsprechend reagiert sie bei körperlichem Kontakt in sexueller Absicht negativ und handelt damit genau im Sinne ihrer körperfeindlichen Mutter. Sie versagt dann aber auch selbst als Mutter, indem sie eine Brustentzündung bekommt, die das Nähren des ersten Kindes verhindert. Beim zweiten Kind kann sie wenigstens ihre Funktion als Mutter wahrnehmen und eine enge Beziehung zu ihrem Kind herstellen, allerdings ohne selbst körperliches Lustgefühl entwickeln zu können. Sie konnte also ihre Brust ausschließlich in der Funktion als nährendes Organ annehmen, nicht aber ihr eigenes Körpergefühl dabei genießen. Sie bemerkte jedoch, wie durch die Verbundenheit über die Brust eine seelische Einheit zwischen ihr und ihrem Kind entstanden war, die sich erst nach dem sogenannten Abstillen wieder lockerte. In der Folge schildert sie, wie sie dann endlich ihre Brust real sehen lernt, ihr eigenes Körperbild wahrnimmt, ohne immer wieder die Anschauung der Mutter über die Brust als entstellendes, störendes, daher abzulehnendes Anhängsel dazwischenzuschieben.

Bei einer 44jährigen Frau, die mit ihrer Brust recht zufrieden ist, hätte eine solche negative Entwicklung auch fast eintreten können.

L. P.: «Seit meinem elften Lebensjahr besuchte ich eine höhere Schule, die vorwiegend von Jungen absolviert wurde. Sie diente unter anderem auch zur Tradierung standesgemäßer Kultur, die ja vorwiegend vom Standpunkt des Mannes aus festgelegt war. Ich war damals ein ausgesprochen sportliches Mädchen. Eine Schulstunde im Sommer bildete für mich allwöchentlich einen Höhepunkt: eine Spielstunde im Freien. Ich war im Ballspiel so schnell und geschickt wie die besten Jungen, ich kleidete mich auch nur mit einer Turnhose, um so frei und ungehindert wie sie zu sein. Eine aufregend, unheimlich schöne Stunde.

Das kam meiner Mutter zu Ohren, zu der ich ein angespanntes Verhältnis hatte. Sie lag mit mir in einem mir damals unbegreiflichen Wettbewerb, der mich verunsicherte und hemmte. Jeden meiner Fortschritte beneidete sie, forderte ihn jedoch gleichzeitig mit unerbittlicher Strenge. Als ich eines Nachmittags verschwitzt, aber sehr zufrieden über die Spielstunde nach Hause kam, saß sie hinter ihrer großen alten Singer-Tret-Nähmaschine und nähte an einem kleinen rosaroten Stoffding herum, das ich nicht recht identifizieren konnte. Aus ihrem Gesicht war abzulesen, daß es etwas Ernsthaftes sein mußte. Ich wußte nicht recht, ob meine Mutter schmunzelte oder hämisch grinste, als sie mich in barschem Ton aufforderte, meinen Schulranzen abzulegen und mich oben auszuziehen. Ich verstand nicht, was das zu bedeuten hatte, mitten am Nachmittag, aber ihre Augen waren so bedrohend, daß ich gehorchte.

Schnurstracks legte sie mir dies kleine Stoffding um meinen Oberkörper, stieß meine Arme zum Träger hinein und hakte den Verschluß ein. Das Ganze war noch zu weit. Blitzschnell riß sie es mir ab, veränderte etwas und stülpte es wieder über mich. Nun paßte es – nach ihrer Meinung. Ob mir dieses Kleidungsstück gefalle, ob ich es tragen möchte, bin ich nicht gefragt worten. Fortan hätte ich dies zu tragen, ich dürfte mich dessen nur zum Schlafengehen entledigen, hieß es. Erschrocken und traurig zugleich über den Verlust meiner ungezwungenen Daseinsfreude beim Spiel war ich wie gelähmt und ließ über mich verfügen. Gleichzeitig grinste meine Mutter, indem sie mir erläuterte, dies sei ein alter Büstenhalter meiner Patin, die eben – weil kinderlos – einen so kleinen Busen hätte. Sie hingegen, meinte sie triumphierend, habe natürlich einen richtigen Busen; denn sie habe ja auch zwei Kinder, mich und meinen Bruder. Für mich sei der kleine BH gerade recht, ich würde nie richtige große Brüste bekommen, ich könne ja sehen, wie flach sie bei mir seien. In diesem Alter hätten Mädchen normalerweise bereits Busen. Aber jetzt sei endgültig Schluß mit dieser Oben-ohne-Turnerei!

Damit hat mich meine Mutter brutal meiner kindlich-jugend-lichen Lebensfreude, die ich vor allem in sportlichen Tätigkeiten aus-lebte, zu berauben versucht. Sie hat mich aber auch in den Macht- und Rivalitätskampf zwischen zwei Frauen hineingestoßen: Sie hat ihre jüngere ledige Schwester, seit ich mich erinnern konnte, immer beneidet und gehaßt. Sie hat versucht, sich selber dadurch zu erhö-hen, daß sie Mutter war. Mit der Art und Weise, wie sie mir den ersten BH übergab, hat sie versucht, mich ins Lager ihrer so sehr verhaßten und gefürchteten Schwester zu werfen, um sich ihre Ein-zigartigkeit als Frau ihrer heranwachsenden Tochter gegenüber zu sichern.

Sie hat mich damit endgültig von sich weggestoßen. Sie hat mir meine damalige Identität als im sportlichen Wettkampf aufblühen-des Mädchen geraubt. Aber sie hat mir gleichzeitig jenes neue, be-reits von meiner heißgeliebten Patin getragene Kleidungsstück über-geben, das ich auch heute noch als über Vierzigjährige in aller Klar-heit vor mir sehe. Ich habe es fortan getragen, unsichtbar für die Außenwelt, jederzeit spürbar für mich. An ihm begann ich mich neu zu orientieren. Die nach außen zu tragende Schulmütze hatte ihren Glanz verloren, der feindurchlöcherte, rosafarbene BH zog meine Aufmerksamkeit auf sich. Sorgfältig begann ich zu beobachten, ob und wie meine Brüstchen sich zu formen anfingen. Ich trug sie als kostbaren Schatz an mir und hütete sie entsprechend. Ich ließ es nicht mehr zu, daß mich meine Mutter nackt sah.

Das langsame Wachsen meiner Brüste bestätigte mich in meiner Zukunft als Frau. Deren Andersartigkeit ließ mich während all der für mich oft schwierigen Jahre der Pubertät spüren, daß ich mich von meiner Mutter unterscheide. Sie ließ mich ahnen, daß mein Heran-reifen zur Frau mir eigene Wege offenhielt, die sich von denjenigen meiner Mutter – aber auch meiner Patin und meiner Klassenkame-radinnen – unterscheiden würden. Oft, wenn ich traurig oder ver-zagt war (und das war ich häufig), streichelte ich abends im Bett über meine Brüste, spürte deren Zartheit und nahm jede Veränderung mit großer Neugier wahr. Ich sah wohl, daß sie im Vergleich zu meinen Kameradinnen relativ klein blieben. Ich hatte ohnehin damals Schwierigkeiten im Kontakt nach außen, da ich in meiner körper-lichen Entwicklung nur allmählich heranreifte. Um so mehr bedeu-teten mir die Augenblicke, da ich mit mir allein war, über meine

Brüste fuhr und erlebte, wie ein warmes Gefühl durch meinen Kör-
per strömte.

Was ich damals als wohltuende Wärme und Geborgenheit emp-
fand, bezeichne ich aus meiner heutigen Sicht als eine Zufuhr von
Selbstwertgefühl. Über jenes stille, jedoch ausgesprochen intensive
Bei-mir-Sein gewann ich Sicherheit und Vertrauen in mich und
meine Zukunft. Ich habe damals über meine Brüste einen Weg zu
mir gefunden, der wohl darum für mich so wirksam war, weil ich
diese Beziehung zu mir selber über einen mir eigenen Teil meines
Wesens und nicht ein von außen hergeholtes Objekt herstellen
konnte. Sie haben mich sozusagen auf meinem Reifungsweg zur
Frau ernährt, indem sie mir durch ihr stilles Wachsen und Verändern
die Gewißheit eigenen Wachsens und Entfaltens vermittelten.

Heute, beim Durchschreiten meiner Lebensmitte, sind sie immer
noch jene stillen Begleiter, die mich meinen Körper immer wieder
neu als ein ergreifendes Instrument und Ausdrucksmittel meiner
Seele erleben lassen.»

Hier finden wir ein Mädchen, das sich gerne und frei bewegen
kann, das aber von der Mutter deswegen beneidet wird. Auch hier
registriert die Mutter die Brustentwicklung ihrer Tochter eher als
diese selbst. Sie paßt ihr einen Büstenhalter an, ohne Erklärung,
ohne Fragen. Die Tochter gehorcht ohne Frage, wie gelähmt, traurig über den Verlust an Daseinsfreude. Gleichzeitig zeigt sich der
Konkurrenzkampf der Mutter mit ihrer Tochter: Die Mutter trium-
phiert mit ihrem großen Busen über den kleinen der Tochter, indem
sie ihr den kleinen Busen der kinderlosen Patin, deren alten BH sie
jetzt tragen soll, als Negativmodell hinstellt. Damit wird die Tochter wie die unverheiratete Schwester zur minderwertigen, weil
kleinbrüstigen Frau degradiert, und die Mutter bleibt einzigartig in
ihrer Rolle. Hier geschieht dann aber etwas Unvorhergesehenes:
Das Mädchen fühlt sich der geliebten Patin zugehörig und ihr verbunden. Die Mutter hat sich aus dieser Gemeinschaft der Frauen
mit den kleinen Brüsten selbst ausgeschlossen. Die Tochter hat jetzt
die Möglichkeit, andere Wege als die Mutter zu finden und ein eigenes Leben als Frau zu wagen. In der Identifizierung mit der Patin
und der Ablösung vom Modell der an sich körperfeindlich einge-
stellten Mutter – das zeigt sich darin, daß die Tochter ohne deutlich
sichtbaren Grund schon einen BH tragen sollte – konnte diese Frau

unabhängig von der realen Größe ihrer Brust ein positives Körpergefühl und die Lust am eigenen Körper entwickeln und erleben. Das Wachstum ihrer Brust wurde ihr zum Symbol ihres eigenen Reifens und Wachsens. Das wäre ohne das distanzierende Verhalten der Mutter sehr schwer geworden.

Die Entwicklung der Brust als Symbol für die eigene Entwicklung – das liebevolle Annehmen der eigenen Brust als Quelle des Selbstwertgefühls – ist ein Vorgang, der hier infolge der Rivalität der Mutter mit der Tochter möglich war. Rivalität kann binden und trennen. Hier trennt sie die Tochter von der Mutter und läßt die Tochter vom falschen Vorbild frei werden. Das wirkt sich leider bei den meisten Menschen nicht so positiv aus wie hier.

In den drei geschilderten Beispielen bewirkte die Mutter durch ihr Verhalten eine bestimmte Einstellung der Tochter zum eigenen Körper, die in den dargestellten Fällen anfänglich negativ war. Die Tochter mußte sich jeweils mit dem unterschiedlichen Vorbild und dem Verhalten ihrer Mutter auseinandersetzen. Die Mutter bemängelt, beneidet oder – im günstigen Fall, der hier nicht geschildert wurde – bestätigt die Entwicklung der Tochter, sie konkurriert und vergleicht, setzt Maßstäbe und bewirkt Einschränkungen. Als groteskes Überbleibsel eines Initiationsritus am Übergang zum Erwachsenwerden wird übrigens von allen drei Frauen die Einführung des Büstenhalters erwähnt; in zwei Beschreibungen wird sie zudem in Verbindung mit dem Fest der Konfirmation gebracht, das ja seinerseits als eine christliche Variante der Pubertätsinitiationen angesehen werden kann.

Wenn die Tochter eine eigene Einstellung zu ihrer Weiblichkeit und zu ihrem inneren und äußeren Körperbild finden will, muß sie sich mit allen diesen Einflüssen auseinandersetzen. Die Mutter leitet also durch ihr Verhalten indirekt einen Reflektionsprozeß ein.

Die drei Frauen, die uns im Vorangegangenen ihre Erlebnisse und Erfahrungen im Zusammenhang mit der Brustentwicklung schilderten, sind zwischen 40 und 50 Jahre alt, gehören also etwa der gleichen Altersstufe an und damit der gleichen Generation.

Wie sieht das Erleben der Brustentwicklung bei jungen Frauen aus, die dies in einer anderen, weniger prüden Zeit erlebten und für die diese Veränderung noch nicht so lange zurückliegt?

Sehen wir uns zuerst einmal den Bericht einer 17jährigen an:

M. K.: «*Die Brust hatte für mich schon, seit ich ungefähr zehn Jahre war, ein große Bedeutung. Zuerst hat sich mein Busen nur einseitig entwickelt. Ich hatte ein natürliches Verhältnis zu dieser Sache, hatte keinerlei Komplexe, eher noch brachte ich andere in Verlegenheit, weil ich mich zuweilen stolz entkleidete und die anderen darauf aufmerksam machte. Irgendwann glich sich das Verhältnis der beiden Brüste aus. Ich fand meinen Busen immer schon schön, meine Mutter sagte mir das auch. Andererseits trug ich dennoch nie enge Sachen, die meinen Busen betonten, es war mir unangenehm, wenn mir Männer auf meinen Busen starrten. Auch trug ich immer einen BH, seit ich 14 war, weil es mir peinlich war, wenn man sah, daß meine Brust sich bewegte. Es war eine Qual für mich, wenn ich im Sportunterricht meinen BH vergessen hatte. Wenn mich ein Junge / Mann nackt sah, habe ich eigentlich immer darauf gewartet, ein Kompliment für meinen Busen zu bekommen. Ich mochte und mag es sehr, wenn man meine Brust streichelt, und bin enttäuscht, wenn diese nur wenig beachtet wird. Da ich einen recht großen Busen habe, habe ich schon, seit ich 15 bin, Angst davor, einen Hängebusen zu bekommen. Ich habe immer vorgeschoben, daß ich einen BH trage, weil mir sonst die Brust weh tut, aber im Grunde war es immer die Angst davor, einen Hängebusen zu bekommen. Gerade als ich meine sehr alternativen Zeiten hatte, wo man ja nicht eitel sein durfte, habe ich immer diese Gründe vorgeschoben, denn es war ja ausgesprochen unalternativ, mit BH durch die Gegend zu stapfen. Manchmal habe ich regelrecht Panik, wenn ich nur einen Tag keinen BH trage oder wenn ich mich intensiv bewegt habe, weil ich befürchte, meinen Busen auszuleiern. Ich glaube, meine Brust hat eine sehr große Rolle gespielt, daß ich mich als Frau von Männern akzeptiert glaubte.*»

Hier beschreibt eine junge Frau, daß sich ihre Brust zuerst nur einseitig entwickelte. Eine solche Erfahrung müßte die Betroffene eigentlich zuerst einmal befremden, wenn sie nicht sogar Ängste erweckt, nicht normal wie die anderen zu sein. Die Frage könnte aufkommen, ob sie jemals so werden würde wie sie. Nicht so bei dieser Frau. Wo ist ihre Angst geblieben? Sind die Eltern so verständnisvoll mit ihr umgegangen? Schieben wir die Beantwortung dieser Frage auf einen späteren Zeitpunkt auf.

Die Brust oder deren ungleichmäßiges Wachstum wird von M. K. als «diese Sache» bezeichnet – eine merkwürdig distanzierte Einstellung zu einem Körperteil, auf den sie stolz zu sein glaubt und den sie für natürlich hält. Zuerst neigt sie dazu, sich zu zeigen und damit andere in Verlegenheit zu bringen. Sie sagt dann, sie hätte ihre Brüste schon immer schön gefunden – die Mutter habe dies auch gesagt –, aber sie trug nie enge Kleidung – aus Schamgefühl oder aus Protest gegen die Mutter oder gegen das Frauwerden an sich? Sie schwankt zwischen zwei Gefühlen – Stolz und Scham (oder Protest) – und zwischen zwei Verhaltensweisen – Entblößen und Verdecken.

Ihr Gefühl für den eigenen Körper scheint eher negativ zu sein. Es ist ihr peinlich, wenn sich ihre Brust bewegt. Aber auch hier Ambivalenz: Sie trägt weite Kleidung, um ihre Brust zu verstecken; es ist ihr peinlich, wenn sich diese bewegt. Sie versteckt sie, weil es ihr einerseits unangenehm ist, wenn Männer auf den Busen starren, und andererseits zeigt sie sie und erwartet Komplimente und mag, wenn ihre Brust gestreichelt wird. Sie versteckt sie – und ist über Nichtbeachtung enttäuscht. Die Ambivalenz wird zunehmend deutlicher; hinter solchem Verhalten steckt immer ein seelischer Konflikt. Und jetzt werden die Ängste, die wir vorher vermißt haben, endlich deutlich: Diese junge Frau hat Angst davor, einen Hängebusen zu bekommen, sie gerät in Panik ohne BH oder bei intensiver Bewegung, weil sie befürchtet, ihre Brüste «auszuleiern». Welch merkwürdige, hemmende, einschränkende Vorstellung! Wir finden hier alle Anzeichen einer Angst vor Deformation bis hin zur Panik beschrieben, also eine Dysmorphophobie. Sie erfindet Ausreden, weil ihre alternative Lebensform eigentlich das BH-Tragen nicht gestattet, sagt also aus ihrer Angst heraus sogar die Unwahrheit. Hier wird der sogenannte Büstenhalter dazu benutzt, um die Form zu erhalten, Bewegung zu verhindern; er hat die Funktion, weniger Angst aufkommen zu lassen, sie zu vermindern.

Und dann kommt der letzte, überraschende und gleichzeitig erschütternde Satz: «Ich glaube, meine Brust hat eine sehr große Rolle gespielt, daß ich mich als Frau von Männern akzeptiert glaubte.» Nicht sie selbst akzeptiert sich – sie glaubt sich durch die Brust von Männern akzeptiert! Männer befinden darüber, ob sie eine Frau ist, oder mehr noch: Sie läßt die Männer aufgrund der Beurteilung ihrer Busenform bestimmen, ob sie selbst sich akzeptieren kann oder nicht. Sie hat die Normen der Männer übernommen und will sie erfüllen, sie fühlt sich erst über Komplimente und Beachtung von Männern als Frau. Sie definiert sich also nicht über die eigene Brust als Frau, sondern über deren Wirkung auf Männer. An dieser Stelle drängt sich die bereits weiter oben gestellte Frage erneut auf, ob die Eltern denn verständnisvoll mit ihr umgegangen sind. Die Mutter sagte zwar, sie habe einen schönen Busen. Aber wie war ihre Einstellung zum Heranwachsen der Tochter wirklich, wie ihr eigenes Körper- und Selbstwertgefühl, wenn die Tochter solche Ängste entwickeln mußte? Und die andere Frage: Woher stammt die Unterordnung unter männliche Normen, denen sich diese junge Frau unbewußt fügt? Solche Maßstäbe werden früh im Leben eines Menschen gesetzt, etwa durch autoritäre Väter.

Diese bereits von Anfang an stark ausgeprägte Ambivalenz der noch sehr jungen Frau zeigt deren Unsicherheit in bezug auf ihre Person auf.

Eine andere, heute 20jährige junge Frau äußert sich folgendermaßen:

L. R.: *«Als ich gefragt wurde, ob ich mich noch an die Entwicklung meiner Brust erinnere, dachte ich zunächst, daß ich dazu nicht viel zu sagen wüßte. Doch je länger ich darüber nachdenke, desto mehr Gefühle und Gedanken kommen in mir hoch, die ich anscheinend gut verdrängt hatte. Ich war als Kind immer die Kleinste in der Schule, in meiner körperlichen Entwicklung hinkte ich meinen Altersgenossen stark hinterher. Ich genoß es, wenn Leute nach einem Gespräch mit mir feststellten, daß ich doch nicht so klein war, wie sie mich von meinem Aussehen her eingestuft hatten.*

In der 6. und 7. Klasse fingen meine Freundinnen an, sich merklich zu verändern. Viele bekamen langsam eine Brust, ihre Figur wurde weiblicher, sie legten mehr Wert auf ein gepflegtes Äußeres. Erste flüchtige Jungenbekanntschaften und Verliebtheiten wurden zum wichtigsten Gesprächsstoff. Nur bei mir tat sich nichts, da wollte keine Brust wachsen, und auch meine Tage bekam ich nicht. Ich tröstete mich damit, daß manche sich eben langsamer entwickeln als andere. Irgendwann, dachte ich mir, wirst du schon eine richtige Frau, und blickte neidvoll auf meine Freundinnen. Zu einer Frau gehörte in meiner Vorstellung auf jeden Fall eine gute Figur und ein schöner, wohlgeformter Busen. Ich merkte ja auch, daß meine Freundinnen die Blicke der Jungen auf sich zogen, wenn sie enge T-Shirts und keinen BH trugen. Mich schauten sie eher mitleidig an, wie so ein häßliches Entchen. Vielleicht bildete ich es mir auch nur ein? (Nein, es war so, keine Einbildung.)

Nun ja, ich würde mich schon noch entwickeln; das sagten mir alle, die ich mit meinen Befürchtungen bestürmte, und ich war fürs erste beruhigt. Ich wurde älter und war in der Schule gut. Da Jungen für mich kein Thema waren, konzentrierte ich mich auf meine intellektuellen Fähigkeiten und hatte in guten Leistungen meine Erfolgserlebnisse, wodurch ich bei den Jungen in meiner Klasse auch nicht gerade beliebter wurde. Nach außen hin tat ich so, als würde es mir gar nichts ausmachen, aber es beunruhigte mich immer mehr, als ich mit 15 Jahren meine Tage immer noch nicht hatte. Mein Bruder verglich mich mit meinen Freundinnen und stellte mitleidig fest: ‹Du hast ja ein Brett mit Erbsen.› Ich kam mir richtig unnormal vor, denn allen anderen sah man an, daß sie Frauen wurden, nur ich sah immer noch wie ein kleines Mädchen aus. Als sich ein Junge für mich interessierte, konnte ich es erst gar nicht fassen, daß wirklich ich gemeint war. Es war nur eine kurze Sommerliebe, die mein Selbstbewußtsein aber stärkte. Ich weiß noch, daß ich es als sehr unangenehm empfand, als er meine Brüste streichelte, da mir dabei wieder bewußt wurde, daß mein Busen so winzig war.

Mit 16 Jahren bekam ich meine Menstruation, aber meine Brüste hatten sich nicht viel verändert, sie hatten die Größe von Tennisbällen. Irgendwann kam mir der Gedanke, einen BH zu kaufen. Meine Mutter meinte zwar, daß es nicht nötig wäre, aber ich setzte meinen Willen durch. Ich war sehr stolz, als ich ihn hatte, auch wenn es der kleinste war, den es auf dem Markt gibt. Mittlerweile bin ich 20 Jahre alt und habe es akzeptiert, daß mein Busen nicht so groß ist, wie ich es mir immer gewünscht hatte. Ich bin sogar froh, keine große Brust zu haben, denn ich mußte schon oft feststellen, welche Blicke meine Freundinnen mit großem Busen von Männern bekommen. Ich stelle es mir nicht angenehm vor, einen Mann vor mir zu haben, der andauernd auf meinen Busen starrt.

Bei dem Prozeß des Annehmens und Akzeptierens hat mir mein Freund sehr geholfen, mit dem ich jetzt drei Jahre zusammen bin. Mit ihm kann ich offen über alle Probleme reden, und er sagt mir oft,

30

daß er meinen kleinen Busen richtig süß findet. Ich empfinde es als angenehm, keinen BH tragen zu müssen.»

Diese junge Frau denkt zuerst, sie könne sich nicht an ihre Brustentwicklung erinnern, und dann fällt ihr sehr viel wieder ein: vor allem ihre Traurigkeit, ihr Neid auf die Klassenkameradinnen mit der weiblichen Figur und ihre Befürchtungen, nicht so zu sein wie die anderen, ein «häßliches Entchen» zu bleiben. Kompensatorisch entwickelt sie ihren Intellekt, bei einer Frau eine eher unerwünschte Kompensationsform, die sie jedenfalls nicht beliebter macht. Der Bruder verstärkt durch den Vergleich mit Klassenkameradinnen und seine diesbezüglichen Bemerkungen noch zusätzlich das Gefühl, unnormal zu sein. Deutlich wird aus diesem Bericht das lange Warten darauf, endlich eine Frau mit Brüsten und Menstruation zu werden, deutlich wird vor allem der große Wunsch nach dieser Entwicklung. Plötzlich mag sie dann ein Junge so, wie sie ist, und das stärkt ihr Selbstbewußtsein, denn er mag sie ja nicht wegen der äußerlich sichtbaren Attribute des Frauseins. Der Büstenhalter wird von ihr mit Stolz getragen – gegen den Willen der Mutter – als Zeichen für Weiblichkeit, fast als eine Art Beweis für das Vorhandensein von Brüsten.

Auch für sie ist also die Brust das sichtbare Zeichen ihrer Weiblichkeit.

Es fällt auf, daß auch in der Schilderung dieser Frau die Ablehnung gegenüber den starrenden Blicken der Männer geäußert wird. Diejenigen Frauen in unseren Berichten, die dieses erwähnen, nehmen es alle als sehr unangenehm und verletzend wahr und lehnen es daher ab. Keine fühlt sich durch das Angestarrtwerden bestätigt. Bestätigung bringt nur die Beziehung zu einem einzelnen Mann, der auch andere Qualitäten als die Form der Brust schätzt.

In den letzten beiden Berichten jüngerer Frauen finden wir die Unterschiede gegenüber den ersten drei Schilderungen. Der Einfluß der Mutter wird bei ihnen als weniger wichtig dargestellt. Dagegen gewinnt die Einstellung männlicher Bezugspersonen einen größeren Stellenwert. Als wichtig können wir also immer wieder die Bewertung durch die Umwelt ansehen.

Der sogenannte Büstenhalter hingegen wird auch bei diesen beiden jungen Frauen erwähnt. Er hat hier nicht mehr die Rolle eines von der Mutter verordneten Markierungspunktes auf dem Weg zum Frauwerden, sondern unterschiedliche Funktionen. Einmal dient er dem Halt, der Stütze, der Angstabwehr wie der Sicherheit, das andere Mal ist er das Beweismittel einer Frau, daß sie endlich erwachsen und damit weiblich geworden ist. Er scheint also ein Kleidungsstück mit vielen unterschiedlichen und zum Teil merkwürdigen Aufgaben zu sein.

Der BH ist aber auch ein Ding mit einem merkwürdigen Namen. Man nennt ihn «Büstenhalter» oder auch «Busenhalter», eigentlich müßte er «Brusthalter» heißen.

Bekanntlich ist eine Büste das Werk eines Bildhauers; und ein Busen ist ein Tal, eine Bucht, also beispielsweise das Tal zwischen den Brüsten. Sicherlich geht die merkwürdige Benennung dieses Kleidungsstückes auf falsch verstandene Scham und Prüderie vergangener Jahrhunderte zurück. Dem Brusthalter wird die Funktion zugeschrieben, der Brust eine gute, ästhetisch schöne Form zu geben und sie lange jung zu halten. Leider sind die in dieses Kleidungsstück gesetzten Erwartungen zu hoch. Keine Art der Brustpanzerung ist in der Lage, außer dem momentanen Effekt des Haltens noch anderweitige Aufgaben zu erfüllen, die dem BH trotzdem zugeschrieben werden. Es sei zum Beispiel an die Aufgabe erinnert, das Schlaffwerden der Brust zu verhindern, die Brust herauszulocken und ihr Wachstum zu fördern, oder etwa an die Aufgabe des Beweismittels, tatsächlich eine Frau zu sein. Nicht zu vergessen ist die Funktion, die der BH im Hinterkopf jener Mütter einnimmt, die auf das Frauwerden ihrer Töchter eifersüchtig sind, mit ihnen rivalisieren und vielleicht mit ihrem eigenen Schicksal unzufrieden sind. Für sie hat er die Funktion der Einengung und des Verbergens bis hin zur insgeheimen Übermittlung der Botschaft oder der Tatsache von der Unfreiheit der Frau.

Aber nichts davon entspricht dem eigentlichen Zweck dieses Kleidungsstückes. Leicht verliert er in der Vorstellung der Frau seine Bestimmung als dienlicher, haltgebender Gebrauchsgegenstand und wird einerseits zum Schutzmittel vor Ängsten, zur magischen Verkörperung von Reife und Vollwertigkeit und andererseits zum Objekt von Macht. Dahinter liegt unverkennbar ein Hinweis auf die Bedeutung der Brust, eine Bedeutung, die ungeahnt groß sein muß.

Wir sehen, daß die Brustentwicklung – primär ein physischer

Prozeß – ein Geschehen ist, das beim Mädchen unweigerlich in die seelische Auseinandersetzung mit dem eigenen Frauwerden und später mit dem Frausein überhaupt führt.

Aber nicht nur die Mütter oder männliche Bezugspersonen setzen die Maßstäbe. Wie wir besonders am ersten Beispiel gesehen haben, gibt es auch Vorschriften der Mode sowie Normen und Maßstäbe in unserer Kultur dafür, wie die Figur einer Frau auszusehen hat. So hat eine Frau unter anderem schlank zu sein und eine gut geformte, nicht hängende, nicht zu kleine, aber auch nicht zu große Brust zu haben. Die Idealvorstellung, wie groß eine Brust zu sein hat, wechselt ständig. So wurden beispielsweise die Busenstars der fünfziger Jahre von der Twiggy-Welle abgelöst. Heute dominieren zwei unterschiedliche Frauenbilder: einerseits wird die androgyne Frau mit wenig ausgeprägtem weiblichen Körperbau und kleinen Brüsten propagiert, zum anderen soll die Frau wieder mehr Brust vorweisen: die «neue Frau» trägt wieder «weiblich».

Solche je nach Gesellschaft und Zeitströmung wechselnden Vorstellungen machen die Frau zum Objekt. Sie sind aber nicht erst ein Produkt unserer Tage. So beschreibt Stefan Zweig zum Beispiel die Mode vor der Jahrhundertwende:

«Die Männer trugen lange Bärte zur Schau oder zwirbelten zumindestens einen mächtigen Schnurrbart als weithin erkennbares Attribut ihrer Männlichkeit empor, während bei den Frauen das Korsett das wesentlich weibliche Geschlechtsmerkmal des Busens ostentativ sichtbar machte.» [1]

Frauen mußten sich damals in metall- oder fischbeinverstärkte Panzer einzwängen, um dem Schönheitsideal der Zeit zu entsprechen.

Den Konventionen zu gehorchen – ist das auch heute noch eine Forderung an jede Frau? Welches Mädchen weiß denn schon, wie ihre eigene Brust am Ende der Entwicklungszeit aussehen wird? Angst und Besorgnis, Vergleiche an Idealbildern aus Kino und Presse begleiten bei vielen jungen Frauen die Jahre der Pubertät. Die Freude an der eigenen Körperlichkeit und der Stolz auf die eigene Entwicklung werden durch Ängste infolge dieser äußeren Zwänge getrübt und manchmal sogar unmöglich. Neurotische Fehleinstellungen können die Folge sein.

Und zusätzlich – was wissen Frauen denn schon davon, was mit ihrem Körper während der Zeit der Entwicklung geschieht?

Die Brustdrüsen eines neugeborenen Kindes, unabhängig vom Geschlecht, werden in den ersten Lebenstagen noch durch die mütterlichen Hormone beeinflußt. Nicht selten produziert daher die Brust eines neugeborenen Kindes unter dem Einfluß dieser Hormone Milch, die sogenannte «Hexenmilch». Danach besteht eine lange Ruhephase ohne hormonellen Einfluß. Die Brust ist flach und kindlich, die Drüsenkörper sind kaum entwickelt und inaktiv. Fettgewebe wird nicht eingelagert. Bis etwa ins achte Lebensjahr besteht bei beiden Geschlechtern kein Unterschied. Im Alter von acht bis zehn Jahren erfolgt dann bei Mädchen ein Hormonanstieg aus der Hirnanhangsdrüse (Hypophyse). Dieser Anstieg bewirkt ein Wachstum der Eierstöcke und damit die Bildung und Ausschüttung von Östrogen, dem weiblichen Geschlechtshormon, das unter anderem die Entwicklung der Brustdrüsen bewirkt. Die Pubertät tritt beim Mädchen etwa im Alter von 10 bis 14 Jahren ein. Die Brustdrüsen verändern sich von da an im Zusammenhang mit den verschiedenen Phasen des Menstruationszyklus. Sie werden größer und erhalten langsam ihr endgültiges Aussehen. Es wird Fettgewebe eingelagert. Wenn es zur Schwangerschaft kommt, erfolgt eine Weiterentwicklung der Brust. Sie wird größer, der innere Aufbau verändert sich dahingehend, daß sich Milchdrüsen entwickeln und das Gangsystem verlängert und zunehmend verzweigt wird. Die Hormone für diese Entwicklung stammen weitgehend aus der Plazenta. Nach einer Geburt sind die Brüste meist weiter vergrößert, fest, gut durchblutet, so daß die Adern auf der Oberfläche sichtbar werden. In den Mamillen (sogenannten Brustwarzen) wird vermehrt Hautfarbstoff eingelagert, so daß diese dunkler werden. Später bilden sich meist alle Veränderungen, die im Zusammenhang mit einer Schwangerschaft entstanden sind, wieder zurück.

Frauen erleben also im Laufe ihrer Entwicklung, später im Verlauf eines monatlichen Zyklus ständige Veränderungen an ihrem Körper. Die Brust ist damit ein Organ, das nicht nur Symbol einer kontinuierlichen Weiterentwicklung sein kann, wie wir beim dritten Beispiel gehört haben, sondern ebenso auch zum Sinnbild zyklischen Geschehens wird. Sie ist damit für die Frau ein Symbol für Veränderung, wie sie sich in anderer Form für uns sichtbar beispielsweise im Wechsel der Jahreszeiten abspielt. Damit ist die weibliche Brust gleichzeitig ein Symbol der Vergänglichkeit wie auch des Neuwerdens. Eigentlich Grund genug für jede Frau, auf ihre Brust und die damit verbundenen lebendigen Vorgänge stolz zu sein.

Aber wie sieht es in der Realität aus? Was ist, wenn die Brust zu groß, zu klein, schlaff oder «falsch» geformt ist? Wenn sie nicht «ideal» ist? Da kann Abhilfe geschafft werden. Die Institute für Schönheitschirurgie werben mit dem Slogan: «Wir helfen, wo die Natur nicht ganz vollkommen ist.» Und dabei geht es, wie könnte es anders sein, um die Vervollkommnung des weiblichen Körpers. Die Brust ist das «weiblichste aller Schönheitsprobleme», und so muß sie erst einmal in die rechte Form gebracht werden. Was die rechte Form ist, bestimmt die Mode. Die Mode wird leider weder von Frauen noch für Frauen gemacht. Kosmetische Chirurgen verstehen sich häufig als verkannte Künstler, Bildhauern gleich, die ein ästhetisch verlockendes Bild der Frau schaffen wollen oder die zumindest versprechen, es zu schaffen. Brüste werden verkleinert oder vergrößert, umgeformt und angehoben. In jedem Fall werden chirurgische Eingriffe durchgeführt, die große Wunden und Narben hinterlassen, Schmerzen machen, bei denen die Drüsengänge durchgetrennt werden, so daß als Folge davon die innere Struktur zerstört ist, und bei denen die möglicherweise zur Vergrößerung eingesetzten Silikonkissen schmerzhafte Verhärtungen und Kapselbildungen bewirken können. Was bringt Frauen dazu, all dies nicht zu scheuen, finanzielle Opfer auf sich zu nehmen und sich dem Messer auszuliefern? Die Antwort lautet ganz einfach: die Unzufriedenheit mit dem eigenen Körper. Aber warum sind Frauen unzufrieden und nicht stolz?

Teilweise wird die Antwort durch die vorausgegangenen Schilderungen der fünf Frauen gegeben, die das Erlebnis ihrer Brustentwicklung darstellten. Die Brustentwicklung wird von vielen jungen Frauen durch das restriktive Eingreifen und die Forderungen der Erwachsenen als Einengung, Freiheitsbeschneidung und Konkurrenzkampf erlebt; Brüste zu haben bedeutet oft, sie verstecken zu müssen. Haben sie keine oder nur kleine Brüste, so werden sie andererseits als mangelhaftes Wesen deklariert. Eine Brust zu entwickeln heißt also häufig: Angst vor dem Ergebnis zu haben, Trauer um eingeschränkte Möglichkeiten, Probleme mit den Vergleichen. Eine Frau, die eine ideale Brust – nach den gerade gültigen Vorstellungen – entwickelt, hat aber ebenso ihre Probleme: Sie wird häufig von Jungen und Männern bedrängt, angestarrt, «angemacht», oft sogar körperlich belästigt. Viele Frauen berichten, daß ihnen als jungen Frauen Jungen oder Männer, oft auch ältere Männer, schmerzhaft an die Brust gegriffen haben. Das ist ein erheblicher Eingriff in die Intimsphäre, eine Nichtachtung, die von der Frau häufig als tiefe Kränkung erlebt wird. Die Brust – ob schön oder mangelhaft geformt – kann so für jede Frau zum Problem anstatt zum Grund für Freude und Stolz werden.

Wundern wir uns also darüber, daß die Brust zum Tummelplatz für Chirurgen geworden ist? Aber welche Frauen kommen eigentlich mit dem Wunsch nach Veränderung ihrer Brust zur kosmetischen Chirurgie? Natürlich gibt es Brüste, die ganz objektiv sehr groß, sehr schlaff oder flach sind. Die meisten Frauen kommen jedoch ohne auffällige Brustdeformitäten.

Im Vorangegangenen haben wir gesehen, von wie vielen Faktoren die Entstehung des Körperbildes beeinflußt wird, das sich aus bewußten und unbewußten Vorstellungen über Aussehen, Wirkung, Funktion und damit über den Wert des eigenen Körpers zusammensetzt. Ein heranwachsendes Mädchen hat es im Vergleich zu einem Jungen daher sehr viel schwerer, ein sicheres Körpergefühl und Selbstbild zu entwickeln, da sie unter anderem die Entstehung einer Brust gefühlsmäßig integrieren muß. Auch die alternde Frau muß die Veränderung ihrer äußeren Erscheinung, die für sie zugleich eine Abwertung bedeutet im Gegensatz zum Mann, in ihr Körperbild aufnehmen und verarbeiten. Sowohl die Selbstsicherheit als auch die Sicherheit im Umgang mit anderen hängen entscheidend vom inneren Körperbild ab. Die Frau muß ein Körperbild integrieren, für das es Idealvorstellungen und -forderungen gibt, die ihr täglich durch die Medien vor Augen geführt werden und die zudem noch von modischen Strömungen abhängig sind. Diesem Diktat kann sie nur entrinnen, wenn sie genügend Selbstsicherheit hat. Aber wie soll sie sich diese aneignen? So ist es denn kein Wunder, wenn dem körperlichen Selbstbild gegenüber Unsicherheit herrscht, wenn es leicht in Frage gestellt und rasch aus dem Gleichgewicht gebracht werden kann. Weiterhin ist auch einsichtig, daß nur Frauen, die – wie auch immer – zu einem stabilen Selbstbild gekommen sind, dem Diktat etwas entgegenzusetzen haben. Die anderen betrachten sich selbst als unschön, sie haben Angst vor sich selbst und verachten sich. Solche Frauen glauben, durch die Auslieferung an chirurgische Eingriffe alle Probleme zu lösen. Schönheitschirurgie ist aber nicht Psychochirurgie. Die durch eine Operation hinzugewonnenen Zentimeter an Brustumfang oder die ästhetischere Form können zwar das Gefühl für sexuelle Attraktivität fördern, sie sind aber keine Garantie dafür, daß die Frau ihren Körper anders erlebt als vorher. Ihre Schwierigkeiten mit sich selbst bleiben meist die gleichen. Oft kommen noch neue hinzu, beispielsweise der Abscheu vor den Narben, die notwendigerweise entstehen. Auffallend ist ja, daß Schönheitsoperationen häufig ein gerichtliches Nachspiel haben. Die Schönheitschirurgen und -chirurginnen selbst meinen, daß der Grund dafür die Tatsache sei, daß man die Fehler bei solchen Eingriffen unmittelbar sehen könne. Eine solche Erklärung ist oberflächlich und geht am Wesentlichen vorbei, zumal es sich bei den Beanstandungen meist nicht um Fehler im eigentlichen Sinne handelt. Wichtiger ist, daß Schönheitschirurgie keine seelischen Probleme beseitigen kann, obwohl sie vorgibt, alle Probleme zu lösen.

Die Angst, die Frauen in die Hände der plastischen und ästhetischen Chirurgie treibt, wird «Dysmorphophobie» also die Angst vor der Mißgestalt, vor Deformation, genannt. Es gibt umfangreiche Untersuchungen, die die psychischen Auffälligkeiten solcher Frauen beleuchten sollen.

Frauen, die über eine zu kleine Brust klagen, machen ihr weibliches Selbstbewußtsein von Umfang und Gestalt der Brust abhängig. Daraus ergibt sich die Erwartung, daß sich alle Probleme lösen, wenn eine Veränderung des eigenen Erscheinungsbildes bewirkt wird. Solche Frauen erleben andere Frauen mit ausgeprägteren Brüsten häufig als Rivalinnen. Aus der eigenen Mangelsituation heraus wird für sie die Brust von größter Bedeutung. Sie fühlen sich auch von Männern weniger beachtet, dies scheint aber von sekundärer Wichtigkeit zu sein. Sie erleben sich als nicht vollwertig, daneben besteht häufig die ganz richtige Einstellung, daß Männer Vorrechte besitzen, an denen eine Frau nur partizipieren kann, wenn sie von

Männern beachtet wird. Diese Frauen scheinen etwas von der tatsächlichen Bedeutung der Brust zu spüren, die in unserer Kultur nicht mehr bewußt, nicht anerkannt oder abgewertet ist. Das Selbstbewußtsein von Weiblichkeit ist für eine Frau abhängig von dem, was sie äußerlich und von der Funktion her als weiblich bezeichnet, nämlich ganz entscheidend von der Brust. Allerdings nimmt eine Kunststoffbrust im Körperbild etwa die Rolle ein, die ein Kunststoffpenis in vergleichbarer Situation für einen Mann hätte: Es gibt keinen vollwertigen Ersatz.

Anders ist die Einstellung von Frauen, die eine Brustverkleinerung anstreben. Auch hier kann die innere Zufriedenheit nicht durch den operativen Eingriff erreicht werden. Aus Untersuchungen geht hervor, daß Frauen oder Mädchen, die solche Operationen wünschen, damit ihre tief unbewußte Ablehnung der eigenen Weiblichkeit zum Ausdruck bringen. Viele dieser Patientinnen haben in der Vorgeschichte eine Magersuchtproblematik. Bei der Magersucht geht es bekanntlich darum, die Entwicklung zur Weiblichkeit zu vermeiden.

Außer der chirurgischen Korrektur wird eine Fülle von Apparaten und Salben angeboten, Massageglocken, Duschen und Vibrationsgeräte. Selbst vor Hormontabletten und anderen Präparaten wird nicht zurückgeschreckt. Spezialbrusthalter, die die Brust nach oben schieben und von unten unterfüttern, solche, die die Brust «unauffällig» formen und weite Bereiche frei lassen, werden angeboten. Manche Zeitungen leben geradezu von Inseraten auf diesem Sektor.

In der Literatur wird der Umformungs- und Verbesserungswunsch der Frau als Endergebnis einer neurotischen Fehlentwicklung gedeutet, die im übrigen symptomlos ablaufe. Das ist dann richtig, wenn Frauen ihre Konflikte mit ihrer Stellung in der Gesellschaft auf diese Art zu lösen versuchen, statt sich zu akzeptieren, unabhängig von äußeren Normen. Aber gerade das ist für Frauen ein schwieriger Weg.

Wir müssen uns aber auch immer wieder die Frage stellen, warum denn gerade die Brust so stark das Selbstbild der Frau bestimmt und warum die weibliche Identitätsfindung so sehr von Gestalt und Größe der Brust abhängig ist.

In den folgenden Kapiteln wird versucht, die Bedeutung und das

Geheimnis der weiblichen Brüste näher zu betrachten, um das Un-
verständliche, Unerklärliche, das uns in den Berichten und Betrachtungen auffiel, zu verstehen.

Was ist das, eine Frau?

Im vorangegangenen Kapitel haben wir gesehen, welche entscheidende Rolle im Leben einer Frau ihre Brüste und das Gefühl, mit ihnen akzeptiert zu werden oder nicht, für Körpergefühl und Selbstbild spielen. Eine Frau leitet ihr Verständnis für sich selbst als die Frau, die sie ist, ganz entscheidend von ihrer Brust her ab. Damit wird die Brust, wie wir gesehen haben, zur Ursache für ein positives Selbstbild, aber genauso und leider häufiger auch für die Ablehnung des Frauseins, wie sie sich im Phänomen der Dysmorphophobie zeigt. Die Ablehnung des eigenen Körpers kann bekanntlich so weit gehen, daß sich Frauen in autodestruktiver Weise dem Messer, der Operation ausliefern. Frauen geben damit ihre Lebendigkeit preis für eine Attrappe, die einer von außen her bestimmten Norm entspricht.

Wir haben auch gesehen, wie die Brüste im natürlichen Ablauf einerseits ihrer kontinuierlichen Entwicklung und andererseits ihrer zyklischen Veränderung Abbild und Symbol für alles Lebendige sein können. Sie sind Symbol für Wachsen und Altern im Leben und für Erneuerung – wie der verläßliche Wechsel der Jahreszeiten, das ewige «Stirb und Werde» in jedem Zyklus.

Ein Körperteil, der durch seine Form so stark wirkt, daß er das Bild ganz und gar zu bestimmen scheint, der zusätzlich durch seine ständige Veränderung einen wichtigen symbolischen Wert hat, sollte, so wäre zu vermuten, eine entscheidende Rolle für Definition und Begriffsfindung ganz allgemein für das Verständnis der Frau als eines eigenständigen Wesens spielen. Aber sehen wir uns doch einmal an, ob diese Vorüberlegungen zutreffen.

Bevor wir uns an der speziellen Fachliteratur orientieren, wenden wir uns verschiedenen Nachschlagewerken, zuerst dem Großen Brockhaus (1978/79)[1], zu.

Beim Nachschlagen des Stichwortes Frau fällt zunächst einmal auf, daß deren Definition schwierig sein muß. Immer wieder findet sich statt einer direkten Beschreibung das Wort «Mann» als Vergleich, als Unterschied, als Maßstab. Ist dessen Definition denn ebenfalls so umständlich? Schlagen wir das Stichwort «Mann» auf, so sehen wir, daß für seine Definition nur etwa ein Viertel soviel Platz benötigt wird. Wenn wir das Stichwort «Frauenarbeit» hinzuzählen – ein Stichwort «Männerarbeit» gibt es nicht –, ist etwa fünfmal soviel Platz nötig, um die Frau zu definieren als den Mann. In völlig unwissenschaftlicher Art habe ich mir gestattet, die Länge der Spalten auszumessen. Die Definition des Mannes braucht 19,5 cm, die der Frau 81 cm, hinzu kommen 17,5 cm Länge für «Frauenarbeit».

War das schon immer so? Ich schlage eine alte Ausgabe des Brockhaus von 1884/87[2] auf. Hier ist das Verhältnis noch mehr verschoben. Der «Mann» braucht nur etwa ein Zehntel des Platzes, zusammen mit dem Stichwort «Frauen- und Kinderarbeit» sogar nur ein Zwölftel. Auch hier habe ich die Länge der Druckspalten gemessen: Der Mann wird definiert in 8,5 cm, die Frau in 84,5 cm, und für die «Frauen- und Kinderarbeit» kommen zusätzlich 19 cm hinzu. Was könnte das bedeuten? Gibt es über «Mann» weniger zu sagen? Ist «Frau» wichtiger? Oder ist sie schwieriger zu definieren?

Um diese Fragen beantworten zu können, muß der Inhalt überprüft werden. Der Einfachheit halber schlage ich, obwohl die Reihenfolge alphabetisch anders ist, zuerst einmal das Wort «Mann» auf. Hier steht in der alten Auflage des Großen Brockhaus, der Mann sei ein menschliches Individuum männlichen Geschlechts während des Zeitraums der Reife. Er wird gegen Jüngling und Greis abgegrenzt. Diese scheinen keine Männer zu sein. Dann wird nur noch auf das Mannesalter eingegangen:

«In dieser Zeit hat der M. seine höchste geistige und körperliche Ausbildung erlangt und steht im Vollgenuß seiner Kräfte. Das Wachstum in die Länge und Breite ist abgeschlossen und nur gut lebende, wenig tätige junge Männer oder dem Greisentum sich nähernde gewinnen an Körperumfang. Anstrengungen und Entbehrungen werden in dieser Zeit wohl ertragen; selbst Excesse schaden nicht so sehr wie früher. Im Beginn des Mannesalters nimmt der Verstand rasch und bedeutend an Schärfe zu, das Handeln gewinnt an

Umsicht und Besonnenheit, der Charakter wird fester, und alle diese geistigen Eigentümlichkeiten werden stabiler.»

Im Weiteren folgen dann nur noch einige Bemerkungen über die körperliche Gesundheit des Mannes und seine Fähigkeit, Krankheiten zu bestehen.

Frustriert wende ich mich dem Stichwort «Frauen» zu. Unter «Frau» finde ich nur: «Bergstock des Berner Oberlandes». Und unter «Frauen» wird es lyrisch:

«Frauen, womit der edlere Sprachgebrauch das ganze weibliche Geschlecht bezeichnet, sind unter den Nationen und auf den Kulturstufen... die Repräsentanten der Sitte, der Liebe, der Scham, des unmittelbaren Gefühls, wie die Männer die Repräsentanten des Gesetzes, der Pflicht, der Ehre und des Gedankens; jene vertreten vorzugsweise das Familienleben, diese vorzugsweise das öffentliche und Geschäftsleben. Diesem Inhalt entspricht die Form; das Weib strebt nach Anmut, Schicklichkeit und Schönheit, der Mann nach Fülle, Kraft und praktischer Zweckmäßigkeit. Wie die Religion dem Weibe, so ist die Philosophie dem Manne entsprechend. Jenes empfindet, dieser erkennt das Richtige; der Mann ist stark im Handeln, Mitteilen und Befruchten, das Weib im Dulden, Empfangen und Gebären: Stärke verlangt überall der Mann, Anmut das Weib.»

Und in diesem Sinne geht es weiter, mit pathetischer Sprache und einem «Lyrizismus», der in der Definition des Mannes – auch in jener Zeit des Pathos – fehlt. Die den «Frauen» zugeschriebenen Eigenschaften sind wertend und reduzierend. Die Definition des Mannes ist kurz und positiv, er steht für sich. Er ist so selbstverständlich, daß nicht viele Worte darum gemacht werden müssen. So steht es um «Frauen» im Verständnis des 19. Jahrhunderts. Was hat sich daran heute geändert?

Der Große Brockhaus von 1978/79 definiert den Mann als «der männliche Erwachsene». Seine bestimmenden körperlich-seelischen Merkmale werden wie bei der Frau aus geschlechts- und individualspezifischen Eigenarten und von soziokulturell geprägten Schemata abgeleitet. Auch hier ist die Definition wieder kurz und bündig, körperlich wird er mit der Frau verglichen, die Definition ist sachlich und nicht mehr wertend.

Und bei der Frau? Sie ist «die weibliche Erwachsene». Sachliche Formulierungen zur körperlichen Differenzierung und zu psychologischen Eigenarten folgen, sie sind relativ umfangreich. Die Eigenschaften werden weniger wertend und objektiver beschrieben als im alten Brockhaus, der Artikel wirkt wissenschaftlicher, wie die ganze neue Ausgabe des Großen Brockhaus. Wir finden einen deutlichen Stilwandel gegenüber der alten Ausgabe. Aber dann kommt folgendes:

«Immer wieder ist der Versuch gemacht worden, die Frau als einen vom Mann wesensverschiedenen Typus zu erfassen.»

Warum kann die Frau nicht aus sich selbst heraus definiert werden?

«Man suchte die Unterschiede in einer besonderen Disposition des Empfindens, Fühlens und Denkens, in der Neigung zum Pflegen, Sorgen und Bewahren (statt Unternehmen, Erfinden, Neuern und Wagen); doch sind damit nur partiell gültige Merkmale bezeichnet. Die Eigenarten sind teils auf die naturgegebenen biolog. Unterschiede zw. Mann und F. zurückzuführen. Sie sind aber auch durch traditionelle, bes. soziale Bedingungen mitbewirkt, zumindest gesteigert.»

Es bleibt dabei: Die Frau wird vom Mann unterschieden und festgelegt, nicht etwa umgekehrt und auch nicht aus sich selbst heraus definiert. Die weibliche Brust, die doch, wie wir gesehen haben, für die Selbstbewertung, für das Selbstbild so entscheidend wichtig ist, wird in keiner Form zur Definition mit herangezogen.

Gibt es über Frauen tatsächlich mehr zu sagen als über Männer? Sind Frauen schwieriger? Vielfältiger? Solche Definitionen, die ja Abgrenzungen sind, werden meist von Männern verfaßt. Kein Wunder, daß sie sich als die selbstverständlicheren Menschen fühlen und daß es viele Worte braucht, um die Unterschiede zu ihnen darzustellen.

Hat nur der Brockhaus diese Schwierigkeiten? Meyers Enzyklopädisches Lexikon (1973/75)[3] wird uns sicher Auskunft geben. 155 cm sachlicher Definition der «Frau» stehen gegen 46 cm, die das Stichwort «Mann» benötigt, ohne den Platz für die Abbildungen mit zu messen. Die Unterschiede im Körperbau nehmen einigen Raum ein, sie sind bei der Frau abgehandelt. Auch in Meyers Enzyklopädischem Lexikon unterscheidet sich die Frau vom Mann, nicht umgekehrt.

Dabei weiß es die Biologie inzwischen besser: Der Mann unterscheidet sich von der Frau.

Die Erbinformation eines jeden Lebewesens befindet sich in seinen Chromosomen, kleinen Fäden im Kern jeder Körperzelle. Der Mensch besitzt 23 Chromosomenpaare. 22 davon sind bei Frau und Mann gleich, eines ist unterschiedlich und bestimmt, ob das entstehende Menschenwesen Frau oder Mann wird. Diese Geschlechtschromosomen sind bei der Frau beide gleich, paarig wie alle anderen Chromosomenpaare auch. Sie heißen X-Chromosomen. Der Mann hat auch ein X-Chromosom, aber nur eines. Das andere Geschlechtschromosom des Mannes ist viel kleiner, gleichsam das Bruchstück eines X-Chromosoms, es heißt Y-Chromosom. Es bewirkt, daß statt der Eierstöcke beim männlichen Wesen Hoden entstehen. Fällt der Stoff, der die Entwicklung von weiblichen Keimdrüsen unterdrückt, aus irgendeinem Grund aus, so entsteht trotz des Chromosomensatzes XY ein weiblicher Mensch. Übrigens könnte sich aus dem Ei allein ein komplettes weibliches Individuum entwickeln, ohne daß eine männliche Erbinformation hinzukommt. Denn mehr als eine solche Information liefert der Mann zur Entstehung seines Kindes nicht. Diese Erbinformation ist also, genaugenommen, nicht einmal notwendig. Es kommt dadurch nur zu Neukombinationen des Chromosomenbestandes. Der Mann ist also eine Art Ableger der Frau, und zwar, rein genetisch gesehen, eine verkümmerte Sonderform. Als Ausstattung besitzt er statt des ganzen vielfältigen, differenzierten und gut geschützten Geschlechtsorgans der Frau eine Wucherung, eine Hypertrophie der Klitoris und dazu Hoden, die ungeschützt – weil nicht für den Fortbestand der Menschheit so unbedingt wichtig – außen herabhängen. Brüste hat der Mann auch nicht, lediglich rudimentäre Brustwarzen. Diese haben keine tatsächliche Funktion. Auch sie zeigen durch ihre rudimentäre Ausprägung, daß der Mann eine verkümmerte Sonderform der Frau ist. So ist also die Frau kein unvollkommener Mann, wie uns beispielsweise in Lexika aufgezeigt werden soll, sondern es ist umgekehrt: Der Mann ist die verkümmerte Form des Menschen. Natürlich ist dies nur eine rein biologisch-naturwissenschaftliche Betrachtungsweise.

Wie steht es denn nun mit den Bezeichnungen für die Geschlechtsorgane? Die üblichen und scheinbar wertfreien Bezeichnungen sind «Scheide» und «Glied» oder «Vagina» und «Penis». Wenn wir uns das Wort «Scheide» oder «Vagina», beides bedeutet das gleiche, ansehen, wird die Wertfreiheit fraglich. Die Scheide eines Degens oder Schwertes dient zu dessen Schutz, als Behälter und Aufbewahrungsort, sie dient dazu, das Schwert in sich aufzunehmen. Sie ist sinnlos ohne die Waffe selbst. Ihr kommt keinerlei eigene Bedeutung zu. Analog wird die weibliche Scheide bezeichnet: Sie wird durch diese Wortwahl zu einem Behältnis degradiert. Ein leerer Behälter für sich ist nicht viel wert. Er müßte gefüllt werden, damit er einen Zweck hat. In der Medizin ist übrigens eine «Invagination», das gleiche Wort also, schlicht und einfach die Einstülpung eines Hohlorgans, zum Beispiel des Darms.

Die äußeren Geschlechtsteile der Frau werden auch als «Scham» bezeichnet mit Schamhaar, Schamhügel und Schamlippen. Der Mann hat auch Schamhaar. Damit hören solche Bezeichnungen bei ihm aber auf. Die männlichen Geschlechtsorgane könnten, in sprachlicher Analogie, etwa «Schamröhrchen» und «Schamsäcke» oder das Ganze «Schamgehänge» heißen. Solche Bezeichnungen gibt es jedoch nicht. Frauen müssen sich schämen, nicht Männer. Eine seltsame Welt mit seltsamen Bezeichnungen und einer seltsamen Sprache, das ist die Welt, in der wir leben.

Und die Brust? Das Wort selbst leitet sich aus der indogermanischen Wurzel «schwellen» ab. Die Brust ist also die Schwellung. Ein scheinbar neutrales Wort, falls man davon absieht, was Schwellungen sonst im Bereich der Medizin bedeuten: Sie sind Symptome von Krankheiten. Auf lateinisch heißt die Brust «Mamma», das gleiche Wort also, das Kinder für «Mutter» benutzen. In dieser Definition, die den Teil für das Ganze nimmt, finden wir die Wichtigkeit des Organs in seiner mütterlichen Bedeutung ausgedrückt, was einer Reduktion auf eine einzige Funktion gleichkommt.

Die Brust hat, um ihre verschiedenen Funktionen erfüllen zu können, eine «Brustwarze». Warzen sind aber bekanntlich krankhafte Hautveränderungen. Diese Bezeichnung bedeutet ebenfalls eine Abwertung und Pathologisierung eines nur für die Frau wichtigen und bestimmenden Körperteils.

Insgesamt fällt auf, daß weibliche Organe mit eher abwertenden

45

Wörtern bezeichnet werden, während männliche Organe sachlicher, objektiver und ihrer Funktion entsprechend benannt werden.

Und wie steht es mit männlichen und weiblichen Fähigkeiten? Die Potenz ist eine männliche Fähigkeit, wie ich noch ausführen werde, und «Impotenz» ist eine ausschließlich männliche Unfähigkeit. Das Wort «Potenz» kommt übrigens aus dem Lateinischen; «potentia» heißt dort Kraft, Macht oder Herrschaft. Ein anderes, weniger gebräuchliches Wort für Macht, Gewalt ist das Wort «sinus», es heißt auch Busen, Brust, Schoß. Es gibt im Lateinischen also ein Wort, das gleichzeitig Brust und Macht heißt. Wir kennen in unserer Sprache das Wort «Sinus» nur noch als mathematische Funktion. Diese sprachlichen Zusammenhänge zeigen Entwicklungen und Bedeutungsverluste auf, die für das Verständnis der Frau wichtig sind. Wenn es einmal ein Wort gegeben hat, das gleichzeitig Brust und Macht bedeutet, also beides verknüpft, dann muß es auch irgendwann einmal entsprechende innere Zusammenhänge gegeben haben, die uns inzwischen verlorengegangen sind.

Weitere Wörter mit reduzierender Bedeutung sind die Ausdrücke «stillen» und «Säugling», die an anderer Stelle genauer erklärt werden.

Nachschlagewerke sind wichtig, denn sie legen Sinn und Bedeutung und damit das Verständnis von Begriffen in einer Weise fest, die jedem zugänglich und von allgemeiner Gültigkeit ist. Sobald jedoch ein erweitertes Verständnis gefordert ist, müssen Bücher und Abhandlungen des betreffenden Fachgebiets konsultiert werden, da diese umfassender und tiefergehend sind. Daher wird im Folgenden zur Fragestellung dessen, was eine Frau ist, die einschlägige psychologisch-psychoanalytische Literatur hinzugezogen.

Eine solche Betrachtungsweise ist insofern sehr wichtig, als durch Fachliteratur ein bestimmtes Bild für die Fachwelt und später auch für ein breiteres Publikum geprägt wird. Für Frauen ist die psychologische Sicht deshalb besonders wichtig, weil die meisten Menschen, die mit den Methoden der Psychologie und Psychotherapie behandelt und damit beeinflußt werden, nun einmal Frauen sind. Die Gründe dafür zu untersuchen würde im Rahmen dieses Buches zu weit führen.

Entscheidende Erkenntnisse über das Wesen der Seele verdanken wir *Sigmund Freud* (1856–1939). Er ist der Begründer der Psychoanalyse, die als Methode zur Behandlung von Seelenstörungen gedacht ist. Freud beginnt seine wissenschaftliche Arbeit etwa zu der Zeit, aus der die alte Ausgabe des Großen Brockhaus von 1884/87 stammt. Aus diesem Grund ist es wichtig, dessen Definitionen zu kennen und kritisch zu betrachten. Denn auch ein so eigenwilliger Neubegründer wie Freud ist an die Erkenntnisse und Strömungen seiner Zeit gebunden. Dementsprechend ist seine Psychologie heute in entscheidenden Erkenntnissen antiquiert, seine Vorstellungen und Definitionen sind teilweise überholt. Aber noch heute gilt sein Werk als Grundlage unserer Erkenntnisse über die menschliche Seele und damit als Grundlage vieler Richtungen der Psychotherapie, mit der vor allem, wie bereits erwähnt, Frauen behandelt werden.

Nach Freuds Definitionen, die nicht realitätsgerecht sind, ist der Mann der eigentliche Mensch. Wenn Freud von der Entwicklung des Kindes spricht, so meint er damit fast immer die Entwicklung des Knaben. Das Mädchen erfährt nach Freud durch den Anblick eines männlichen Genitales seinen eigenen Defekt: es hält, so Freud, anfänglich hartnäckig daran fest, ebenfalls einmal ein solches Genitale zu bekommen. Das Fehlen eines männlichen Genitales wird von Freud als «Kastration», die beim Feststellen dieser Tatsache angeblich entstehenden Gefühle werden als «Kastrationskomplex» beschrieben. Beim Knaben soll durch den Anblick eines weiblichen Genitales Kastrationsangst entstehen. Die «Kastration» soll das Mädchen zuerst nur für ein individuelles Mißgeschick halten.

«Mit der Einsicht in die Allgemeinheit dieses negativen Charakters stellt sich eine große Entwertung der Weiblichkeit, also auch der Mutter, her.» [4]

Aus der Erkenntnis des eigenen «Defekts» resultiert nach Freud der Penisneid.

Es mag einen Penisneid geben, denn es ist eine allgemein menschliche Eigenschaft, daß wir uns ausgerechnet das wünschen, was wir nicht haben, besonders, wenn es mit einer Fülle von Vorrechten verknüpft ist. Das Partialobjekt «Penis» muß deshalb begehrt werden, weil es alles verkörpert, was einer Frau in unserer Kultur nicht zugestanden wird. Der Penis steht für Eigenschaften, die Frauen angeblich abgehen, wie Stärke und Mut, er steht für Chancen in der Entwicklung und der Entfaltung, ihm wird Potenz und damit Macht zugebilligt, die dem Mädchen und später der Frau in unserer Kultur abgesprochen werden. Aus diesem Grund ist der Penisneid häufig eine Realität, aber auch teilweise kulturbedingt und kulturbezogen. Er zeigt sich in vielen Analysen und Psychotherapien, in Träumen und Bildern. Beim Penisneid ist der Penis als Organ allerdings am wenigsten wichtig. Wenn es wirklich um das Organ und dessen Fähigkeiten ginge, müßte dahinter eine Art von «Zeugungsneid» sichtbar werden, der allerdings bei Frauen nicht auftritt, sondern nur bei zeugungsunfähigen Männern, die neidisch auf die zeugungsfähigen Männer sind.

Auf der anderen Seite gibt es bei Männern, wie Analysen, Psychotherapien, Träume und Bilder beweisen, den Brustneid, dahinter auch deutlich den Nährneid. Er ist ein sehr viel elementarerer Neid, der nicht auf kulturbedingte Vorteile zielt, denn diese gibt es nicht, sondern auf Fähigkeiten jenseits irgendeiner Kultur, auf lebenserhaltende Fähigkeiten überhaupt. Für den Penisneid werden in der Literatur genügend Beispiele beschrieben, ich werde daher im Folgenden Beispiele für den Brustneid und den Nährneid bringen.

Als erstes sei das Beispiel eines vierjährigen Jungen angeführt. Es kommt Besuch, der Junge wird im Laufe eines Gespräches gefragt, was er denn werden wolle. Er antwortet prompt, er wolle Hausmann werden und Kinder bekommen. Auf den Hinweis, daß dies ja nicht gehe, da er dafür eine Frau brauche, meint er, dann wolle er seine Kinder wenigstens stillen. Er wird darauf hingewiesen, daß ihm auch dafür als Junge später die Möglichkeiten fehlen. Das Kind beginnt zu weinen und läuft zu seiner Mutter, schluchzend: «Mami, wenn das alles nicht geht, wozu habe ich dann die Knöpfe?» Dahinter stehen sowohl Brustneid als auch Neid auf eine der Möglichkeiten der Brust, nämlich auf das Nähren.

Ein weiteres Beispiel: Eine Studentin begegnet im Bus auf der Fahrt zur Universität einem ihrer Professoren. Dieser fragt sie: «Gehen Sie auch wieder an den Brüsten der Alma mater saugen?» Der Mann setzt sich hier mit der Alma mater gleich, da er als Professor ja Bestandteil der Universität ist. Seine Tätigkeit setzt er mit dem Nähren gleich: Er versorgt die Studierenden, er kann spenden; die Studentin ist darauf angewiesen, daß er gibt. Er identifiziert sich mit der Mater und stellt sich sogar mit ihr auf gleiche Ebene. In seiner Frage kommt unbewußt zum Ausdruck, daß man eine Mutter braucht, ihn jedoch nur dann, wenn er Teil einer Mutter ist. In der Ausdrucksweise des Professors liegt ein Versuch, zu den spendenden Möglichkeiten der Mutter Zugang zu haben.

Nun betrachten die Männer die Alma mater noch heute ganz überwiegend als ihr eigenes Revier. Dadurch, daß sie die Alma mater bilden, versetzen sie sich selbst in die Lage der Mutter. Sie versuchen, als Wissenschaftler nährend zu sein, indem sie geistige Nahrung vermitteln. Hingegen wird Frauen, die eine wissenschaftliche Laufbahn an der Universität anstreben, noch heute – wie paradox – sehr schnell ihre Weiblichkeit abgesprochen. Das wäre nicht so, wenn der Mann seine Möglichkeit, Bestandteil der spendenden Alma mater zu sein, nicht so eifersüchtig verteidigen müßte. Es ist dies seine Möglichkeit, mütterliche Funktionen auszuüben, und dieses Privileg verteidigt er hartnäckig, indem er Frauen abwertet, die in dieses Gebiet eindringen könnten. Dahinter wird der Nährneid sichtbar.

Den nun folgenden Traum hat ein 42jähriger Mann in seiner Analyse geträumt:

«Ich träumte, ich hätte Brüste. Ich versuchte mit großer Anstrengung, den Umfang meiner Brüste zu vergrößern und ihr Volumen zu vermehren. Damit war ich nur teilweise erfolgreich. Manchmal dachte ich, sie wären groß, dann war ich nicht so sicher, ob sie wirklich groß waren. Es war für mich ein sehr autoerotisches Gefühl.»

Hier träumt ein Mann, weibliche Brüste zu haben, die er noch vergrößern möchte. Der Versuch strengt ihn sehr an, und er bleibt unsicher, wie groß seine Brüste wirklich seien. Das Gefühl war für ihn deutlich sexuell und lustbetont. Er scheint unter anderem zu versuchen, seine Identifikation aus den Brüsten herzuleiten. Er beschreibt also Neid auf das Organ «Brust», keinen Nährneid, sondern ausschließlich Neid auf die sexuelle Funktion der Brust.

In «Unbändig männlich» findet sich die Geschichte von Heinzpeter Studer, «Ich weigere mich, Vater zu sein»:

«Meine Beweislage ist komfortabel. Denn ich habe mein Kind in meinem Leib getragen, o ja! Ich hatte gespürt, wie es gedeiht in mir, wie es sich in mir festsetzt, noch ehe mir meine Freundin eröffnete, daß sie schwanger sei. Und wie eifersüchtig war ich, als sich ihr Leib zu wölben begann; mir war, als hätt ich einst darin eingewilligt, sie werde das Kind in sich tragen dürfen, und es hernach doch bereut.» [5]

Hier wird der Gebärneid sehr deutlich mitgeteilt. Und weiter:

«Und ich kann mein Kind an meiner Brust nähren, o ja! In meiner Pubertät hatte ich geträumt, mir wären über Nacht Brüste gewachsen; verwundert empfand ich die innige Schwere der beiden ja erst ganz kleinen Knospen, die da sprossen, und freute mich drauf, beim Aufwachen jetzt halt ein Mädchen zu sein – und wie enttäuscht war ich, als ich mit noch ungläubig zwinkernden Augen erkennen mußte, daß ich blieb, was ich bin.»

An dieser Stelle beschreibt auch dieser Mann Brustneid: Er möchte eine weibliche Brust haben, und er spürt die «innige Schwere» der beiden Knospen im Traum.

«Ich habe dann, natürlich, darüber gelacht; etwa wie einer, der eben erfahren hat, daß er in der Prüfung durchgefallen ist, deren Sinn er ohnehin nicht verstanden hat, weil es ihm unbedeutend ist, dies oder jenes zu sein. Sie werden zwar nicht verstehen, wovon ich rede; dennoch darf ich beanspruchen, mein Kind zu säugen in der Lage zu sein; es soll ja der Fantasie nicht entbehren müssen.»

Der Brustneid wird hier sehr deutlich dargestellt und ebenso der Nährneid.

Ein 43jähriger Mann beschreibt seine Erfahrungen als Vater:

E.-A. L: *«Ich habe sehr intensiv Brustneid erlebt, als meine Frau unsere Kinder gestillt hat. Ich erinnere mich an eine Situation, als unsere Tochter noch voll gestillt wurde, meine Frau weggegangen war und ich die offensichtlich hungrig gewordene Tochter zu beruhigen versuchte. Mein eigentlich erfolgloses, sehr intensives Ablenkungsbemühen und meine dabei erlebte männliche Mangelhaftigkeit, mein Kind zu beruhigen, standen in einem sehr krassen Widerspruch zu dem unmittelbaren Erfolg, den meine Frau bei ihrer Rückkehr mit ihrem Busen erreichte.*

Aber auch wenn ich das Stillen beobachtete, erlebte ich Neid: Eine derartig nahe Beziehung, wie sie zwischen der stillenden Mutter, die sich einlassen kann, und dem Kind besteht, kann ich als busenloses Wesen wohl nie herstellen. In diesem Zusammenhang erlebe ich ebenfalls Neid, weil die Nahrung des Kindes sich direkt im Körper der Mutter bildet – alles, was ich als Vater meinem Kind geben kann, kommt nie so direkt aus mir.

Die Neidsituationen waren für mich sehr deutlich erlebbar. In solchen Situationen wünschte ich mir, ebenfalls einen Busen zu haben. Ich würde die beschriebenen Zusammenhänge sehr gerne einmal für kurze Zeit an mir erleben wollen. Aber ich möchte keinesfalls die Mutter meiner Kinder sein.»

Dieser Vater beschreibt, wie er seine hungrige kleine Tochter durch intensive Ablenkungsversuche nicht beruhigen kann und dabei schmerzhaft seine Mangelhaftigkeit als Mann erlebt. Neidisch vermerkt er den unmittelbaren Erfolg seiner Frau mittels ihrer Brust. Er nennt sein Gefühl ganz direkt «Brustneid» – es ist hier aber wohl größtenteils «Nährneid» gemeint. Seine Beschreibung enthält beides, sowohl Nährneid als auch Neid auf die Möglichkeiten, die die Brust direkt bietet: Sie kann eine besonders nahe Beziehung zwischen zwei Menschen herstellen. Zusätzlich jedoch beschreibt er noch etwas anderes, Weitergehendes: Die Möglichkeit, aus sich selbst heraus geben zu können, ganz direkt, mit dem eigenen Körper; das kann ein Mann zwar wahrnehmen, wenn er differenziert genug ist, nie aber selbst erleben. Zusätzlich beschreibt er den beruhigenden und damit «stillenden» Effekt der Mutterbrust.

Übrigens fällt auf, daß keiner der Männer, die fähig waren, ihren Brustneid wahrzunehmen und zu beschreiben, das Wort «Brustwarze» benutzt. Ihre Sprache ist vielmehr behutsam und einfühlend und verrät Achtung vor der Frau.

In unserer männlich geprägten Gesellschaft darf es natürlich keinen Brustneid geben. Es gibt ihn jedoch ganz real, er wird aber meist erfolgreich verdrängt und geleugnet. Dieser Neid stammt aus einer Zeit, in der die Bedeutung der weiblichen Brust noch in all ihren Aspekten bekannt und anerkannt war.

Übrigens findet sich bei Freud das Stichwort «Brust» selten. Ihre mütterliche Funktion und ihre Bedeutung für die frühe Sexualität des Kindes erwähnt er beispielsweise in «Drei Abhandlungen zur Sexualtheorie (II)».

An einer Stelle erwähnt er, was geschieht, wenn *«eine erogene Zone, etwa die Brusthaut eines Weibes, durch Berührung gereizt wird. Diese Berührung ruft bereits ein Lustgefühl hervor, ist aber gleichzeitig wie nichts anderes geeignet, die sexuelle Erregung zu wecken, die nach einem Mehr von Lust verlangt. Wie es zugeht, daß die empfundene Lust das Bedürfnis nach größerer Lust hervorruft, das ist eben das Problem.»* [6]

Die Lösung dieses Problems hat keinen Platz in Freuds Trieblehre gefunden. Die Vorstellung der Brust als sexuelles Organ, ihre Funktionen und ihre Wichtigkeit, war Freud nicht zugänglich. Sie widerspricht seiner ganzen Theorie von Lust und liegt jenseits seiner Denkmöglichkeiten. Allerdings bemerkt er wenigstens, daß hier ein Problem liegt, die Lösung dafür sucht er jedoch nicht. Es zeigt sich hier eine fatale Einseitigkeit und die Brüchigkeit seiner Konstruktionen.

Diese Theorien sind heute nicht mehr taufrisch. Trotzdem sind sie in etwas abgeänderter und erweiterter Form noch heute Richtlinien für die Psychotherapieausbildung, das heißt also, nach seinen abwertenden Theorien werden noch heute Frauen und Männer therapiert. Sein Bild der Frau aus psychologischer Sicht ist bis heute noch nicht wirksam und durchgreifend korrigiert worden. Wir finden dafür nur Ansätze. Und für Männer verstärkt sich in einer so gearteten Therapie der Glaube an das phallische Primat.

Auch einen Gebärneid hat Freud nicht beschrieben. Für ihn war die Gebärmutter Sitz der Hysterie. Es ging ihm nur um den Penis als Statussymbol und weniger um dessen Funktionen.

In verschiedenen Stammeskulturen im nördlichen und mittleren Südamerika, in Ozeanien, Südostasien und Süd-Indien gibt es die Sitte des Männerkindbettes, Couvade genannt, bei der der Vater bei der Geburt seines Kindes entweder das Verhalten einer Wöchnerin zeigt oder sich im Interesse des Kindes gewissen rituellen und magischen Vorschriften unterwirft. Vorgänge des Gebärens und des Kindbetts werden von den Männern dargestellt – sie zeigen den Gebärneid auf, sind aber gleichzeitig eine gute Möglichkeit, ihn auf diese Art zu überwinden.

Nun geht es hier aber nicht um die wechselseitige Aufdeckung von Defiziten, sondern darum, festzustellen, was jedes Geschlecht für sich, unabhängig vom anderen Geschlecht, kennzeichnet. Genau dies hat Freud nicht geleistet.

In der Folge haben sich verschiedene Frauen, auf Freuds Gedanken basierend, mit der Psychologie der Frau beschäftigt. Was haben sie herausgefunden, die selbst Frauen waren?

Melanie Klein (1882–1960) sieht als einen grundlegenden Faktor der weiblichen Sexualentwicklung den Wunsch des Mädchens, der Mutter den Penis des Vaters zu rauben und diesen sich selbst einzuverleiben. Das Mädchen haßt die Mutter dafür, daß sie ihr die spendende Brust entzogen hat und zusätzlich den Penis des Vaters vorenthält. Das soll zu sadistischen Phantasien führen, «in denen das Mädchen das Leibesinnere der Mutter angreift, beraubt und zerstört».

«Das Verhältnis zum introjizierten Penis wird von dem zur Mutterbrust stark beeinflußt. Ich fasse diese primären Momente kurz zusammen. Die ‹gute› und die ‹böse› Mutter (repräsentiert durch die Brust) ist das primäre introjizierte Objekt. Die Begierde, den Penis zu saugen (zu fressen), schließt direkt an die gleichen, der Mutterbrust geltenden Begierden an. Die an der Mutterbrust erlittene Versagung bereitet deshalb die Gefühle vor, die später durch die neuerliche Versagung seitens des Penis ausgelöst werden. Neid und Haß der Mutter gegenüber beeinflussen und verschärfen die sadistischen, gegen den Penis gerichteten Phantasien. Aber auch auf anderen Wegen beeinflußt das Verhältnis zur Mutterbrust die Beziehung zum Manne.»[7]

Die Mutter soll in der Phantasie des kleinen Mädchens über alles verfügen, nämlich über die nahrungsspendende Brust, den väterlichen Penis und über die Kinder. *«Die ‹gute Milch›, der ‹gute Penis› und die Kinder, über die die Mutter in der Phantasie des Kindes in unbegrenztem Maße verfügt, werden um so leidenschaftlicher begehrt, je stärker die Angst ist, ein vergiftetes Leibesinnere zu besitzen, das von Angreifern bedroht wird. Die ‹guten› Dinge dienen zum Schutz gegen die ‹bösen›, dienen zur Herstellung eines gewissen Gleichgewichtszustandes im Leibesinneren ... Diese Phantasien, die auf die erste und auch in ihren Auswirkungen bedeutungsvollste Befriedigungsquelle – die Brust – zurückgehen, sind bestimmend für die überaus starke Bindung des Mädchens an die Mutter.»*[8]

Zum Nähren sagt Melanie Klein:

«Hierzu kommt die überaus große Bedeutung des Stillens, das ein Band besonderer Art zwischen Mutter und Kind knüpft. Indem die Mutter dem Kinde ein Produkt ihres Körpers gibt, das für die Ernährung und für das Gedeihen des Kindes wichtig ist, schließt sie beweiskräftig in positiver Weise den Kreislauf ab, der mit den gegen die Mutterbrust – als dem frühesten Objekt der destruktiven Triebregungen – gerichteten Angriffen begonnen hat. Diese vom Säugling gegen die Mutterbrust gerichteten Phantasien beinhalten die Zerstörung der Mutterbrust… Die Frau wertet unbewußt die Tatsache, daß sie ihrem eigenen Kinde nährende und heilsame Milch spendet, als Beweis dafür, daß ihre frühen sadistischen Phantasien sich nicht erfüllt haben und daß die Wiederherstellung gelungen ist.»[9]

Melanie Klein stellt die Bedeutung der Brust und des Nährens über die Brust als wichtig in der Beziehung zwischen Mutter und Kind dar, sie setzt auch Brust und Penis für die Phantasie des Kindes gleich. Sie gibt der Brust aber nicht die ihr zustehende Bedeutung für das Selbstbewußtsein des Mädchens, sondern konstruiert zerstörende Phantasien.

Karen Horney (1885–1952) nimmt den Penisneid als gegeben hin, allerdings gibt sie noch weitere Gründe für diesen Neid an. Einer ist der Neid auf den männlichen Urinstrahl und damit die Bedeutung der Harnerotik. Zudem darf der Schautrieb beim Mann befriedigt werden, denn er hat etwas vorzuzeigen und darf das beim Urinieren. Sie leitet den Exhibitionismus davon ab – wo soll das kleine Mädchen sich exhibitionieren? Das Dekolleté später, die Zurschaustellung der weiblichen Brust, könnte eine Analogie zum Exhibitionsdrang des Jungen sein. Dann darf der Junge oder der Mann seinen Penis beim Urinieren berühren – das beschreibt sie als Onaniererlaubnis. Das Mädchen hat keine adäquate Erlaubnis, es ist Verboten stärker ausgesetzt.

Sie berichtet auch von einem Fall von Neid eines Mädchens auf die Schwangerschaft der Mutter, zieht aber daraus den Schluß, daß sich das Mädchen selbst ein Kind vom eigenen Vater wünscht, und spricht von der Bedeutsamkeit des Wunsches nach einem Kind vom Vater. Nun weiß allerdings ein kleines Mädchen wenig von der Entstehung einer Schwangerschaft und von deren Zusammenhängen mit dem Vater. Sie sieht aber, daß die Mutter eine Fähigkeit hat, nämlich ein Kind in sich wachsen zu lassen und damit einen eigenen ‹Vorsprung› zu entwickeln, den sie selbst nicht hat. Dahinter dürfte ein direkter Schwangerschaftsneid stehen, nämlich der Neid auf eine Fähigkeit, die die Mutter hat, das Kind aber nicht. Spätestens an dieser Stelle wäre die Entdeckung des Gebärneides oder des Schwangerschaftsneides beim Kind, und zwar sowohl vom weiblichen als auch beim männlichen Kind, möglich gewesen. Karen Horney sieht jedoch in der Mutterschaft einen Ersatz für einen eigenen Penis. Sie ist der Entdeckung des Brustneides recht nahe, schreibt sie doch: «*Entsprechende Äußerungen finden wir auch bei Knaben… in Form von Wünschen, eine Brust zu besitzen oder ein Kind zu bekommen.*» Aber sie relativiert: «*Äußerungen dieser Art bleiben bei beiden Geschlechtern ohne Einfluß auf ihre Gesamthaltung. Ein Junge, der dringend wünscht, eine Brust zu haben wie die Mutter, kann sich gleichzeitig im ganzen durchaus knabenhaft aggressiv verhalten.*»[10]

Helen Deutsch (1884–1982) betrachtet die Psychologie der Frau ganz im Sinne Freuds. Sie beschreibt, daß in der phallischen Phase der anatomische Unterschied eine besondere Bedeutung bekommt, obwohl er schon vorher vom Kind bemerkt werde. Der kleine Junge sei stolz auf sein männliches Organ und habe Angst darum, sein Hauptinteresse seien die Vergleiche mit anderen Jungen und mit Mädchen. Das Mädchen entwickle sich parallel dazu, aber in seinem intrapsychischen Erleben sei der Stolz durch den Neid und die Verlustangst durch komplizierte Emotionen im Zusammenhang mit seinem Nichthaben oder seinem Defizit ersetzt. Sie stellt den Masochismus als die elementarste Kraft im seelischen Erleben der Frau dar[11].

Sie beschreibt also nicht die gesunde Frau, sondern die neurotische Frau als das Normale und leitet davon ihre sämtlichen Betrachtungen ab. Eine falsche Prämisse muß naturgemäß zu falschen Schlüssen führen.

Lillian Rotter beschäftigte sich ebenfalls mit der Psychologie der weiblichen Sexualität. 1932 beschreibt sie in einem Vortrag, daß Klagen der weiblichen Kranken oft mit dem Penisneid zusammenhängen, daß die kleinen Mädchen diese Klagen jedoch zuerst von der Mutter gehört hätten. Den Penisneid setzt sie voraus, sie beschreibt aber dann, daß sowohl kleine Mädchen als auch kleine Knaben, die von der Mutterbrust kaum entwöhnt sind, nach jedem hängenden Gegenstand greifen. Sie interpretiert dies als die Suche nach der verlorenen Mutterbrust. So schreibt sie: Diese Suche *«stützt sich vermutlich auf die Analogie der Mutterbrust-Säugling-Einheit, ist doch die Penis-Brust-Ähnlichkeit und die Gleichsetzung beider im Unbewußten ein täglicher Befund der Analyse»*[12].

Sie billigt der Frau Macht zu. Sie beschreibt die Angst des Knaben und Mannes gegenüber der Macht der Frau, die eine Erektion auslösen kann:

«Das Weib, das mit seiner Berührung, seiner Nähe, ja durch sein bloßes phantasiertes Bild eine Erektion erregen kann – das ist die zauberhaft-unheimliche Wirkung, die im Märchen und Mythos, in Dichtung und Geschichte immer wiederkehrt: Die Hexen und Nixen, Feen, Sirenen, das dämonische Weib – kulturell abgeschwächt ist es der Sex-Appeal. Bei Knaben in der Pubertät habe ich in der Analyse erfahren können, mit welcher Wut und Verzweiflung sie sich dieser Wirkung zu erwehren versuchen: Ein Kranker fürchtete besonders die in der gedrängten Straßenbahn fast unausweichlichen Berührungen mit Frauen, die dann bei ihm eine Erektion verursachten.»[13]

Lillian Rotter beschreibt also durchaus weibliche Fähigkeiten. Und dann faßt sie am Schluß ihres Vortrages zusammen: *«Die Frau aber, die sich ihrer Wirkung auf die Männer sicher fühlt, diese Frau, der doch im sexuell-generativen Leben eine so große Rolle zukommt (Schwangerschaft, Geburt, Laktation, Kinderversorgung und Erziehung), kann sich schwerlich kastriert und minderwertig fühlen.»*[14]

Sie stellt also den Penisneid als gegeben hin, sieht aber die Analogie zwischen Brust und Penis und verneint daher den Kastrationskomplex, den S. Freud, M. Klein, K. Horney und besonders H. Deutsch als gegeben voraussetzen.

Es ist doch erstaunlich, zu sehen, wie stark das Bewußtsein von sich selbst bei diesen intelligenten und fortschrittlichen Frauen durch die Gedanken eines Mannes über die Frau beeinflußt und von der Realität weggeführt wurde und wie – bei allen Ansätzen, neue Einsichten zu finden – sie sich der allgemeinen Vorstellung fügen, daß ein Mann Besseres und Richtigeres für Frauen erkennen könne.

In der Folge hat *C. G. Jung* (1875–1961) die Richtung der analytischen Psychologie begründet und trägt damit seinerseits ganz entscheidend zum Bild der Frau aus psychologischer Sicht bei. Er geht von anderen Voraussetzungen aus als Freud. So fragt er: *«Überdies, kann ein Mann über die Frau schreiben, über sein eigenes Gegenteil schlechthin? Ich meine, etwas Richtiges, etwas jenseits von Sexualprogrammatik und Ressentiment, von Illusion und Theorie? Ich wüßte nicht, wer sich diese Überlegenheit zutrauen könnte.»* [15]

Aber dann tut er es doch. Er sagt:

«Es ist ein Kennzeichen der Frau, daß sie alles aus Liebe zu einem Menschen tun kann. Diejenigen Frauen aber, die aus Liebe zu einer Sache Bedeutendes leisten, sind die größten Ausnahmen, weil das ihrer Natur nicht entspricht. Die Liebe zur Sache ist eine männliche Prärogative. Da aber der Mensch Männliches und Weibliches in seiner Natur vereinigt, so kann ein Mann Weibliches und eine Frau Männliches leben. Jedoch steht dem Manne das Weibliche im Hintergrund, so wie der Frau das Männliche. Lebt man nun das Gegengeschlechtliche, so lebt man in seinem eigenen Hintergrund, wobei das Eigentliche zu kurz kommt. Ein Mann sollte als Mann leben und eine Frau als Frau.» [16]

Im Zentrum seiner Auffassung vom Menschen steht der Begriff der Polarität: Den gegengeschlechtlichen seelischen Anteil des Mannes, den er «Anima» nennt, beschreibt er als weiblich und den gegengeschlechtlichen Anteil der Frau, den sogenannten «Animus», als männlich. Das Begriffspaar Animus – Anima umschreibt er mit männlich – weiblich und will damit aufzeigen, daß menschliches Leben nur innerhalb dieses Spannungsfeldes möglich ist.

Allerdings ging Jung in seinen Überlegungen davon aus, daß die Anima ein Bestandteil der männlichen Psyche sei. Daraus schließt er folgendes:

«Da nun die Anima ein beim Manne hervortretender Archetypus ist, so steht zu vermuten, daß bei der Frau ein Äquivalent vorhanden sein muß, denn wie der Mann durch Weibliches kompensiert ist, so die Frau durch Männliches.» [17]

Es wird deutlich, daß auch hier Überlegungen zur Definition der männlichen Psyche zu Erkenntnissen führte, die dann einfach analog für die weibliche Psyche übernommen beziehungsweise sekundär abgeleitet wurden.

Zur näheren Definition des Begriffspaares verwendet er dann mit Vorliebe wertende Ausdrücke wie aktiv – passiv. Das zeigt deutlich, daß er sich nur teilweise von der ausschließlichen Vorherrschaft des männlichen Zeitgeistes trennen konnte. Jung macht in der Definition der Frau und des Weiblichen immer wieder neue Anläufe, fällt dabei aber immer wieder in die Vorurteile seiner Zeit zurück. Er versucht ständig, sich daraus zu lösen, ist ihnen aber so verhaftet, daß er letztlich die überkommenen Bilder und Vorbilder beibehält und dadurch häufig in Konventionen steckenbleibt.

Sein Schüler, *Erich Neumann* (1905–1960) hat in einem weiterführenden Ansatz versucht, unter Betonung der Unterschiedlichkeit die Gleichwertigkeit von Mann und Frau aufzuzeigen. Er geht davon aus, daß infolge der unterschiedlichen Geschlechtlichkeit, die Urbeziehung vom männlichen Kind anders erlebt wird als vom weiblichen und daß sich daher für beide unterschiedliche Konsequenzen ergeben. Das unbewußte Erleben der Einheitswirklichkeit zwischen Kind und mütterlicher Seele bewirkt bei der Bewußtseinsentwicklung des Mannes eine Spaltung zwischen den beiden Bereichen; das weibliche Bewußtsein hingegen entwickelt sich aus weiblich-mütterlichem Unbewußtem und ist somit nicht im Gegensatz oder in einer Spaltung.

Er schildert die Macht des Männlichen als eindringend, überwältigend und unabhängiger, das Weibliche als hingerissen, erfaßt, durchdrungen, fortgerissen, abhängiger. Auch hier finden wir wertende Ausdrücke, die mit Stärke und Schwäche, mit Macht oder Ohnmacht zu tun haben. Beiden werden Qualitäten zugeschrieben:

«Um es übertreibend zu verdeutlichen: Das Männliche hat für das Weibliche vorwärtsdrängenden, das Weibliche für das Männliche rückwärtsbindenden Charakter. Das Männliche bedeutet für das Weibliche Erlösung zum Bewußtsein, das Weibliche für das Männliche Erlösung vom Bewußtsein. Die anscheinend größere Bedürftigkeit des Weiblichen in seiner Beziehung zum Männlichen und die anscheinend größere Unabhängigkeit des Männlichen vom Weiblichen hängen mit dieser Grundsituation zusammen…»[18]

Die Begriffe Männliches oder Weibliches werden so stark auf den Mann oder die Frau bezogen, daß es trotz möglicherweise gegenteiliger Absicht zur Auf- oder Abwertung kommen muß.

Wie sehr in geradezu grotesker Art und Weise die Bedeutung dieser Begriffe fixiert ist und wie sehr sie wertend gebraucht werden, können zwei weitere Beispiele aus der Literatur aufzeigen. *Georg Groddeck* (1866–1934) schreibt in seinem an sich einzigartigen Buch, das eine Mittelstellung zwischen Briefroman und wissenschaftlicher Abhandlung einnimmt, «Das Buch vom Es», folgendes:

«Die Mutter ist während des Säugens der gebende Mann, das Kind das empfangende Weib, oder um es deutlicher auszudrücken: Der saugende Mund ist der weibliche Geschlechtsteil, der die Brustwarze als männliches Glied in sich aufnimmt. Es besteht eine symbolische Verwandtschaft, eine sehr enge Verwandtschaft zwischen Saugakt und Begattung, eine Symbolik, die im Dienst und zur Verstärkung der Bande zwischen Mutter und Kind gebraucht wird.»[19]

Die Mutter wird in dieser so ganz spezifisch weiblichen und nicht-austauschbaren Tätigkeit des Nährens als «der gebende Mann» beschrieben – in grotesker Umkehr der Realität. Denn die nährende Mutter ist die Gebende, Symbol für alles Gebende überhaupt. Wie sich hier zeigt, ist es für Groddeck bei aller scheinbaren Aufgeschlossenheit der Frau gegenüber undenkbar, daß eine Frau über lebensbestimmende Eigenschaften verfügt. Wenn es dennoch nicht zu verleugnen ist, dann tut sie es in einer «männlichen» Rolle, auch wenn diese Rolle die urweiblichste überhaupt ist. Die «Brustwarze» ist hier nicht etwas Gleichwertiges, Eigenständiges, Zweckdienliches, sondern sie steht in Vertretung des männlichen Gliedes, das das Maß aller Dinge zu sein scheint. Und noch mehr: Die enge Verwandtschaft zwischen Saugakt und Begattung ist für Groddeck eine Symbolik, die die Bande zwischen Mutter und Kind verstärkt. Der Saugakt an sich scheint diese Funktion nicht zu erfüllen, erst der Vergleich mit dem Akt der Begattung und die Tatsache, daß das Nähren als Vorgang gleichartig ist, gibt ihm seinen verbindenden Wert.

Die Feststellungen Groddecks sind an sich, wenn man von dem Vergleich absieht, nicht unrichtig, aber die Starrheit und Unflexibilität der Vorurteile, der Zwang, alles Positive dem Männlichen zuzuordnen, und damit die Fixierung an eine männliche Wertung ist unübersehbar. Das weiblichste aller Organe, die weiblichste aller Fähigkeiten ist – so Groddeck – männlich oder Symbol des Männlichen! Wenn Weibliches einen Wert hat, dann nur, weil es symbolhaft männliche Fähigkeiten wiederholt – so sieht es nach seiner Darstellung aus.

Erich Neumann beschreibt in «Das Kind» den gleichen Vorgang auf gleichartige Weise:

«So kann das Einströmende, das sich von der mütterlichen Brust in das Kind ergießt, als zeugend-väterlich erfahren werden, obgleich sich in der umhüllenden Umarmung das Enthaltend-Mütterliche offenbart.»[20]

Die umhüllende Umarmung, sie darf «enthaltend-mütterlich» sein. Das Nährende, die spendende Fülle, das eigentlich Wirkungsvolle hingegen wird «zeugend-väterlich» genannt. Dabei ist das Zeugend-Väterliche nicht spendend, wie auch die Ejakulation, der Samenausstoß, niemals Symbol spendender Fülle sein kann. Denn der Nutzen der scheinbaren Fülle liegt nicht darin, daß jedem Spermium eine Rolle zufällt. Die Menge dient lediglich dem einen einzigen, das vielleicht – sofern die Frau die Voraussetzungen dafür bereitgestellt hat – etwas bewirken kann, als Transportmittel. Der Rest ist Ballast und wird nicht verwertet. Hingegen ist in der Milch aus der Brust der Frau jeder Tropfen voll wirksam, kein Bestandteil bleibt ungenutzt. Das erst ist spendende Fülle. Hier liegt ein ganz entscheidender Unterschied zwischen der Funktion des Penis und der Brust.

Eine männliche Betrachtungsweise, die die weiblichsten, die ursprünglichsten Eigenschaften der Frau für sich in Anspruch nimmt, raubt der Frau ihre eigentlichen Möglichkeiten, die ihren Wert verkörpern, auf fast unwiderlegbare und unmerkliche und damit gefährliche Art und Weise. Diese Interpretationsweise ist nicht nur infam, unfair und pseudowissenschaftlich, sondern sie zeigt auch an, mit welchen Mitteln das monistische phallische Primat erkämpft und aufrechterhalten wird. Durch derartige Manipulationen ist es fast unmöglich geworden, die Begriffe ‹männlich› und ‹weiblich› ohne belastende Wertung, ohne fixierte, starre Vorurteile zu benutzen. Es muß teilweise dennoch geschehen, da unsere Sprache keine anderen Wörter hat und zu arm ist, um zwanglose Neuschöpfungen zuzulassen. Denn die noch möglichen Wörter, die uns statt «weiblich» zur Verfügung stehen, wie «fraulich» oder «feminin», sind noch stärker belastet, noch mehr entstellt, noch negativer und enger in der Wertung und damit noch unbrauchbarer. Ganz unmittelbar herabsetzende Bedeutung haben übrigens die Wörter «weibisch» und «dämlich», für die es keine den Mann betreffende äquivalenten Sprachschöpfungen gibt.

Für die Begriffe «matriarchal» und «patriarchal» gilt sinngemäß ähnliches. Matriarchal gilt als rückständig und überholt, dabei besagt es, daß in der so bezeichneten Kulturform das ursprüngliche, bewahrende, naturgerichtete Bewußtsein vorherrscht. Patriarchal hingegen wird gleichgesetzt mit Fortschritt und Macht, es ist aber das expandierende, vernutzende, naturferne Bewußtsein. Auch diese Begriffe können daher nur mit äußerster Vorsicht gebraucht werden.

Solange die Definition der Frau vom Mann ausgeht und von ihm in bezug zu sich selbst gesetzt wird, von ihm mit sich verglichen wird, so lange kann die Frau nicht wirklich gleichwertig sein. So lange ist allerdings auch für den Mann keine Entwicklung möglich, denn etwas, was sich zwischen zwei ungleich starken Polen abspielt, kann niemals zu einem echten, wirksamen Kraftfeld führen. Wenn bei einem Magneten Nord- und Südpol unterschiedlich stark sind, so wird der Schwächere zum Stärkeren streben, an ihm kleben, zwischen beiden wird sich kein stabiles Magnetfeld aufbauen können. Dabei ist ein stabiles Spannungsfeld Voraussetzung für jede Partnerschaft.

Der Definierende ist stets der Herrschende. Alles, was in bezug auf ihn definiert wird, folgt seinem Maßstab. Alles, was nicht diesem Maßstab entspricht, kann daher nur weniger sein. Aber welche Kraft, welcher Aufwand ist nötig, um dieses künstliche, völlig unrealistische und damit instabile Ungleichgewicht aufrechtzuerhalten, wieviel Energie und Lebenskraft wird hier verschwendet!

Aber was ist denn nun eine Frau?

Es ist ja an sich nichts dagegen einzuwenden, eine Definition wenigstens teilweise durch Vergleiche zu geben. So kann durchaus eine Rose mit einer Lilie verglichen werden, das ist letztlich Geschmackssache, oder ein Gänseblümchen mit einem Löwenzahn. Hier ist nicht das eine besser als das andere. Aber ich kann nicht das Gänseblümchen im Vergleich etwa zum Kopfsalat definieren. Denn dabei würde das Gänseblümchen, weil es den Nützlichkeitsmaßstäben nicht entspricht, sicher abgewertet werden. Ganz objektiv ist ein Gänseblümchen zwar schöner als Kopfsalat, aber eigentlich ist es, wenn es im Garten wächst, «Unkraut».

An diesem krassen Beispiel zeigt sich, welche Schwierigkeiten eine eigenständige Definition dessen macht, was eine Frau ist.

Zu viele Jahrhunderte oder Jahrtausende lang ist die Frau, völlig im Widerspruch zu biologischen und seelischen Realitäten, als vom Mann abstammend bezeichnet worden, denken wir nur an die Schöpfungsgeschichte der Bibel oder auch an die Korintherbriefe des Paulus:

«Denn der Mann ist nicht vom Weibe, sondern das Weib ist vom Manne. Und der Mann ist nicht geschaffen um des Weibes willen, sondern das Weib um des Mannes willen» (1. Korinther 11,8–9).

Warum die Bibel bemühen, die doch heute an Aktualität verloren hat? Weil sie noch immer wirkt und nachwirkt und das Bild des Menschen noch heute maßgeblich bestimmt.

Versuchen wir trotz aller Schwierigkeiten eine eigene Definition.

Was ist eine Frau?

Eine Frau ist das Sorgende, Hegende, Bewahrende, das Mütterliche. Und diese Antwort ist falsch, weil sie einseitig ist. Das Weibliche ist nicht das Mütterliche, das Mütterliche ist nur ein Teil des Weiblichen. Und dieser kleine Teil ist zudem noch entstellt. Denn was ist in unserer Vorstellung das Mütterliche? Wie schon oben erwähnt: Das Sorgende, Hegende, Nährende, Bewahrende, Schützende, Lebenspendende; Maria mit dem Kind; Wiegenlieder; «Wenn du noch eine Mutter hast»; Mütter, die sich für ihre Kinder opfern: falsche Verklärungen und damit wieder Partialisierung und Idealisierung. Mütterlichkeit kann wohl sorgend sein, aber auch überfürsorglich, overprotectiv, und damit schädlich. Sie kann zwar hegen, aber auch verhätscheln und für das Leben untauglich machen. Sie kann zwar bewahren, aber gleichzeitig konservieren und die Entwicklung ihres Kindes verhindern. Sie kann zwar nähren, aber sie kann auch totfüttern. Sie kann zwar schützen, aber sie kann auch klammern und erdrücken. Sie kann zwar Leben spenden, sie kann aber auch Leben vernichten. Selbst das Mütterliche, das scheinbar so einfach zu beschreiben ist, läßt sich kaum mehr in seinem ganzen Umfang erfassen. Das elementar Mächtige darin wird zwar täglich sowohl in seinem positiven als auch in seinem negativen, krankmachenden oder gar tödlichen Aspekt erlebt (man denke nur an die zunehmenden Selbstmorde von Kindern), aber es wird trotz der Einsicht in die Zusammenhänge verklärt, verleugnet und entstellt.

Was ist nun aber eine Frau?

Ein anderer Aspekt zeigt sich in der Frau, die ganz in ihrer Familie aufgeht, die die Frau zum Heiraten ist, die «Frau fürs Leben», das Hausputtelchen. Solche Klischees werden täglich in den rührseligen Geschichten der Frauenzeitschriften und in billigen Romanen aufgewärmt. Sie werden von gerührten und frustrierten Hausfrauen aufgenommen und zementieren deren Rolle. Das ist das Bild der abhängigen Frau, es hat nichts mit Weiblichkeit im eigentlichen Sinne zu tun. Natürlich kann eine Frau Partnerin eines Mannes sein – das ist schon in Ordnung, wenn es hierbei wirklich um Partnerschaft geht. Partnerschaft ist aber ein so seltenes Phänomen, daß wir sie zwar in die Wunschliste aufnehmen können, wie das Leben beschaffen sein sollte. Aber die Wirklichkeit ist anders, solange die biblischen und hierarchischen Vorstellungen unsere Welt prägen und beeinflussen.

Was also ist eine Frau tatsächlich?

Die Vorstufe ist, wie aus dem Wort schon hervorgeht, das Fräulein, also die reine, errötende Jungfrau, die Jungfrau Maria, die noch nicht vom Mann Deflorierte, «Erlöste». Diese Denkungsart ist nicht etwa altmodisch; noch heute möchten viele Männer Jungfrauen «knacken» – die männliche Phantasie scheint sich hierin noch nicht viel weiterentwickelt zu haben.

Und wieder von neuem die Frage: Was ist eine Frau? Da gibt es dann noch die «femme fatale», die Frau, an die man sich nicht bindet, der man höchstens als Mann «verfallen» kann, das verführende Weib, die Sexbombe, das dämonisch-lockende Weib, Salome, die Hure. Jedenfalls ist auch dies eine Phantasie des Mannes, der sich die Frau vorstellt, der gegenüber er keine Verpflichtungen hat, weil sie ja gleichzeitig «unmoralisch» ist, die er sexuell erobern und sich so seine Macht bestätigen kann.

Fassen wir noch einmal zusammen. Eine Frau, das ist:
– die Mutter – in bezug auf das Kind,
– die Ehe- oder Hausfrau – in bezug auf den Mann,
– die «Jungfrau» – in bezug auf den Mann,
– die Sexbombe – in bezug auf den Mann.

Ist das alles?

Die Frage läßt sich auch anders herum stellen: Was ist eine Frau nicht?

Dies zu beantworten ist vergleichsweise sehr einfach, wenn man der gängigen Meinung Glauben schenken will. Eine Frau ist nicht ehrgeizig. Sie ist nicht kreativ – namhafte Künstlerinnen sind die Ausnahme. Sie ist weder technisch noch naturwissenschaftlich begabt. Es fehlt ihr sowohl an Verstand als auch an Sachlichkeit. Für leitende Stellungen und verantwortliche Positionen kann sie nicht eingesetzt werden.

Wie immer wir es versuchen, wir stoßen auf Vorurteile und Klischees. Was eine Frau ist, dieses Bild setzt sich in den üblichen Begriffsbestimmungen aus festen Rollenvorstellungen zusammen, die allesamt, wie wir gesehen haben, vom Mann her oder vom Kind aus definiert sind.

Wie definiert denn eine Frau sich selbst?

Paula Modersohn-Becker (1876–1907) war eine eigenwillige Frau mit hoher künstlerischer Begabung. Sie setzte es trotz vieler Schwierigkeiten durch, Malerin zu werden. Sie hinterließ trotz ihres kurzen Lebens eine Fülle von Bildern, die ihre große Begabung, ihre unkonventionelle Malweise, ihre Kraft und ihre Fähigkeit der Erfassung und Darstellung des Bezeichnenden, Typischen, Einmaligen eines Menschen zeigen.

... überhaupt bei intimster Beobachtung die größte Einfachheit an-streben. Das gibt Größe.

25. Februar 1903

Die große Einfachheit der Form, das ist etwas Wunderbares. Von je her habe ich mich bemüht, den Köpfen, die ich malte oder zeichnete, die Einfachheit der Natur zu verleihen.» [21]

Diese Frau malt sich in ihren reiferen Selbstbildnissen häufig mit nacktem Oberkörper und einer Schmuckkette um den Hals, aber auch viele andere Frauenbilder mit nackten Brüsten zeigen ihre Einstellung: Für sie gehört die Brust zum Selbstbild der Frau untrennbar hinzu, denn die Brust kennzeichnet für sie das Einmalige, Unverwechselbare einer Frau. Sie stellt damit den eigenen Körper gleichzeitig als Metapher für ihre Seele dar. Wenn sie also ihre Brust entblößt und Gesicht und Brust als untrennbar zusammengehörig erlebt und damit gleichzeitig Seelisches ausdrückt, dann heißt das bei dieser Frau, die stets das Wesentliche darstellen wollte, daß sie damit das Ganze erfassen will und auch tatsächlich erfaßt hat: sich selbst als Frau.

So schrieb Rainer Maria Rilke an Paula Modersohn-Becker:
«Denn das verstandest Du: die vollen Früchte.
Die legtest Du auf Schalen vor Dich hin
und wogst mit Farben ihre Schwere auf.
Und so wie Früchte sahst Du auch die Fraun
und sahst die Kinder so, von innen her
getrieben in die Formen ihres Daseins.
Und sahst Dich selbst zuletzt als eine Frucht,
nahmst Dich heraus aus Deinen Kleidern, trugst
Dich vor den Spiegel, ließest Dich hinein
bis auf Dein Schauen; das blieb groß davor
und sagte nicht: das bin ich; nein: dies ist.»

Eine andere, von Paula Modersohn-Becker ganz unterschiedliche Frau, *Frida Kahlo* (1910–1954), mexikanische Malerin, stellt in fast jedem ihrer Bilder sich selbst dar. Sie war mit sechs Jahren schwer an

Kinderlähmung erkrankt und durch ein Busunglück mit fünfzehn Jahren erheblich verletzt und zum Teil gehunfähig. Sie malte später vorwiegend im Rollstuhl oder im Bett. Sie war also keine Frau, die an ihrem Körper unbefangene Freude haben oder ihn genießen konnte. Häufige Operationen waren notwendig. Auf ihren Selbstportraits malt sie sich meist verletzt oder traurig, von Schmerzen gequält. Sie malt sich in dem Bild «Die Liebesumarmung des Universums, der Erde, Diegos, ich und Señor Xolotl» (1949) als Frau, die auf dem Schoß der Erde sitzt, aus deren Brust Milch fließt. Auf ihrem eigenen Schoß hält sie ihren Mann wie ein Kind.

Auf einem anderen Bild «Meine Amme und ich» (1937) liegt sie selbst im Schoß der Amme. In ihren offenen Mund fließt Milch aus der linken Brust der Amme, deren einzelne Drüsen und Gänge stilisiert nach Art eines Blumenstraußes oder eines Lebensbaumes, dessen Stamm die herausfließende Milch ist, dargestellt sind. Zwei Tropfen Milch fließen auch aus der anderen Brust der Amme. Frida Kahlo stellt sich einmal als Kind dar, das genährt wird – und das ist sicher bei ihrem Schicksal verständlich –, und zum anderen als Frau, die auf dem Schoß der Mutter Erde sitzt und auch noch den Mann halten kann: Als die Genährte, Kindliche und als diejenige, die an überpersönlicher Mütterlichkeit teil hat und sie weiterzugeben vermag.

Aus dieser Beschreibung wird ersichtlich, wie wichtig für zwei sehr unterschiedliche Frauen, die sich bildnerisch darstellten, die weibliche Brust ist.

Aber versuchen wir doch jetzt noch einmal herauszufinden, was eine Frau ist.

Eine Frau, das ist ein Mensch mit einem weiblichen Körper. Der weibliche Körper bietet der Frau unter anderem die Möglichkeit, Lust zu erleben. Die Frau hat durch ihre Brust wie auch durch die Gestaltung des äußeren Genitales vielfältige unterschiedliche Möglichkeiten dieses Erlebens, nicht etwa nur eine einzige. Sie ist also auch besonders differenziert erlebnisfähig, wenn sie nicht durch Erziehung, Strafe und Moral genußunfähig gemacht worden ist. Die Brust ist zudem als sichtbares Zeichen der Weiblichkeit Signal ihrer Reife und ihrer Bereitschaft. Sie kann liebend an ihre Brust ziehen oder abweisend verweigern. Die Brust kann sehr schön sein, aber auch sehr häßlich. Die Brust bestimmt ganz wesentlich das äußere Bild der Frau, unabhängig von modischen Vorstellungen oder männlichen Normen. Sie bestimmt aber auch ihr Selbstbild. Sie ist immer auch gleichzeitig ein Abbild des Lebensschicksals und ein Zeichen für das Alter der Frau.

Der weibliche Körper ist Träger der Fähigkeiten des Gebärens und des Nährens. Diese beiden Fähigkeiten sind nur der Frau zu eigen. Aber sie machen nicht allein das Wesen der Frau aus. Denn wenn das alles wäre, maßlose unbewußte Reproduktion und wahlloses Erhalten oder Verweigern und Zerstören, Lust genießen und geben, wenn es nur darum ginge, die endlose Kette von Neuwerden und Vergehen zu erhalten, dann wäre die Menschheit, und zwar die gesamte Menschheit, ein Chaos unbewußten und unsinnigen Lebens. Es wäre leicht, und es ist immer wieder versucht worden, das Wesen der Frau auf das ungerichtete bewußtlose Schaffen und Zerstören in endloser Folge einzuschränken.

Aber die Frau ist mehr. Sie ist das Prinzip des Lebens selbst. Denn auch das Bewußtsein, die Wahrnehmung, die Fähigkeit des Reflektierens sind Voraussetzungen sinnvollen und maßvollen Lebens, sie müssen geboren und geschaffen werden. Die Frau ist so auch der Ursprung des Wissens und der natürlichen Weisheit, aber auch der Kehrseite, der verderblichen, zerstörenden List und Überlistung, wie es den Hexen zugeschrieben wurde, und damit das Urbild der Verderberin.

Versuchen wir also zusammenfassend die folgende Definition:

Die Frau ist die Quelle des Neuschaffens, der gebärende Mensch. Damit ist sie die ursprünglich Kreative, die eigentliche Schöpferische. Sie mußte nicht aus einem Mangel heraus Schöpferisches leisten, sondern sie ist aus sich selbst heraus schöpferisch.

Die Frau ist die Quelle ursprünglichen Nährens. Sie entwickelte bekanntlich auch den Ackerbau zur Ernährung der Familie. Sie mußte nicht aus einem Defizit heraus Handel treiben, Geld entwickeln, Machtstrukturen aufbauen, sondern sie ist die usprüngliche, erhaltende Kraft.

Die Frau ist die Quelle ursprünglichen Zerstörens. Denn wer Leben geben kann, kann es genauso auch nehmen. Sie mußte nicht aus einem Defizit heraus Waffen konstruieren, deren Wirkung sich schließlich dem Einfluß des Herstellers entziehen kann, sondern sie verfügt über natürliche Waffen.

Die Frau ist die Quelle ursprünglichen Wissens und natürlicher Weisheit, gleichzeitig aber auch Ursprung der verderblichen List. Sie mußte nicht aus einem Mangel heraus logische Denkgebäude errichten, sondern sie ist wissend.

So ist die Frau Ursprung für Körper und Seele. Ihr Körper, insbesondere auch ihre Brüste, sind Symbol der Wandlung, der zyklischen Vorgänge, des Sterbens und Neuwerdens. Alles, was sie tut, wenn sie ihre ursprünglichen Quellen beachtet, steht im Einklang mit dem Leben, das sowohl konstruktiv wie destruktiv ist.

Aber kann die Frau heute gemäß ihrer Definition leben?

Die Frau hat sich auf fast allen Gebieten degradieren und verdrängen lassen. Aber sie könnte vielleicht wieder zu den Quellen des Lebens zurückfinden, wenn sie sich ihrer eigenen Werte bewußt würde. Das wäre lebenswichtig für alle Frauen und alle Männer, bevor diese in ihrer hybriden Überkompensation alles Leben vernichtet haben.

Verlust der Brust durch Operation

Welche zentrale Bedeutung die Brust für die Identitätsfindung der Frau in ihren entscheidenden Entwicklungsphasen hat und welche wichtige Rolle sie für die Definition der Frau spielt, ist in den ersten beiden Kapiteln aufgezeigt worden. Wenn ein so bedeutungsvolles Organ von Krankheit befallen wird, dann muß sich das auf den betroffenen Menschen sehr tiefgreifend auswirken.

Wir kennen das alle von uns: Das, was wir besitzen, ist uns unterschiedlich viel wert, aber es ist uns selbstverständlich, daß es da ist. Wenn wir aber etwas verloren haben, ganz gleich, worum es sich handelt, so steigt dessen Wert in unserem Gefühl plötzlich an. Wir vermissen es, und plötzlich wird uns der ganze Wert bewußt. Und dann stellen sich mit Sicherheit Gefühle des Verlustes ein.

Um zu verstehen, was der Verlust der Brust bei einer Frau auslösen kann, müssen wir uns erneut mit der Bedeutung der Brust befassen. Wir wollen uns daher mit denjenigen Frauen beschäftigen, die eine oder beide Brüste verloren haben.

Zuerst einmal scheint dieser Verlust nicht einmal so deutlich zu werden. Diese Frauen sehen sich mit den verschiedensten Problemen konfrontiert. Sie haben häufig den schweren Schock einer Krankheit hinter sich, sie haben eine Operation überstanden und müssen sich erst einmal mit der Angst auseinandersetzen, erneut zu erkranken. Wenn sie Krebs hatten, besteht die ganz realistische Angst vor weiteren, die Lebensqualität beeinträchtigenden Behandlungen. Hinzu kommt die Frage, die immer wieder gestellt wird: Warum gerade ich? Und das zermürbende Hadern mit dem Schicksal, das schließlich in die Resignation führen könnte. Dazu entstehen häufig auch Partnerschaftsprobleme und sexuelle Schwierigkeiten. Diese können teilweise an der Betroffenen selbst liegen, die gehemmt ist, dies oft auch vorher schon war, und die sich nun zusätzlich ihrer Entstellung schämt, weil ihr Körperbild gestört ist; wir haben ja gehört, wie wichtig die Brust für das Selbstverständnis der Frau ist. Teilweise liegen sie aber auch an der ablehnenden Haltung des Partners, wenn er die Veränderungen am Körper der Frau nicht akzeptieren kann.

Oft kommt die soziale Diskriminierung dazu: Ein Mensch, der Krebs hatte, wird bemitleidet, aber dennoch unbewußt mit seiner heimtückischen, bösartigen und ungezügelten Krankheit identifiziert. Wir begegnen noch heute gelegentlich der Ansicht, Krebs sei ansteckend. Das trifft jedoch nicht zu. Besonders gelten die Ängste für Krebsarten, die schon äußerlich sichtbar sind, wie Brust-, Kehlkopf- und Hautkrebs. Häufig bestehen trotz ausreichender Aufklärung Ängste der Umgebung vor Ansteckung und Vererbung, die zur sozialen Isolierung führen können.

Hinzu kommen nun auch die Gefühle des Verlustes. Bewußt und sehr schwerwiegend ist für die Frau immer der Verlust an äußerlich sichtbarer Weiblichkeit und Attraktivität sowie das Gefühl der Verstümmelung. Diese Verlustgefühle scheinen unabhängig davon aufzutreten, ob eine Frau vorher ihre Weiblichkeit angenommen und gelebt hat oder nicht. Bewußt ist auch der Verlust an unbefangener Lebensfreude.

Um Zugang zu den unbewußten Anteilen des Verlustes zu bekommen, sehen wir uns doch einmal an, unter welchen Symptomen Frauen leiden, die ihre Krankheit und deren Folgen fünf und mehr Jahre überlebt haben, ohne erneut erkrankt zu sein. Diese Frauen zeigen Verhaltensweisen, die mit dem Organverlust und mit den Verzichten, die damit zusammenhängen, wie etwa Schwimmbad- oder Saunabesuch oder das Tragen bestimmter Kleidung, nicht erklärt werden können, auch nicht mit den Folgen einer möglichen sozialen Isolation oder mit Partnerschaftskonflikten. Nicht einmal die Angst vor Metastasen und letzlich vor dem Tod erklärt manche ihrer Verhaltensweisen.

In unserer Kultur werden der weiblichen Brust zwei Aufgaben zugeschrieben: Einerseits hat sie sexuelle Funktionen, andererseits hat sie mit der Milchproduktion mütterliche Funktionen zu erfüllen. Rein zeitlich betrachtet, dauert die Nährzeit in unserer Kultur einige Monate, die mütterliche Funktion der Brust ist, auch bei mehreren Kindern, damit zeitlich sehr eng begrenzt. Als Sexualorgan hat die weibliche Brust so lange eine Funktion, als sexuelle Aktivitäten ausgeübt werden.

Warum hat sich dann aber eine alleinstehende 74jährige Frau nach einer Brustamputation in mehreren aufwendigen und teuren Operationen, die die Krankenkasse nicht bezahlte, eine Brust rekonstruieren lassen? Dieses Verhalten ist nach dem eben Gesagten völlig unverständlich, denn ihre Brust hatte ja keine sexuellen oder mütterlichen Aufgaben mehr zu erfüllen. Sie wollte ihre Brust auch nicht vorzeigen. Sie hatte keinen Partner, war keine Anhängerin von Freikörperkultur oder Sauna, sie tat es allein für sich und ihr Selbstverständnis. Die Gründe dafür waren ihr allerdings bewußtseinsmäßig nicht zugänglich. Dies ist zwar nur ein Beispiel, keineswegs aber ein Einzelfall.

Ferner fällt die Gleichförmigkeit der Symptome auf, mit denen Frauen viele Jahre nach einer Brustoperation zur Psychotherapie kommen. Sie leiden unter Schlafstörungen, Erschöpfungszuständen, Herz- und Kreislaufbeschwerden und häufig unter Schwindel und Rückenschmerzen ohne faßbare körperliche Ursache. Sie haben zudem ein herabgesetztes Selbstwertgefühl und leiden unter sozialer Isolation. Sie sind verunsichert und haben immer wieder eigentlich unbegründete Ängste. Anders ausgedrückt: Diese Frauen haben einerseits Depressionen und alles, was körperlich damit zusammenhängen kann, und andererseits Angst und erhebliche Unsicherheitsgefühle. Dabei könnten sie doch glücklich sein: Sie haben die Operation oder gar Krebs überlebt, sie haben keine schwerwiegenden Krankheiten, viele von ihnen sind wieder berufstätig. Und außerdem gibt es doch «so schöne künstliche Prothesen», von außen sieht man überhaupt nichts Auffälliges.

Untersuchungen zeigen, daß jede Frau, die ihre Brust durch Operation verloren hat, unter großen psychischen Schwierigkeiten leidet – oder umgekehrt jede Schwierigkeit so entschieden verneint, daß deutlich wird, daß sie ihren Verlust in Wirklichkeit verdrängt oder hartnäckig leugnet.

Aber am besten können wir das vielleicht wieder an einem Beispiel sehen. Eine 41jährige Frau berichtet von ihrer Brust und von ihrer Krankheit:

C.N.: *«Ich versuche mich an meine Brust zu erinnern. Es kom-*

men eigentlich keine Bilder aus der Zeit meiner Entwicklung. Wenn ich nachdenke, wurde bei uns auch darüber nicht gesprochen. Meine Tochter ist jetzt 14 Jahre alt, und wir sagen ihr öfter: ‹Na, jetzt wirst du aber eine kleine Frau.› An solche oder ähnliche Dinge kann ich mich nicht erinnern. Ich weiß auch nicht, wann ich gefühlsmäßig meinen Busen wahrgenommen habe.

Eines ist mir erinnerlich, meine erste Regel, mit 13 ½ war ich voll entwickelt, ein großes Mädchen von 1,70 m. Später kamen noch 4 cm hinzu.

Wenn ich dieses aufschreibe, fällt mir folgendes ein: Eine Freundin mußte eine Zopffrisur tragen, die Eltern erlaubten es nicht anders. Sie war neidisch, daß ich schon eine Brust hatte, sie aber erst eine kleine Wölbung. Wir wurden gemeinsam von unseren älteren Spielfreunden aufgeklärt. Daran erinnere ich mich gut. Wir saßen zu fünf oder sechst am Strand im Korb, eine zweieinhalb Jahre ältere Nachbarstochter wußte alles zu berichten.

Ich kann noch die Bilder sehen, wenn ich einen BH gekauft habe. Es war eine bestimmte Sorte, etwas gepolstert, also war mir meine Brust wohl nicht allzu groß erschienen.

Bei meinem Eintritt ins Berufsleben mußte ich zur Untersuchung. Ich weiß, daß der Arzt mich mit 16 Jahren danach fragte, warum meine Brust unterschiedlich groß sei. Für mich eine unerklärliche Frage, als trüge ich die Verantwortung oder hätte eine Erklärung. Er sagte aber auch, da sollte man achtsam sein. Damals für mich nicht zu verstehen. Ich hatte gelesen, daß es viele Frauen gibt, die so unterschiedlich gewachsen sind.

Meine Brust war mir für mein Sexualleben sehr wichtig. Ich hatte es gerne, wenn sie gestreichelt wurde.

Es war nichts, was ich mit besonderem Stolz vor mir hertrug, wie ich es manchmal bei anderen Frauen beobachte. Jedoch sie gehörte selbstverständlich zu mir. Ich war auch sicher, daß sie ganz nett anzuschauen war. Für meine Größe hätte ich mir manchmal etwas ‹mehr› gewünscht, aber es machte mich nicht besonders traurig.

Viel mehr weiß ich über die Wichtigkeit vor dem Verlust nicht zu berichten.

Doch eines kommt mir noch in den Sinn: Die Schwangerschaft und die Geburt meiner Tochter. Dem Zustandekommen dieser Schwangerschaft ging eine Hormonbehandlung voraus. Die ersten

Anzeichen, daß es wahrscheinlich geklappt hatte, gaben mir meine Brüste. Sie waren angeschwollen und schmerzten, wie mit tausend Nadeln durchbohrt.

Ich war sicher, daß ich mein Kind stillen würde. Wie ich überhaupt sicher war, daß ich als gesunde, große, sportliche Frau alles mit Bravour meistern würde. Dem war dann nicht so. Es wurde ein Kaiserschnitt. Damals legte man die Babys auch erst, nachdem die Milch eingeschossen war, an. Das war nach etwa vier Tagen, ich hatte nur 20 g Milch. Nach zwei Tagen riet man mir zum Abstillen. Damals war ich nicht aufgeklärt genug, die Dinge anders zu erbitten oder länger durchzuhalten. Meine Tochter war ein zartes Wesen von sechs Pfund. Sie mochte keine Ersatzmilch. Vielleicht hätte man aus den 20 g mehr machen können?

Viel mehr weiß ich über die Erkrankung meiner Brust – Brüste? – zu berichten.

Ich hatte etwa eineinhalb Jahre lang beobachtet, daß auf Druck eine milchähnliche Flüssigkeit aus den Brüsten kam. Dieses berichtete ich dem Frauenarzt. Antwort: Hormonstörungen. Es beruhigte mich nicht, ich las, es könnte kein gutes Zeichen sein. Der zweite Arzt meinte: ‹So etwas haben viele Frauen. Lassen wir einmal eine Mammographie machen.› Der Radiologe fand bei der Untersuchung kein Sekret und meinte, es sei sicher nichts Beunruhigendes. Man solle jedoch weiter beobachten. Dies wurde mir allerdings nicht nachdrücklich genug übermittelt. Nach einem Jahr wechselte ich erneut den Arzt, bei dem ich auch die Vorsorgeuntersuchung machen ließ. Ich überlegte noch, ob ich ihn daraufhin ansprechen solle, da ich doch so beruhigt worden war.

Es wurde von dem Sekret aus der Brust ein Abstrich gemacht. Nach zehn Tagen erhielt ich dann die Nachricht, mit der alles seinen Lauf nahm. Ich unterrichtete meinen Mann nicht, ging aber schweren Herzens zur zweiten Untersuchung.

An diesem Tag wurde meine Kollegin beerdigt, sie war an Brustkrebs gestorben. Im Hinterkopf tobte es: Wirst du die nächste sein? Ich kannte nur Fälle, bei denen es schlecht ausgegangen war. Von den anderen hört man zuwenig.

Man machte eine Mammographie und versuchte anschließend an der linken Seite eine Galactographie, die wohl wegen des Tumors nicht durchführbar war. Er saß ziemlich kurz unter der Brustwarze.

Ich erinnere mich an die starren Blicke, die die Ärztin und der Assistent wechselten. Ich war doch schon in höchster Alarmbereitschaft.

Ja, das Ergebnis war schlecht. Es sollte eine Probe entnommen werden. Am Donnerstag wurde ich operiert, am nächsten Dienstag um 19 Uhr kam die schlechte Nachricht. Es waren Stunden des entsetzlichen Wartens. Die Schwestern, der Stationsarzt – für alle ein Routinefall –, waren dann auch sehr erstaunt. Ich hatte es geahnt, dennoch riß mir diese Nachricht den Boden fort. Mit Valium und guten Worten, es sei nicht so schlimm, wie ich vermute, bestückt, fuhr ich mit meinem Mann heim.

Am nächsten Tag wurde ein Knochenszintigramm angesetzt. Vor mir lauter sterbenskranke Krebspatienten. Dieses sollte jetzt auch mein Weg sein? Die Assistentin merkte wohl meinen Zustand. Sie gab mir gleich Bescheid, daß alles in Ordnung wäre, was meinen Mut erheblich steigerte.

Ich war eigentlich viel zu sehr mit dem, ob ich es überleben könne oder nicht, beschäftigt, als mir über den weiteren Weg Gedanken zu machen. Am Wochenende kam ich heim mit dem Termin, am Mittwoch darauf eine Untersuchung im großen Uni-Klinikum vornehmen zu lassen. Die Plastische Chirurgie könne eine subkutane Mastektomie machen. Es ging hierbei nur um die linke Brust. – Ich war aber eigentlich in dem Glauben, die großräumige Entfernung (tennisballgroße Entnahme) hätte schon alles erledigt!

Am Mittwoch kam ich in einen kleinen Raum mit zwei Plastikvorhängen und sehr hektischem Getriebe. Hier wurde, ich möchte schon sagen: über meinen Kopf hinweg, entschieden.

Der Herr Professor wurde gerufen, der auch noch drei oder vier weitere Ärzte mitbrachte. Ich saß also umringt von weißen Kitteln auf der Liege. Der Professor fragte, wie lange es mit der Probeentnahme her sei. Vierzehn Tage. Was, so lange? Ich kannte die genaue pathologische Bezeichnung des Befundes. Ich hatte mir die Bedeutung schon selbst aus dem Fremdwörterlexikon übersetzt. Lobuläres Adenokarzinom in situ.

Nun wurde beratschlagt, was mit mir zu geschehen habe. Links auf alle Fälle ganz und rechts vielleicht unter der Haut! Ich wagte den Einwurf, es sei doch immer nur von links die Rede gewesen. Aber darauf ließ man sich nicht ein; vielleicht glaubte man auch dem Ergebnis des Kreiskrankenhauses nicht so ganz.

Ich bekam einen Termin – Sonntag vor Weihnachten. Zu Hause habe ich mich mit meinem Arzt beraten, der allerdings auch hilflos vor so einer Verantwortung sagte: ‹Lassen Sie sich das gute Ergebnis nicht (meine Anmerkung: durch Eitelkeit) zerstören.›

Man hatte mir gesagt, die rechte Seite müsse auch abgenommen werden, da auch hier Kalkablagerungen seien. Die Galactographie auf dieser Seite hatte aber keinerlei schlechte Anzeichen ergeben. Mir wurde gesagt, in 40 Prozent der Fälle käme bei einem solchen Ausgangsgewebe auch Krebs. Was blieb mir in dieser Situation noch zu entscheiden?

Vor der Operation versprach man mir, nach einem Schnellschnitt die endgültige Entscheidung zu treffen. Als ich wieder aufwachte, war alles weg. Jedoch wurde bei der weiteren pathologischen Untersuchung nichts mehr festgestellt, was mir vorab mündlich ausgerichtet wurde. Nach viermonatigem Kampf bekamen mein Arzt und ich auch die schriftliche Bestätigung!

Die Ängste blieben, der Schock saß tief. Mein Spiegelbild? Ja, ich dachte eigentlich mehr an meinen Mann: Wie sieht er mich, so flach, zerschnitten? Es sollte nur die kürzeste Zeit so sein! Im Herbst, zehn Monate später, wurde aufgebaut. Es war prima, sah gut aus. Ich hatte wieder einen Busen.

Für drei Monate. Dann kamen rechts, wo doch die Haut geblieben war, die ersten Komplikationen. Viel Hin und Her, noch drei Eingriffe, bis ich nun endlich glaubte, es sei wieder alles wie vorher.

Aber es ist doch nicht dasselbe.

Bilder in der Zeitung, Frauen mit schönen Brüsten, konnte ich fast nicht mehr ertragen. Mir gestand ich aber Trauer nicht zu, was wollte ich denn, war ich doch mit dem Leben davongekommen.

Eines fällt mir ein: Wir waren in einem Sommer einmal im Schwimmbad. Hier liefen alle oben ohne, die schönsten Frauen. Ich habe zwei Stunden nur geheult und mich nicht vom Fleck gerührt. Mein Mann wußte gar nicht so recht mit dieser Reaktion umzugehen.

Wir hatten meinen Brüsten Namen gegeben. Sie waren uns so vertraut, sie gehörten zu unserer Zweisamkeit und spielten in unserem sexuellen Zusammenleben eine erhebliche Rolle.

Jetzt danach war alles anders. – Mein Mann hat mich jedoch nicht eine Sekunde spüren lassen, daß ich für ihn eine andere Frau sei. Eine unbeschreibliche Hilfe!

Wir mußten – und wir arrangierten uns mit der neuen Gegeben-heit.

Ich dachte oft, ob er nicht gerne wieder einmal eine Brust sähe – hätte. Dieses *beflügelte auch mein Bestreben, wenigstens optisch wieder einigermaßen dem zu entsprechen. Mein übriges Leben ging normal weiter, wenig wurde gefragt, gar nicht: Wie wirst du damit fertig? Verlangte ich doch auch von mir, alles ohne Wehklage hinzu-nehmen. So trug ich auch nach außen die Maske der ‹Starken›.»*

Zuerst fällt auf, daß sich diese Frau an ihre Brustentwicklung wenig erinnern kann. Es wurde nicht darüber gesprochen. Sie war nicht stolz auf ihre Brust, betrachtete sie aber als sich selbstverständlich zugehörig. Anläßlich einer ärztlichen Untersuchung im 16. Lebens-jahr fiel die unterschiedliche Größe ihrer Brüste auf. Der Arzt be-ließ es bei einer vagen Warnung, die der jungen Frau unerklärlich war und ihr Angst machte, ohne daß ihr dies ganz bewußt wurde – sie hätte sonst die Erinnerung daran bis heute wohl nicht so deutlich behalten. Sie konnte trotzdem die Gefühle ihrer Brust bei der Se-xualität genießen. Zu Beginn ihrer Schwangerschaft wurde sie auf ihre Brüste erneut aufmerksam. Hier hätte eine positive Entwick-lung, die im sexuellen Erleben bereits eingesetzt hatte, weiterge-führt werden können. Durch das Verhalten von Ärzten und Pflege-personal in der Klinik nach dem Kaiserschnitt wurde diese jedoch verhindert, statt daß sie gefördert worden wäre.

Das ist eine Erfahrung, die viele Frauen machen. Im allgemeinen wird sehr wenig dafür getan, daß Frauen diese Möglichkeit ihrer Brust positiv erleben können. Erst in letzter Zeit ändert sich die Einstellung allmählich. Es gibt sehr viel Literatur darüber, ob das Nähren des Kindes nützlich oder schädlich sei, es gibt einander widersprechende Ansichten, manche Ärzte und Ärztinnen emp-fehlen es, manche wollen es verhindern. Fast immer beugt sich die Frau – warum eigentlich? – erst einmal dem Diktat.

Etwa zehn Jahre nach Schwangerschaft und Geburt ihrer Tochter trat die Erkrankung bei Frau C. N. auf. Sie schildert in erschüttern-der Weise, was sich in ihr abspielte: alle die falschen Beruhigungen, die Tapferkeit, mit der sie die Nachricht erträgt, die Erschütterung, weil die Kollegin an Brustkrebs stirbt, und die Angst vor dem Tod. Dann schildert sie das Verhalten der Ärzte, die sie selbst als die

Betroffene in alle folgenschwere Entscheidungen nicht mit einbezogen. Nicht nur das, sie wird noch zusätzlich verunsichert, indem ihr die rechte Brust – angeblich zur Sicherheit – auch noch entfernt wird.

«Die Ängste blieben, der Schock saß tief.»

Was empfinden eigentlich Ärzte – und meistens sind es Ärzte –, die sich kranken Frauen gegenüber, die in ihrer Existenz betroffen sind, derart verhalten?

Chirurgie und Gynäkologie streiten so immer ungenierter darum, wer die weibliche Brust operieren darf. Der Weiterbildungskatalog für die Anerkennung als Gynäkologe oder Gynäkologin verlangt eine bestimmte Anzahl großer Eingriffe an der weiblichen Brust. Das stört die Chirurgie, die sich das Recht auf die Brustchirurgie traditionell angeeignet hat. Zwei Fachrichtungen bekämpfen sich wegen des Vorrechts, Frauen die Brüste amputieren zu dürfen. Was hat das mit Helfen und Heilen zu tun? Die Brust ist so – zusätzlich zur kosmetischen Chirurgie – zum Tummelplatz der Mediziner geworden.

Um was geht es dabei eigentlich? Es gibt kein anderes Organ, um das ein solch erbitterter Streit entstanden ist. Natürlich hat die Chirurgie im Laufe der Entwicklung verschiedene Gebiete an andere medizinische Disziplinen abtreten müssen – nicht ohne Grenzkämpfe. Aber welche unbewußte Bedeutung hat die Brust, wenn Männer – und es handelt sich dabei fast nur um Männer – sich derartig das Recht auf Amputation streitig machen? Zwei operative, also aggressive Disziplinen streiten sich: Wer darf die weibliche Brust aufschneiden, amputieren, kosmetisch korrigieren, implantieren, neue raffinierte Techniken entwickeln, neue Kunststoffe ausprobieren, die implantierbar sind? Noch einmal: Die Frage, wer die Brüste «heilen» dürfe, wird, jedenfalls so deutlich, nicht gestellt. Das heißt nicht, daß Fortschritte in der Medizin nicht wichtig, nötig und sogar lebensnotwendig wären. Es geht lediglich um die Art und Weise, wie hier gekämpft wird.

Und wie fühlt sich eine Frau, nachdem so mit ihr verfahren worden ist? Diese Frau läßt sich ihre Brust aufbauen. Das ist für brustamputierte Frauen eine sehr große Hilfe; es ist unbestritten, daß es gute Ersatzmöglichkeiten gibt. Aber es ist letztlich für das Gefühl der Frau doch nicht dasselbe wie die eigene Brust. Warum müßte sie denn sonst weinen, wenn sie in der Zeitung Frauen mit schönen Brüsten sieht? Warum weint sie im Schwimmbad? Sie ist doch mit dem Leben davongekommen!

Das Körperbild ist trotz der Rekonstruktion erheblich gestört. Zwar ist diese Frau mit Recht stolz auf ihre neue Brust, aber die Vertrautheit ist nicht mehr da.

Und jetzt wagt sie nicht einmal zu klagen, zu trauern, nicht einmal zu fragen und Schwäche zuzulassen. Nach außen hin hat sie alles überstanden. Es wird aber noch ein Stück Weg für sie bedeuten, bis sie sich wieder selbst versteht, bis sie ihre Trauer und ihren Verlust annehmen und ihren Körper wieder so akzeptieren kann, wie er jetzt ist.

Eine andere Frau, 46 Jahre alt, sehr attraktiv, hatte jahrelang unter erheblicher Krebsangst gelitten. Sie hatte in jedem Zyklus etwa zwei Wochen lang ziehende Schmerzen im oberen äußeren Quadranten beider Brüste.

Solche Beschwerden haben viele Frauen, etwa zwischen 30–50 Prozent. Diese Schmerzen werden medizinisch als zum «prämenstruellen Syndrom» gehörig bezeichnet. Es wird angenommen, daß die zum Teil sehr heftigen Beschwerden und ziehenden Schmerzen psychosomatisch bedingt seien. Andere Untersuchungen zeigen körperliche Ursachen in erhöhten Östrogen- oder erniedrigten Gestagenspiegeln, also in hormonellen Unregelmäßigkeiten. Beides schließt einander nicht aus, denn seelische Faktoren können die Höhe und das Verhältnis der verschiedenen Hormone durchaus beeinflussen. Es gibt auch Untersuchungen, ob Frauen, die unter Brustschmerzen leiden, häufiger Brustkrebs bekommen. Das konnte jedoch nie wirklich sicher bewiesen werden.

Warum die Brüste sich schmerzhaft bemerkbar machen – diese Frage kann nur spekulativ beantwortet werden und läßt Raum für verschiedenartige Schlußfolgerungen und Phantasien. Der vorhin erwähnten Frau machten diese Schmerzen jedenfalls Angst. Sie ging etwa halbjährlich zur Brustuntersuchung, bis ihr Gynäkologe ihr vorschlug, sich beide Drüsenkörper entfernen zu lassen. Das geschah, Silastikprothesen wurden unter die Haut gesetzt, die Brüste waren vollkommener und schöner als vorher, und die Krebsangst war erst einmal vorbei. Gelungene Psychochirurgie?

Und wie ging es weiter? Vier Jahre später mußte sie dennoch psychotherapeutisch behandelt werden. Sie hatte jetzt ständig das Gefühl, daß die Prothesen ihr schwer auf den Brustkorb drückten und daß sie keine Luft mehr bekomme. Zusätzlich hatte sie Herzbeschwerden, Kreislaufstörungen, Erschöpfungszustände, schließlich dachte sie an Selbstmord. Warum, war ihr nicht klar. Es stellte sich dann heraus, daß sie ihren ganzen Körper sorgfältig pflegte, die Haut der – ästhetisch vollkommen aussehenden – Brüste aber dabei aussparte. Sie konnte ihre Brust nicht mehr berühren. Sie verstand sich selbst nicht mehr, war wütend auf ihren Gynäkologen und auf alle Männer, die ihr jetzt Komplimente wegen ihrer Brüste und eindeutige Angebote machten. Schließlich wagte sie es fast nicht mehr, aus ihrem Zimmer zu gehen. Wo immer sie war, sie lief mit verweintem Gesicht herum.

Was spielte sich hier ab? Diese Frau hatte ja keinen Krebs, sie hatte keine realen Ängste ausgestanden und mußte sich auch für die Zukunft um ihre Gesundheit keine rational begründete Angst machen. Die sexuelle Funktion ihrer Brüste war nicht gemindert, sogar die Mamillen reagierten auf Berührung. Ein Kinderwunsch bestand in ihrem Alter nicht mehr, sie hätte ihre Brüste in der mütterlichen Funktion nicht mehr gebraucht. Also ein völlig verrücktes Verhalten? Sie hatte nichts verloren, nichts Sichtbares jedenfalls. Im Gegenteil, sie hatte etwas gewonnen, um das sie viele Frauen beneideten und das die Männer, für die so etwas ein Anreiz ist, anzog: eine ästhetisch makellose Figur. Wenn es eine Psychochirurgie gäbe, hier hätte sie einen Riesenerfolg haben müssen.

Diese Frau hatte viel mehr verloren, als sie wußte: Sie hatte ihre eigene Brust, die mit ihrer Entwicklung zur Frau untrennbar verbunden war, verloren, ihre einmalige, unverwechselbare weibliche Identität. Sie hatte etwas verloren, dessen Wert sie nicht erfassen konnte. Dafür hatte sie Kunststoffkissen eingetauscht. Aber ihr Unbewußtes hatte auf den Verlust reagiert. Es ist schwer, zu trauern, wenn kein objektivierbarer und verständlicher Verlust vorliegt. Natürlich hatte diese Frau bereits vor der Operation ein gestörtes Verhältnis zu ihrem Körper und zu ihrer Weiblichkeit, wie ihre Krebsängste zeigten.

Aber was weiß unsere Kultur von dem, was eine Frau ausmacht? Eine Frau kann ja nicht kastriert werden, sie scheint keine Potenz zu haben. Impotenz ist etwas Männliches, so kann sie ja nicht erst impotent werden.

Stimmt das wirklich? Hat diese Frau nur deshalb so stark reagiert, weil sie ohnehin neurotisch war? Sicher, ihre Krebsängste hätten viel früher eine Psychotherapie notwendig gemacht – die Operation war überflüssig. In diesem Fall wurde in langer psychotherapeutischer Arbeit erreicht, daß sie fähig wurde, ihren Verlust zu verstehen und zu betrauern. Danach war es ihr möglich, ihren Körper, den sie immer noch als verstümmelt empfand, annehmen zu lernen. Als sie ihre Brust wieder pflegen konnte wie die übrige Haut, war für sie die schlimmste Depression überstanden. Sie wird sich nie mehr so fühlen wie vorher, weiß aber, daß sie mit den Brustprothesen leben muß und kann.

Übrigens: Die Reaktion von Männern, die einen oder beide Hoden durch Unfall oder Karzinom verloren haben, sind ganz ähnlich wie die von brustamputierten Frauen.

Sollte hinter solchen Reaktionen etwas stehen, von dem wir etwa nichts wissen oder nichts mehr wissen? Jedenfalls wird immer klarer, daß die Brust für das Erleben einer Frau ein Organ von zentraler Bedeutung ist.

Warum kann nun eine Frau eine so zerstörende Krankheit wie Krebs ausgerechnet an ihrer Brust bekommen? Die Frage, warum ein bestimmtes Organ von einer zerstörenden Krankheit befallen wird, kann immer nur spekulativ beantwortet werden. Bei der Durchsicht der Literatur und bei unseren eigenen Brustkrebspatientinnen fällt aber auf, daß sich in der Vorgeschichte besonders häufig Verlusterlebnisse finden lassen. Die Verluste betreffen sehr häufig die Mutter oder mütterliche Figuren, in anderen Fällen aber auch Kinder oder, in übertragenem Sinne, «zu nährende Abhängige».

Hierzu kurz ein Beispiel: Die Mutter von Adolf Hitler wird als fleißig, unaufdringlich, freundlich und verantwortungsbewußt geschildert. Sie war nachgiebig, harmonisierend, idealisierend, sie zeigte also ein Verhalten, das wir heute mit dem sehr umstrittenen Begriff der «Karzinompersönlichkeit» bezeichnen könnten. Sie verlor fast gleichzeitig ihre drei erstgeborenen Kinder und wandte sich daher um so intensiver ihrem Sohn Adolf zu, der ihr hauptsächlicher Lebensinhalt wurde. Nach dem Tod ihres Mannes (1903) lebte sie anfänglich mit ihrem Sohn in einer kleinen Wohnung und ernährte ihn teilweise. Die Beziehung zu ihm war weit enger als zur einzigen überlebenden Tochter. Er ließ sich von der Mutter verwöhnen und gab ihr damit eine Aufgabe und einen Lebenssinn. Damit war er für sie «lebensnotwendig». Als er 1906 Anstalten machte, sich von ihr zu lösen, brach der Brustkrebs aus, an dem Klara Hitler innerhalb eines Jahres verstarb. Das ist das Beispiel einer Mutter, die den zusätzlichen Verlust des von ihr ernährten und verwöhnten Sohnes, den sie nicht loszulassen vermochte, nicht ausgleichen und verarbeiten konnte.

Immer wieder fällt aber auch auf, daß Töchter, die ihre Mütter verlieren, unter besonderen Voraussetzungen einige Jahre nach deren Tod an Brustkrebs erkranken können. In den uns bekannten Fällen wurde die Beziehung zur Mutter immer als besonders innig und tiefgehend und der Verlust als besonders erschütternd geschildert. Ähnliche Beschreibungen sind auch aus der Fachliteratur bekannt. Die Beziehung zur Mutter war immer wesentlicher Lebensinhalt für die Tochter, umgekehrt der Schutz der Tochter Lebensaufgabe für die Mutter. Mit dem Tod der Mutter verloren diese Töchter ein lebenserhaltendes Regulativ, das sie durch keine eigenen inneren Kräfte ersetzen konnten. Die verlorene Bezugsperson war für sie also ein Teil ihres Selbst, so gut wie ein Stück «Ich», wie wir das ja auch aus dem Lied «Ich hatt' einen Kameraden» kennen: «...als wär's ein Stück von mir». So kann der Brustkrebs als ein absterbender Teil des Selbst im sichtbaren Bereich des Körperlichen aufgefaßt werden.

Warum hatten diese Töchter eine solch starke Beziehung zu ihrer Mutter? Die Antwort kann nur hypothetisch sein. Wir können aber in unsere Überlegungen die Möglichkeit einbeziehen, daß das Auftreten von Brustkrebs dadurch begünstigt wird, daß die betroffene Tochter ursprünglich ihre Rolle als erwachsene Frau – und damit ihre Fähigkeit als «Nährende» im übertragenen Sinn und auch für sich selbst – und die damit verbundene Verantwortung nicht angenommen hat. Sie delegiert ihre eigene Verantwortung als Erwachsene weiterhin an die Mutter oder an andere Bezugspersonen. Diese Bezugspersonen übernehmen damit Aufgaben, die eigentlich das Ich der Frau übernehmen sollte. Weil diese Bezugspersonen dann nicht wirklich Objekte oder Gegenüber für die betroffene Frau sind, sondern «ein Stück von mir», bricht die scheinbare Stabilität zusammen, wenn die Bezugsperson stirbt oder anderweitig ausfällt. Hier könnte die Wirkung sogenannter «guter» Mütter auf ihre Töchter liegen, auf Töchter nämlich, die ihre Rolle als Frau nicht angenommen und an die Mutter oder an entsprechende andere geliebte Personen delegiert haben.

Welche Wirkung könnte nun aber die Beziehung zu einer «bösen», also versagenden, ablehnenden oder rivalisierenden, neidischen Mutter haben? Solche Mütter haben wir ja in drei Beispielen kennengelernt, in denen Frauen über ihre Brustentwicklung sprachen. Viele Mütter sind neidisch auf die Entwicklung der Brust ihrer Tochter. Und das nicht nur deswegen, weil die Tochter jetzt als Frau reizvoller und damit zur jüngeren Rivalin wird – wir denken hierbei an das dritte Beispiel –, sondern weil sie jetzt auch eigene Fähigkeiten entwickelt, die sie der Aufsicht und im weitesten Sinn der «Macht» der Mutter entziehen. Da könnte der Neid der Mutter auf die Brust der Tochter, wenn die Beziehung nur stark genug ist, dazu führen, daß die Tochter selbstzerstörerisch ihre Brust dem Krebs zum Opfer darbringt oder auch durch das Messer des Chirurgen zerstören läßt. Solche Dinge geschehen ja völlig unbewußt. Überspitzt ausgedrückt heißt dies: Die Tochter drückt dem Chirurgen das Messer der (bösen, neidischen, rivalisierenden) Mutter in die Hand. Dabei kann es im tiefen Bewußtsein um die Frage gehen, wer mächtiger ist. Spekulativ könnte man sagen: Wenn die Tochter erkrankt, war die Mutter stärker, wenn hingegen die Mutter die Ablösung der Tochter und deren Frausein nicht verarbeitet, könnte sie selbst erkranken. Aber dies sind, wie schon gesagt, Spekulationen, für die es allerdings einige Hinweise gibt.

Wir haben dies in unserem letzten Beispiel gesehen: Die Frau mit den ästhetisch schönen Kunstbrüsten hatte eine enge Beziehung zu ihrer Mutter. Diese besorgte den Haushalt für die Tochter, sie lebte in dem gleichen Haus, und die Mutter hatte den Wohnungsschlüssel. Dadurch konnte die Tochter berufstätig sein. Mann und Kinder wurden von der Mutter versorgt, alles hatte seine Ordnung, die Mutter war eigentlich die Hausfrau der Familie. Die Tochter blieb in ihrer eigenen Familie untergeordnet, die Mutter war das eigentliche Familienoberhaupt. Vordergründig sah das so aus, daß die Tochter ihrer Mutter sehr dankbar war, dahinter stand jedoch eine enorme

Wut. So hatte zwischen der Frau und ihrem Mann kein Geschlechtsverkehr mehr stattfinden können, weil die Mutter einmal plötzlich im Schlafzimmer gestanden hatte. Sie hatte den Raum dann zwar kommentarlos verlassen, aber die Beziehung zwischen den Ehepartnern war seither von beiden Seiten ernsthaft gestört.

Und dann trat die Angst vor Brustkrebs auf, wobei diese Frau zwar keinen Krebs entwickelte, sie stellte ihre Brust jedoch, bedingt durch die Angst, dem Chirurgen zur Verfügung. Sie nahm sich damit das Zeichen ihrer eigenen Weiblichkeit.

Die Brust kann also auch, wie wir sehen, zum leiblichen Austragungsort tiefliegender Beziehungskonflikte werden.

Was kann ein Psychotherapeut oder eine Psychotherapeutin erreichen, wenn eine Frau mit Problemen, die die Brust betreffen, zu ihm kommt? Die Rolle der Brust für die Weiblichkeit ist allgemein nur für die Funktionen des Nährens und der Sexualität bekannt.

Für einen männlichen Psychotherapeuten kann eine solche Frau ein willkommenes Objekt des Trostes sein. Er kann als Mann aber nicht wissen und sich einfühlen, worum es wirklich geht. Er kann ihren Kummer anerkennen und sie darin bestätigen, ohne daß wirklich Trauerarbeit geleistet wird, und sie ist ihm dafür sogar dankbar, daß er so verständnisvoll reagiert. In der Therapie jedoch geschieht in diesem Fall nichts, es darf auch nichts geschehen, damit das schöne Gleichgewicht zwischen Therapeut und Patientin nicht gestört wird.

Eine Therapeutin müßte ihre Einstellung zum eigenen Frausein reflektieren. Sonst besteht die Gefahr, daß in der Therapie das gleiche geschieht wie in der Beziehung zur Mutter: die «gute» Therapeutin (in Übertragung und Gegenübertragung) würde dem Appell der Patientin folgen und deren Verantwortung versuchen zu übernehmen. Unter diesen Umständen ist Entwicklung nicht möglich. Die «böse» Therapeutin würde in das destruktive Agieren des Rivalisierens und Zerstörens einbezogen.

Für uns haben sich in der Psychotherapie mit Frauen, die ihre Brüste durch Operationen verloren haben, einige Dinge als unumgänglich wichtig erwiesen:
– Falls Krebs vorliegt, muß zuerst einmal die Realangst vor weiteren belastenden und die Lebensqualität einschränkenden Behandlun-

gen, die völlig berechtigt ist, bearbeitet und angenommen werden. Auch die Resignation vor dem schweren Schicksal sollte zur Sprache gebracht und überprüft werden.

– Dann sollte auch das Gefühl von Minderwertigkeit, sozialer Diskriminierung und Isolierung durch die Angst der Umwelt und durch die eigene Angst vor der bösartigen Erkrankung sowie auch die nichtbegründete Angst vor Ansteckung oder Vererbbarkeit bearbeitet und geklärt werden.

– Weiterhin ist es wichtig, daß die sexuellen und partnerschaftlichen Probleme, die ihren Ursprung im Organverlust haben, aufgedeckt und behandelt werden. Sie müssen deutlich von bereits vor der Erkrankung bestehenden Partnerschafts- oder Sexualproblemen unterschieden werden. Denn es ist für eine Therapie wichtig, ob eine Störung sowohl der Partnerschaft als auch möglicherweise des weiblichen Selbstbildes und Verständnisses schon vor der Erkrankung bestanden hat, oder ob sie erst durch die Erkrankung beziehungsweise den Organverlust ausgelöst worden ist. Dieser Punkt ist – wie auch die folgenden – ebenso wichtig für die Psychotherapie von Patientinnen, die keinen Krebs hatten.

– Dann muß der Organverlust und der dahinterstehende Verlust an Weiblichkeit wie an unbewußten Fähigkeiten erlebbar gemacht werden. Trauerarbeit muß geleistet werden, damit die Hinwendung zu verbleibenden oder neuen Möglichkeiten realisierbar wird.

– Es ist aber auch wichtig, zugrundeliegende pathologische Beziehungsmuster aufzudecken, wie sie oben am Beispiel Töchter-Mütter geschildert wurden, und, falls das zeitlich und von der Methode her möglich ist, zu therapieren.

Immerhin muß es mit der weiblichen Brust etwas Besonderes auf sich haben. Ein Kuheuter-Krebs ist äußerst selten, obwohl das Kuheuter häufig Entzündungen oder Verletzungen ausgesetzt und, viel mehr als die menschliche Brust beispielswiese, Veränderungen unterworfen ist. Es ist sogar schwierig, in Tierversuchen künstlich einen Krebs am Kuheuter zu erzeugen. Es geht also nicht um das Organ. Frauen sind keine Kühe. Es geht um viel mehr: Es geht um nichts Geringeres als um menschliche und insbesondere weibliche Fähigkeiten sowie um die seelische Entwicklung der Frau. Die Brust beinhaltet mehr als nur sexuelle und mütterliche Funktionen.

Zusammenfassend kann gesagt werden, daß der Verlust der Brust die Betroffene vor die Aufgabe stellt, ihr Selbstverständnis als weibliches Individuum neu zu finden.

Die Entwicklung der Brust ist für jedes junge Mädchen ein unübersehbares und untrügliches Zeichen ihres Frau-Werdens. Ihr Frau-Sein erlebt und definiert jede Frau – oft unbewußt – unter anderem aus der Tatsache heraus, daß sie Brüste hat. Dieses Faktum teilt sie mit allen Frauen, es führt zum Erlebnis des kollektiven und allgemein Weiblichen. Mit dem Verlust dieses Organs gehört die Betroffene plötzlich nicht mehr zu denjenigen, die sich über die Brust als weiblich definieren können. Der Verlust dieses Organs kann das Gefühl bewirken, keine richtige Frau mehr zu sein.

Das kann den Weg in Verdrängung oder Resignation vorzeichnen, häufig in die Depression.

Es kann aber auch zum Aufbau eines individuellen, einmaligen und unverwechselbaren Frau-Seins führen, das sich aus sich selbst heraus definiert. Der Verlust kann zur Chance werden. Dazu ist meist aber psychotherapeutische Hilfe notwendig. Und diese kann nur dann effektiv sein, wenn das Wissen und Bewußtsein um die Bedeutung der Brust wiedergefunden wird.

Die weibliche Brust
als sexuelles Organ

«Siehe, meine Freundin, du bist schön
Siehe, schön bist du
Deine Augen sind wie Taubenaugen
   zwischen deinen Zöpfen.
Dein Haar ist wie eine Herde Ziegen,
die gelagert sind am Berge Gilead herab.
Deine Zähne sind wie eine Herde Schafe
mit beschnittener Wolle,
die aus der Schwemme kommen,
die allzumal Zwillinge haben
und fehlt keiner unter ihnen.
Deine Lippen sind wie eine scharlachfarbene Schnur
und deine Rede lieblich.
Deine Wangen sind wie der Ritz am Granatapfel
zwischen deinen Zöpfen.
Dein Hals ist wie der Turm Davids, mit Brustwehr gebauet,
daran tausend Schilde hangen und allerlei Waffen der Starken.
Deine zwei Brüste sind wie zwei junge Rehzwillinge,
die unter den Rosen weiden.   Hoheslied 4,1–5

«Unsere Schwester ist klein und hat keine Brüste.
Was sollen wir unserer Schwester tun,
wenn man nun um sie werben wird?
Ist sie eine Mauer,
so wollen wir ein silbern Bollwerk darauf bauen.
Ist sie eine Tür,
so wollen wir sie festigen mit Zedernbohlen.
Ich bin eine Mauer, und meine Brüste sind wie Türme.
Nun bin ich in seinen Augen
wie eine, die Heil gefunden hat.»   Hoheslied 8,8–10

Das Hohelied Salomons wird im Denken der Mystiker nicht als konkretes Liebeslied angesehen, sondern als Hymnus auf die Verbindung zwischen Gott und der Seele des Menschen. Zur Beschreibung dieser Verbindung dient ein weiblicher Körper, der in liebevoller Weise besungen wird. Der weibliche Körper ist hier also das Symbol der Verbindung. «*Deine* zwei Brüste sind wie zwei junge Rehzwillinge, die unter den Rosen weiden... Ich bin eine Mauer, und *meine* Brüste sind wie Türme.» Hier scheint es, als beschreibe ein Mann voll Stolz das Aussehen und eine Frau voll Stolz die Stärke der Brüste. Es ist hier nicht von der mütterlichen Funktion der Brust die Rede, hier geht es um Zärtlichkeit und Sexualsymbolik; Vereinigung Gottes mit der Seele des Menschen soll in dieser Weise dargestellt werden.

Die weibliche Brust ist ein sexuelles Organ, über das Kontakte zwischen Menschen hergestellt werden können. Es ist ja eine der körperlichen Besonderheiten der Menschen-Frau, daß die Brüste auch außerhalb der Nährzeit vergrößert und deutlich sichtbar sind. Dies ist bei Tieren (mit Ausnahme der künstlich gezüchteten Milchleistungstiere) üblicherweise nicht so, selbst die Primatenweibchen haben unauffällige, unscheinbare Brüste. Wenn sich eine Frau einem anderen Menschen nähert, so ist, sofern es sich nicht nur um einen allgemeinen Kontakt oder um eine allgemeine Annäherung handelt, die Brust diejenige Körperstelle, mit der der körperliche Kontakt zum anderen zuerst hergestellt wird. Eine Frau fühlt einen Menschen, der ihr sehr nahe kommt, zuerst an der Brust. Die Brust ist also auch ein Beziehungsorgan, ein Organ der Kommunikation, wenn eine bestimmte Grenze überschritten worden ist. Je größer die Brust, desto eher wird der Körperkontakt hergestellt. Vielleicht könnten deshalb große Brüste auch die Vorstellung hervorrufen, daß solche Frauen besonders sinnlich seien. So kann bereits die Berührung der Brust ein deutlich spürbares, positiv sexuelles Gefühl hervorrufen, aber ebenso Gefühle der Abwehr und des Ekels.

Sehen wir uns einmal einen Traum an, in dem eine 51jährige Frau ihr Gefühl für sich und ihre Brust beschreibt, wobei die Berührung eine Veränderung bewirkt.

«Es ist dunkel.

Ich fühle mich eingeengt, dann merke ich, daß ich irgendwo im dichten Schilf sitze, zwischen den Halmen. Es ist schwierig, aufzustehen, aber es gelingt mir. Ich zwänge mich zwischen den Halmen durch, es wird heller, und dann merke ich, daß ich nackt bin. Ich sehe an mir hinunter und bemerke, daß ich wunderschöne Brüste habe, schön geformt und voll. Ich strecke mich, und die Brüste stoßen an die Schilfhalme. Das gibt ein gutes Gefühl.

Ich würde das nie tun.»

Diese Frau befindet sich im Traum in einem Zwischenbereich: Sie sitzt im Schilf, nicht direkt im Wasser, aber auch nicht auf dem festen Land. Die Zeit, in der ihr Traum spielt, liegt ebenfalls im Zwischenbereich: zwischen Nacht und Tag. Sie beschreibt also Ort und Zeit des Übergangs und der Veränderung. Daraus läßt sich schließen, daß das Unbewußte aufzeigt, wie sehr diese Frau an der Schwelle eines Überganges beziehungsweise einer Veränderung steht. Sie merkt dies, als sie sich erhebt. Beim Sitzen spürt und sieht sie noch nichts, erst im Stehen nimmt sie wahr und wird aktiv: Übergänge sind stets auch Durchgänge, sie müssen aktiv durchschritten werden. Im Traum scheint sich ein Übergang von der Unbewußtheit der Nacht und der Inaktivität des Sitzens hin zur Bewußtwerdung des Tages, des Sehens und Entdeckens und zur Aktivität des Aufstehens und Gehens zu vollziehen. Diese Bewußtwerdung schenkt Befriedigung: Das Erkennen ihres nackten Körpers, insbesondere ihrer schönen, wohlgeformten Brüste erfüllt sie mit Freude. Das ist insofern von großer Bedeutung, als diese alternde Frau bis dahin noch nie ein gutes Verhältnis zu ihrer Weiblichkeit hatte. In diesem Reich des Überganges hat sie sich also von ihrer ablehnenden Haltung sich selbst gegenüber getrennt und beginnt, eine neue Einstellung zu sich zu finden, indem sie sich durch ihren weiblichen Körper, vor allem durch ihre Brüste, akzeptiert. Dadurch, daß sie nicht einfach stehenbleibt, sondern weitergeht, nimmt sie die Welt und sich über ihre Brüste wahr und erlebt dies als wohltuend aufregend. Sie genießt das Gefühl, das durch das Berühren ihrer Brüste durch die Halme ausgelöst wird. Sie hat sich über ihre Brüste auf den Weg zu einem neuen Seinsgefühl und damit zu ihrer Sexualität gemacht. Sie ist damit an diesem Ort und in dieser Zeit der Veränderung zur Frau geworden. Im

Wachzustand setzen leider die alten Abwehrmechanismen sofort wieder ein: Das Schöne und Angenehme ihrer endlich erwachten Weiblichkeit wird durch ihre eigenen Verbote sofort wieder zurückgedrängt. Selbst die anonyme und unpersönliche Berührung der Brust mit den Halmen ist schon zuviel. Zu einem andauernden Genuß oder gar zur absichtlichen Fortführung der Berührung mit den Halmen kommt es hier nicht. Die Begegnung mit der eigenen Weiblichkeit, selbst wenn sie nur im Traum geschieht, löst nach einem Augenblick des Wohlbehagens solche Angst aus, daß das Erlebnis im Wachzustand sofort wieder zurückgenommen wird.

Das Beispiel zeigt, daß die Brust also auch ohne Partner, ganz für sich, ein sinnliches Gefühl vermitteln kann.

Im Folgenden beschreibt eine 22jährige Frau die Entwicklung ihrer Brust, ihre Ablehnung, ihre Schwierigkeiten und dann auch die Qualität ihrer sexuellen Erlebnisse.

A. J.: *«Ich weiß noch ganz genau, wie es war, als meine Brüste anfingen zu wachsen. Ich spielte damals nur mit den Jungen aus unserer Gegend, und da ich mindestens zwei Jahre älter war als sie, hatte ich auch eine gewisse Machtstellung und war anerkannt, unabhängig davon, daß ich ein Mädchen war, weil ich mich auch selten benahm wie die meisten Mädchen.*

Eines Tages bemerkte ich, daß meine bis dahin schön glatten Brustwarzen begannen, sich nach außen zu stülpen. Als sie nicht zurückgingen, sondern eher noch weiter wuchsen, war ich ziemlich verzweifelt. Erst dachte ich, ich sei wohl krank, eine Wucherung oder so. Meine Mutter sagte mir, das sei ganz natürlich, ich solle nur sehen, sie habe auch Brüste, und ich sei ein Mädchen und bekäme auch welche. Dies erschien mir als kompletter Unsinn, ich hatte ausgestülpte Warzen, während sie zwei dicke weiche Kugeln vor sich her trug. Außerdem war, soweit ich mich erinnern konnte, sie schon immer so gewesen, während ich, wie alle anderen Kinder, immer flach gewesen war. Sie schien mich also nicht ernst zu nehmen. Obwohl ich mir nicht allzu große Sorgen über meine Krankheit machte, war ich doch tief verzweifelt über meine ausgestülpten Brustwarzen, zumal mir ja die Aussicht drohte, daß das so bleibt, wie meine Mutter sagte. Ich entschloß mich also, etwas dagegen zu unternehmen. Ich hatte eine Zahnspange, weil ein Zahn hervorstand. Diese Spange sollte helfen, den Zahn gerade und gesund zu machen, und zwar, indem sie ihn dauernd in die richtige Richtung drückte. Also mußte ich die Knubbel auch, wie den Zahn, in die richtige Richtung drücken, dann würden sie schon wieder normal wachsen. Ich begann also mit wachsender Verzweiflung, gegen diese Dinger zu drücken. Da ich wußte, daß nur häufige Anwendung hilft, gewöhnte ich mir an, nachts auf dem Bauch zu schlafen, meine beiden Daumen gegen je eine Ausbuchtung gedrückt. Aber das half nichts. Die Dinger wuchsen weiter. Sollte meine Mutter wirklich recht gehabt haben, und ich mußte den Rest meines Lebens damit herumlaufen? Oder noch unwahrscheinlicher, wenn man mal so die Massen an Fleisch berücksichtigt, die zwischen mir und ihr waren – ich würde mal so aussehen wie sie. Sie erschien mir unbeweglich, gehemmt in der Bewegungsfreiheit durch die beiden riesigen Bälle, die zwischen ihren Armen hervorstanden.

In meiner Not fragte ich meine besten Freunde – zwei Brüder – um Rat. Es geschah geschützt in dem geschlossenen Zelt meines Bruders, das bei uns im Garten aufgebaut war. Ich bat also um Rat, und um zu zeigen, was ich meinte, hob ich mein Hemd hoch. Die Brüder bekamen runde Augen, der ältere kicherte – er wußte wohl besser Bescheid – und sagte, das seien Brüste. Ich sei doch ein Mädchen: Guck, dafür hast du das nicht – und er holte sein Schwänzchen heraus. Irgendwie begann ich das Ganze einzusehen und fühlte mich sehr wohl. Nun mußte ich aber auch zeigen, was ich noch so hatte. Die beiden Kleinen kicherten und zeigten ebenfalls ihre Schwänzchen. Da plötzlich – mir bis heute unbegreiflich, wie sie's gemerkt hatte – schrie meine Mutter vom Balkon, ich solle sofort kommen. Wir waren wie erstarrt. Damit ich nicht wieder solche Spielchen machte, wurde ich sicherheitshalber in die Klavierstunde, in den Schwimmverein, in den Chor, in die Schwimm-Arbeitsgemeinschaft und zum Voltigieren geschickt. Damit war die Fünf-Tage-Woche voll und das Spielen zu Ende.

Ich schloß mich tatsächlich an Mädchen an und vergaß meine Brüste – nachdrücklich –, bis sie als Reizmittel für Jungen allgemein begehrt wurden und nicht nur die Jungen, sondern auch die Mädchen oft über Brüste sprachen. Ich stellte fest, daß meine ziemlich groß waren, fast so groß wie die von Liane, die von allen

Jungen begehrt und von allen Mädchen verachtet, gehaßt und bewundert wurde. Sie kam selten ins Jugendheim, obwohl sie so alt war wie wir – 13. Sie sollte sogar schon Geschlechtsverkehr gehabt haben, sagte man ehrfurchtsvoll. Ich versuchte also, mich so anzuziehen, daß meine Brüste so groß wirkten wie Lianes. Ich war ziemlich stolz auf meine Brüste. Ich weiß, wie ich einmal im Jugendheim jemanden provozierte, damit der mein T-Shirt hochzieht und alle meine Brüste sehen. Außerdem liebte ich es, wenn jemand meine Brüste anfaßte. Es kribbelte wunderschön. Ich weiß noch, wie ich in der Schule oft dasaß, meine offene Bluse über ein T-Shirt gezogen, und ganz heimlich mit dem Ende eines Bleistiftes an meinen Brustwarzen spielte. Ich konnte damit gar nicht aufhören, denn außerdem hatte ich ja niemanden, der an meinen Brüsten spielte.

Zu der Zeit drängelte meine Mutter immer, ich solle mir einen BH anziehen, und hielt mir steife, gebrauchte Dinger vor. Die waren abgrundhäßlich und zwickten, engten ein, und ich spürte meine Brüste nicht mehr, und so zog ich sie nicht an. Aber meine Freundin quengelte ebenfalls, meine Brüste seien zu groß und würden schwabbeln. Sie selbst hatte wunderschöne, ganz feste weiße Brüste. Ich hatte sehr oft das fast unwiderstehliche Bedürfnis, ihre schönen Brüste anzufassen, zu streicheln, es machte mich glücklich, sie zu sehen. Ich traute mich aber nicht, weil ich wußte, daß das schlimm war. Ich hatte Angst, sie stoße mich zurück und denke, ich sei ein Schwein, und schämte mich.

Ich bekam einen hübschen, bunten BH zu meinem 14. Geburtstag, da hatte ich bereits 75 B. Es war zu spät, meine Brüste waren zu sehr gewachsen und wurden schlaff und häßlich. Und sie wuchsen noch weiter. Und schwabbelten. Man konnte sie nicht mehr zeigen, denn sie waren sehr häßlich. Und so riesig, daß ich oft voller Scham im Sportunterricht auf die Toilette ging, weil sie so schwabbelten. Ich konnte mich nicht mehr bewegen. Ich war entstellt. Alle anderen Mädchen hatten junge, schöne, feste Brüste, nur ich nicht. Bis auf eine, die war fett, schielte, war dumm, gemein und bösartig. Niemals würde sich ein Junge in die verlieben. Sie hatte hängende, alte, ausgeleierte Brüste. Ich erinnere mich das erste Mal beim Sport an die entsetzten Blicke der anderen Mädchen. Ich zog meinen BH nie aus. Meine Brüste waren ein Ebenbild der ihren.

Manche Männer oder Jungen fuhren voll auf diese Brüste ab. Oft starrten mir Männer beim Reden auf die Brust, nicht ins Gesicht. Einmal hatte einer von ihnen – er sprach mich abends auf der Straße an – so gierige, sehnsüchtige Augen, daß mir das von da ab als Sinnbild für die Krankhaftigkeit meiner Titten galt.

Die Jungen, mit denen ich dann ging, faßten mir sehr gerne an die Brüste, aber immer nur gierig. Sie kneteten sie, nie streichelten sie sie zärtlich. Ich haßte es, wenn sie meine Brüste berührten. Meine Freundin hatte schöne, kleine, feste Brüste. Sie wurde immer zärtlich gestreichelt. Ich dachte, so große häßliche wackelnde Dinger könnte man nicht zärtlich berühren. Wir sprachen oft über Sexualität. Einmal wußte sie nicht, wie sie mir erklären sollte, wie jemand ihre Brust streichelt. Sie zeigte es mir. Ich schämte mich, aber mich durchlief ein wunderbares Gefühl. Sie ermutigte mich, sie zu streicheln. Es war wunderschön, und wir machten es dann eine Zeitlang öfter.

Später hatte ich meinen ersten richtigen Freund. Aber ich schämte mich meiner Brüste und haßte Sexualität.

Dann ließ ich mir meine Brüste operieren. Als ich sie zuerst sah, bekam ich Panik, weil ich dachte, nun hätte ich winzig kleine. Ich wollte ja schon große Brüste haben, aber auch schöne junge, knakkige. Anfänglich schämte ich mich meiner Narben, aber wenn ich sage, es sei wegen einer Krankheit, schäme ich mich nicht. Ich schäme mich nur, weil diese wundervollen Brüste ja eigentlich nicht mein Werk sind, nicht mein Eigentum, so wie sie da sind und bewundert werden. Ich lasse nämlich meine Brüste sehr gerne bewundern, es erregt mich und macht mich stolz, wenn mein Partner mich lange betrachtet und mich bewundert. Und seit ich mich wegen meiner Narben nicht mehr schäme, werde ich wieder bewundert. Ich werde sehr gerne an den Brüsten gestreichelt, und ich mag es auch sehr, wenn man mir an den Brustwarzen knabbert. Es ist eigentlich das, was mich am meisten erregt und mir das schönste Gefühl gibt. Aber obwohl die meisten Männer sagen, daß sie total auf Brüste abfahren und sich sehr gerne mit Brüsten beschäftigen, bringt es doch so gut wie keiner fertig, mir ausreichend die Brust zu streicheln. Ich dachte, das liegt daran, daß es bis dahin Bettgeschichten gewesen seien, in einer länger dauernden Beziehung sei mehr Ruhe dazu. Das scheint aber nicht zu stimmen. Alle Männer bisher, die sich etwas länger mit meiner Brust beschäftigten, fingen an, daran zu nuckeln, und zwar wie die Babys. Einige fingen sogar an einzuschlafen! Und zwar nachdem genau diese Brüste sie vorher erregt hatten.

Als ich mit meiner Freudin ins Bett ging, fragte ich sie, ob sie es mag, wenn ich an ihrer Brust knabbere. Nein, sagte sie, mir geht das Genuckel auf den Nerv. Es stellte sich heraus, daß sie fast die gleichen Erfahrungen gemacht hatte wie ich.

Ich weiß nicht, wie ich es nennen soll, obwohl ich gerne mit Männern ins Bett gehe, stört mich immer, daß sie keine Brüste haben. Ich habe sehr oft Sehnsucht nach der Brust. Ich empfinde große Zärtlichkeit zu den Brüsten anderer Frauen.»

Wir haben hier wieder ein Mädchen, das stolz ist, nur mit Jungen zu spielen und sich wie ein Junge zu benehmen. Dann aber beginnt die Veränderung. Sie bemerkt, daß sich ihre Mamillen nach außen stülpen. Das macht sie verzweifelt. Sie denkt an Krankheit, und die Erklärungen der Mutter werden von ihr abgewehrt, weil sie nicht wie diese werden möchte. Das Aussehen der Mutter stößt sie ab und dient ihr als Negativbeispiel des Weiblichen. Sie handelt also und versucht, ihre kleinen Brüste nach dem Modell der Zahnspange mit den Daumen zurückzudrängen. Als dies nichts hilft, werden die «Experten», drei Jungen, befragt. Das zeigt, welche Antwort sie haben möchte – nicht die, die ihr eine Frau geben könnte. Sie solidarisiert sich also weiterhin mit den Jungen und möchte deren Welt zugehörig bleiben. Indem die Jungen ihrerseits zeigen, was sie haben, und indem sie Vergleiche ziehen, beginnt das Mädchen, sich wohler zu fühlen. Sie sieht die Unterschiede, nimmt sie an und merkt, welche Möglichkeiten aus Unterschiedlichkeiten resultieren können – sie erfährt die Chancen der Unterschiedlichkeit. Das Ganze bekommt einen lustvollen Anstrich. In diese Idylle bricht wiederum die Mutter ein. Sie verbietet das Spiel und setzt dem ein jähes Ende.

Wir wissen, daß Verbote der Eltern zur Aufstauung der Neugier führen, daß sie die Wünsche und das Verlangen erst recht wecken. Die Kinder haben die Merkmale ihres Geschlechtes entdeckt – die Eltern machen sie mit Gewalt wieder zum Geheimnis. Ein Geheimnis aber reizt zum Aufdecken. Nicht entdeckte Geheimnisse locken uns immer weiter. Wenn wir denken, daß wir alles ergründet haben, dann kommt von neuem die Lockung des vielleicht noch Unentdeckten. Dieses Verhalten der Eltern führt zur ewigen Suche, zur ewigen Unzufriedenheit.

Das Mädchen, das vorübergehend seine Brüste vergaß, bemerkt schließlich trotz aller Restriktionen, daß sie damit über etwas sehr Reizvolles verfügt. Sie vergleicht sie mit den Brüsten anderer Mädchen und ist ziemlich stolz. Sie liebt auch das Gefühl, das dadurch entsteht, daß jemand ihre Brüste streichelt und anfaßt, und verschafft sich diese Befriedigung schließlich selbst. Auch an dieser Stelle greift wieder die Mutter ein, die ihr sehr häßliche Brusthalter andrehen will, die das Spiel der Brüste einengen und behindern. Aber nicht nur das Bedürfnis ist da, mit den eigenen Brüsten zu spielen, auch die Brüste der Freundin locken. Und dann, nach diesem trotz aller Schwierigkeiten vielversprechenden Anfang, nach dieser Freude und Lust am eigenen Körper, kommt die Katastrophe: Die Brüste des Mädchens wurden so groß, daß sie sich entstellt fühlt. Hängende Brüste, das war gleichbedeutend mit alt, dumm und unbegehrt – oder giererweckend, krankhaft. Nur die Freundin beschäftigt sich noch mit ihrer Brust und läßt sich auch die eigene Brust streicheln. Es ist so weit gekommen, daß die junge Frau Sexualität haßt, weil sie sich ihrer Brüste schämt. So eng ist das Gefühl für sich selbst und den eigenen Körper mit dem Aussehen und der Funktion der Brust verbunden. Und die Mutter hat scheinbar gesiegt: Es ist «zu spät» für die formende, haltende Fähigkeit des BH, die auch hier wieder vorausgesetzt wird. Das Mädchen entschließt sich selbst nach langen Kämpfen zu einer korrigierenden Operation, die auch aufgrund des objektiven Befundes sofort durchgeführt wurde. Nach der Operation kam zuerst die Panik; sie beschreibt, daß sie gerne große Brüste haben wollte, nur nicht alte, hängende. Die Scham wegen ihrer Narben kann sie damit überdecken, daß sie behauptet, sie seien durch Operation wegen einer Krankheit entstanden. Größer ist jedoch die Scham darüber, daß sie diese Brüste nicht mehr als ihre ursprünglichen, eigenen erlebt, sondern als das Werk eines anderen, des Operateurs. Sie registriert nicht, daß sie sich selbst aktiv aus ihrer Not geholfen hatte, indem sie sich nämlich selbst zur Operation entschloß und ihre Ängste und Bedenken überwand. Wir finden hier ein Beispiel dafür, daß die Brustkorrektur bei auffälligem Befund einer jungen Frau die Mög-

«Das Gefühl für Gesundheit ...

...erwirbt man sich nur durch Krankheit», hat schon der große deutsche Aphoristiker Lichtenberg erkannt. Das erinnert an Sentenzen wie «Durch Schaden wird man klug» oder «Einsicht ist der erste Weg zur Besserung».

Allen Aussprüchen gemeinsam ist die Erkenntnis, daß man in erster Linie durch persönliche Erfahrung motiviert wird, in den verschiedenen Bereichen des Lebens das Richtige zu tun. Das gilt für die Gesundheit genauso wir für das Sparen.

lichkeit zur Auseinandersetzung mit sich selbst gibt – hier war eine solche Operation angebracht und hilfreich.

Trotz der Narben und trotz des Sich-Schämens findet sie nun über einen Prozeß der inneren Auseinandersetzung schließlich zu ihrer Weiblichkeit. Aber das, was sie sucht, genügend Zärtlichkeit, genügend Streicheln, das findet sie nicht, auch nicht in einer länger-dauernden Beziehung. Männer werden zwar durch ihre Brust erregt, aber sie schlafen ein, wenn sie sich länger damit beschäftigen – sie werden dann zu Babys. Eine eigenartige Beobachtung, die vielleicht sehr vielsagend ist! Auch eine Freundin hat die gleiche Erfahrung gemacht.

Wir haben hier eine junge Frau, die trotz vieler Schwierigkeiten und trotz immer wieder auftretender Ambivalenz zu ihren Brüsten, zu sich und ihren Gefühlen gefunden hat, die das Streicheln ihrer Brüste und die Zärtlichkeit genießen kann, die sich aber auch selbst nach Brüsten bei ihrem Partner sehnt und große Zärtlichkeit für die Brust empfindet. Sie erlebt also gleichzeitig an ihrem eigenen Körper die Befriedigung, aber sie verspürt auch den Wunsch nach den Brüsten am Körper des Partners. Ist dies der Rest eines kindlichen, nicht befriedigten Wunsches? Vergegenwärtigen wir uns das körperfeindliche Verhalten der Mutter, so wird bei dieser jungen Frau sicher ein großes Defizit bestehen, nicht in dem Bereich des körperlichen Nährens – satt ist sie wohl immer geworden –, sondern im Bereich der emotionalen Wärme und der mütterlichen Zärtlichkeit und Zuwendung.

Aber neben der Qualität dieses Wunsches spielt sicher auch ein anderer Wunsch eine wichtige Rolle, nämlich das Wissen um die Brust als Möglichkeit, lustvolle Gefühle zu empfinden und auch vermitteln zu können.

Für viele Frauen ist es wichtig, daß ihre Brust im Liebesspiel berührt wird, da dies der Bestätigung ihres Frauseins, ihrer andersartigen und spezifischen Gefühlsmöglichkeiten und Gefühlsqualitäten gleichkommt.

Frauen können ja sexuelle Gefühle, die vorwiegend im körperlichen Bereich erlebt werden, von zärtlichen oder mütterlichen Gefühlen, die eher seelisch lokalisiert werden, meist unterscheiden. Sexuelle Gefühle werden als ein Ziehen und Kribbeln beschrieben, viele Frauen geben an, sie hätten das Gefühl, als ob dieses Kribbeln direkt zu ihren Sexualorganen gehe, «als ob ich da eine direkte Leitung hätte». Physiologisch bewirkt das zärtliche Spiel mit der Brust und der Mamille das gleiche wie das Saugen des Babys: Ein Hormon (Oxytocin) wird aus der Hirnanhangdrüse ausgeschüttet, das sowohl auf die glatten Muskelfasern in den Milchgängen der Brust als auch auf die Muskelfasern von Vagina und Uterus einwirkt. So kann die Lustempfindung erheblich verstärkt werden.

Körperliche Reaktionen auf sexuelle Erregung sind an der Brust am ehesten wahrzunehmen. Wenn die Brust gestreichelt wird, kommt es meist sehr rasch zur Aufrichtung der Mamillen. Wie stark diese Erektion ist, hängt sowohl von individuellen Faktoren, wie Größe der Brust und Größe und Beschaffenheit der Mamillen, aber auch von der persönlichen Erregbarkeit der Frau und von dem Grad der sexuellen Erregung ab. Im weiteren Verlauf lassen sich zusätzliche Veränderungen der Brüste beschreiben. Sie vergrößern sich, die Venen zeichnen sich deutlich unter der Haut ab, und der Hof um die Mamillen kann zuerst größer werden, dann aber dadurch, daß er in die Erektion einbezogen wird, kleiner. Insgesamt kann sich die Brust bei starker sexueller Erregung bis zu einem Viertel ihrer eigenen Größe vergrößern.

Viele Frauen erleben durch die Berührung ihrer Brüste, durch Küssen, Streicheln, Kneten und Saugen ihre stärksten sexuellen Erregungen, die bis hin zum Orgasmus führen können. Das Saugen eines Partners an der Brust der Frau kann eine Vorwegnahme der Verbindung im Geschlechtsverkehr sein; es handelt sich dabei um eine Art veränderten Geschlechtsverkehr, bei dem die Frau eine andere weibliche Rolle als ihre gewohnte einnimmt. Sie füllt mit ihrer Brust die Mundhöhle ihres Partners aus, für viele Frauen eine starke sexuelle Stimulation. Hierbei wird die Brust aber keineswegs als männliches Organ, auch die Gefühle werden keineswegs als «männlich», also in irgendeiner Weise als aggressiv oder penetrierend beschrieben. Denn dieser Akt ist nicht begleitet von einem aktiven Eindringen. Eine Vergewaltigung über die weibliche Brust wäre anatomisch niemals möglich, und damit ist der Gedanke, es könne sich dabei um sogenannte «männliche» Anteile der Frau handeln, absurd. Die Frau hat hier eine urweibliche Möglichkeit, körperliche Lust zu genießen. Auch die Tatsache, daß die Mamille eine Erektion erfährt, heißt keineswegs, daß sie in eine «männliche» Funktion gebracht wird. Die Frau verfügt über gleichwertige, aber vom Mann deutlich unterschiedene Möglichkeiten.

Die Brust kann, wie wir gesehen haben, auch Zärtlichkeit erwekken, den Wunsch nach Anschmiegen, Streicheln und Anschauen. Diese Zärtlichkeit scheint Frauen wichtiger als Männern zu sein, sie erleben sie jedenfalls anders. Frauen beschreiben oft den Wunsch, den Partner, der ihre Brust streichelt, umfassen zu wollen, ihn weich an ihrer Brust liegen zu lassen, sein Gesicht und vielleicht seine Hände zu streicheln. Zärtliche Brustberührung aktiviert also auch Gefühle, die den mütterlichen ähneln. Es ist deswegen nicht ganz einfach, sexuelle Gefühle für den Partner von Gefühlen der Zärtlichkeit und der Mütterlichkeit zu trennen – wie immer in lebendigen Bezügen geht hier vieles ineinander über.

Denn auch das Nähren des Kindes, sofern eine Frau wenig anerzogene Vorurteile hat, kann durchaus lustvolle und sexuell betonte Gefühle bereiten. Nur die Angst vor dem Tabu, durch das eigene Kind sexuell erregt zu werden und Sexualität zu erleben, verhindert solche verbindenden Erfahrungen. Viele Frauen beschreiben eine Welt voller Lust und voller ungeahnter Liebe, sinnlicher Gelöstheit bis hin zu orgasmusähnlichen Gefühlen, wenn sie ihr Kind an der Brust haben. Auch hier sind mütterliche und sexuelle Gefühle zwar unterschieden, aber nicht sicher voneinander zu trennen.

Die weibliche Brust spielt also in der sexuellen Begegnung eine besondere Rolle. Diese Rolle ist für das Erleben zweier Sexualpartner / innen sicherlich sehr unterschiedlich. Es gibt aber auch gemeinsame Erlebensqualitäten, insbesondere das Erleben eines starken Gefühls von Gemeinsamkeit. So erzählte mir einmal eine Frau, daß ihr Mann ihre Brüste immer als «unsere Brust» bezeichnete. Seither nannte sie seinen Penis liebevoll «unseren Schwanz». Und sie berichtet, daß beide mit ihrem gemeinsamen Besitz sehr zufrieden seien.

Der Anblick der weiblichen Brust wirkt jedenfalls auf Männer sehr stimulierend und sexuell erregend, sofern die Brust ihren Vorstellungen und Maßstäben entspricht, wie wir gleich sehen werden. Das erste Augenmerk des Mannes richtet sich sehr häufig auf die Brust; seinerseits findet häufig der erste Kontakt, allerdings optisch, und das erste Abschätzen über die Brust statt.

Zu ihrer eigenen Brust als sexuellem Organ haben Männer meist keinen Zugang. Es kommt sehr selten vor, daß auch Männer sexuell empfindliche Mamillen haben. Die Brust bedeutet für den Mann also im allgemeinen keine Lustquelle, allerdings können sich mit der breiten Brust des Mannes Gefühle anderer Art verbinden.

Was erlebt nun ein 43jähriger Mann mit seinem eigenen Körper und mit dem Körper seiner Partnerin?

E.–A. L.: «Allgemein gesehen, habe ich ein sehr positives Verhältnis zu meinem Körper. Ich bin stolz auf ihn und bekomme auch von weiblichen und männlichen Bekannten häufig bewundernde Bemerkungen zu meiner körperlichen Erscheinung. Da ich mich oft sportlich und tänzerisch bewege, habe ich ein gut ausgeprägtes Körperbewußtsein. Dadurch fühle ich mich im allgemeinen sehr lebendig, sehr aktiv, mit einem positiven Lebensgefühl versehen.

Meine eigene Brust ist breit, muskulär, sehr gut ausgeprägt. Innerlich fühle ich in dieser Körperregion sehr lebendig das Zusammenspiel von Herzschlag und Atmung – ein Glücksgefühl, das mir Kraftquelle für die eigene Lebensgestaltung ist. Stolz bin ich sowohl auf die äußere Erscheinung meiner männlichen Brust als auch auf die innere Lebendigkeit.

Bezogen auf Sexualität, genieße ich den Schutz, den Frauen, sich an meine Brust anlehnend, erleben. Auch spüre ich gegenüber den zierlichen Frauenkörpern durch meine breite Brust eine gewisse Mächtigkeit. Ich mag es, wenn sich Frauen an meine Brust anlehnen, sie streicheln. Sexuell erlebe ich mich mit meiner Brust sehr zufrieden. Neid auf die weibliche Brust – im Sinne von Selbsthabenwollen – erlebe ich in diesem Zusammenhang nicht.

Die Brust ist für mich bei einer Frau sehr wichtig. Bei einer Kontaktaufnahme zu Frauen ist der Blick auf die Brust nach wie vor einer der ersten, obwohl sich da in den letzten Jahren eindeutig eine stärkere Hinwendung zum intensiveren Betrachten des Gesichtes entwickelt hat. Frauen ohne Brust finde ich unattraktiv. Mein Eindruck ist, daß die jungen Mädchen von heute oft weniger Brust entwickeln als früher. Das macht mich manchmal ein wenig erschrocken, und ich finde das schade. Busen und Weiblichkeit sind in meinen Vorstellungen und Phantasien eng miteinander verbunden. Die mit Weiblichkeit verbundenen Qualitäten halte ich für unumgänglich in der menschlichen Entwicklung.

Frauen mit einem sehr großen Busen machen mir angst, nicht im normalen Umgang, aber im Zusammenhang mit der Vorstellung von Sexualität. Dieses zu viele Fleisch, das nur wabbelt, stößt mich ab, finde ich eklig. Ebenso ist es bei fetten Frauen und bei Frauen mit einer Hängebrust. Diesem ‹toten› Fleisch gegenüber fühle ich mich ohnmächtig.

Sexuell gefällt mir Busen bei Frauen am meisten prall: sowohl zum Anschmiegen, zum Küssen und Saugen als auch zum Streicheln und Anschauen. Prall ist für mich ein Busen, wenn er zwar groß, aber gleichzeitig ‹lebendig› ist. Der Brustkorb und der Busen müssen beim Bewegen noch unmittelbar Bezug zueinander haben.

Bei einer kleinen Brust schwindet der sexuelle Genuß schon beim Ansehen, das Anschmiegen verliert die Weichheit und Geborgenheit. Saugen, Küssen und Streicheln machen weniger Spaß, weil die Rundungen fehlen.

Bei meiner Frau habe ich die Zeit ihrer Schwangerschaften, in der ihr Busen mindestens doppelt so groß wie normal und damit sehr prall war, sexuell sehr genossen.»

Hier berichtet ein Mann zuerst von seinem eigenen Körper, der bewundert wird und den er genießen kann. Seine männliche Brust genießt er sowohl in der äußeren Erscheinung als auch durch sein inneres Körpergefühl in Zusammenhang von Herzschlag und Atmung. Für ihn ist es auch erregend, wenn sich Frauen an seine Brust anlehnen und dort Schutz erleben können. Brustneid gibt es für ihn in sexuellem Zusammenhang nicht. Warum auch? Er erlebt ja selbst eine Fülle von positiven Gefühlen über seine Brust, so wie sie ist. Und über die Intensität des unmittelbar über die Brust vermittelten Gefühls kann er nichts wissen, weil er dies nicht direkt erleben kann. Über seine eigene Brust kann er sich als der Starke, Beschützende einer Beziehung fühlen, dem uns anerzogenen Klischee entsprechend, das männlich mit stark, weiblich mit schwach assoziiert. Sie vermittelt ihm also Bestätigung seiner Männlichkeit im überlieferten Sinn unserer derzeit gültigen Maßstäbe.

Für ihn ist bei der Frau die Brust das stärkste weibliche Merkmal und Signal, Frauen ohne Brust findet er unattraktiv. Aber auch zu große Brüste findet er abstoßend, er fühlt sich ohnmächtig gegenüber der Masse. Er hat ganz bestimmte und präzise Vorstellungen, wie die Brust der Frau, die ihm gefällt, beschaffen sein soll. Er möchte Lebendigkeit, Weichheit und Geborgenheit, er möchte Rundungen, also weibliche, eher mütterliche, aber auch allgemein menschliche, den seinen ähnliche Eigenschaften; denn lebendig fühlt er sich in seiner Brust auch. Er genießt auch die Zeit der Schwangerschaften seiner Frau, weil ihre Brust dann mütterlich groß ist.

Die Eigenschaft der weiblichen Brust, im Gegensatz zur männlichen Brust weich zu sein, ist eine wichtige Voraussetzung dafür, daß sie zärtliche und sexuelle Gefühle vermittelt. Im Gegensatz dazu steht «die steinerne Brust», die in dem Gedicht «Herbst» von Meret Oppenheim den Hexen zugeschrieben wird. In den letzten fünf Zeilen heißt es:

«In den Wolken lachen die Hexen
Mit ihren Fasanenaugen
Mit ihren Pfauenwimpern
Mit ihren weißen Haaren
Mit ihren steinernen Brüsten.»

Die sexuellen Möglichkeiten der Brust sind vielfältig wie auch ihre Wirkung. Von einigen Männern wird der Busen zwischen den Brüsten auch zum Koitus bei zusammengepreßten Brüsten bevorzugt. Durch optische Wahrnehmung und taktile Reizung der weiblichen Brust, insbesondere durch Berührung mit dem eigenen Penis, kommt für den Mann eine sexuelle Erregtheit zustande.

Was erleben Männer aber, die an der Brust einer Frau saugen? Es scheint fast so, als ob ihre sexuelle Erregung abflauen könne, wie wir gehört haben, so daß sie sich wie Kinder fühlen und wie Babys einschlafen können. Die Frau hat offenbar die Macht, den Mann wahlweise mittels ihrer Brust zum Kind oder aber zum sexuell reagierenden Mann zu machen.

95 Prozent der Männer reizen die Brüste ihrer Sexualpartnerin durch Küssen oder Saugen, 98 Prozent außerdem mit der Hand. Ob es aus eigenem Bedürfnis geschieht, oder weil sie glauben, daß es so sein muß – die Reizung der Brust scheint jedenfalls fest im Liebesspiel eingeplant zu sein. Entspringt dies eigentlich einem Bedürfnis des Mannes oder dem der Frau? Häufig hat der Mann das Gefühl, daß die Brüste der Frauen ihm gehören und daß er mehr über die Brüste weiß als die Frauen selbst. Er macht seinen Besitzanspruch

auch durch Anstarren und durch eigenmächtiges Anfassen der Brüste geltend.

Sehen wir uns dazu doch einmal die Bilder eines 39jährigen Mannes an:

Für diesen Mann sind Brüste etwas sehr Verlockendes. Er stellt sie
verschiedenartig dar: Oben rechts wird der Frauenkörper zum Gesicht, wobei die Brüste zu den Augen werden, der Nabel zur Nase,
das Geschlechtsorgan zum Mund. Ist die Frau für diesen Mann gefährlich? Fühlt er sich vielleicht von ihr beobachtet, und besteht für
ihn die Gefahr, aufgefressen zu werden? Oben links zeichnet er ku-
gelförmige Brüste in den Händen einer Frau, die sich selbst zu be-
friedigen scheint. Kommt hier Brustneid zum Ausdruck? Etwas
Ähnliches stellt er auch unten rechts dar: eine Frau, die voller Befriedigung ihre Mamille berührt. Ein spielerischer Umgang mit der

Form der Brust wird in den Streifen (oben Mitte) gezeigt. In drei anderen Skizzen (unten links, Mitte rechts und Mitte des Blattes) zeichnet er drei Frauen, die sich in ihren Körper einfühlen, wobei das Erleben der Brust im Zentrum zu stehen scheint; die rechte Figur wirkt dabei fast ekstatisch. Links seitlich steht eine Frau mit dem Rücken zum Betrachter; ihr Gesäß ist als Brust gestaltet. Das weibliche Gesäß ist bekanntlich für Männer ebenfalls ein Körperteil mit starker sexueller Signalwirkung, das von ihnen – wie die Brust – ebenfalls häufig – und das ist ein Eingriff in das Recht auf körperliche Unversehrtheit der Frau – berührt, angefaßt, betätschelt und gezwickt wird.

Dieser Mann leidet unter dem unwiderstehlichen Zwang, nach den Brüsten jeder Frau greifen zu müssen, die große und pralle Brüste hat. Dieser Zwang engt ihn erheblich ein, macht ihn unfrei und bringt ihn immer wieder in peinliche Situationen. Dahinter steht ein unwiderstehliches Ausgeliefertsein an die Macht der Frau, verkörpert durch große Brüste, und gleichzeitig Aggressionen und Ängste vor der Abhängigkeit vom Weiblichen. Brüste sind für ihn das entscheidende Zeichen der Weiblichkeit. Eine Frau ohne Brüste ist für ihn keine Frau.

Diese Ansicht ist weit verbreitet. Es trifft jedenfalls häufig zu, daß der Verlust der Brust Partnerschaftsprobleme bewirkt. Frauen, die an der Brust operiert wurden, schämen sich selbst ihrer Entstellung und ihrer Krankheit, sie fühlen sich verstümmelt und lassen keine sexuellen Gefühle mehr aufkommen. Sehr häufig sind es aber auch die Männer, die sich mit der Veränderung ihrer Partnerin nicht abfinden können und diese als Grund nehmen, sie zu verlassen. Allerdings wird ein Partner oder eine Partnerin aus einer wirklich intakten Gemeinschaft, die auf gegenseitiger Beziehung beruht, nicht wegen einer Krankheit weggehen. Es ist in der Regel so, daß es bereits vorher offene oder uneingestandene Schwierigkeiten in der Beziehung oder Partnerschaft gegeben hat.

Die weibliche Brust stellt also auch in ihrer sexuellen Funktion eine Möglichkeit der Verbindung, der Kommunikation, dar, die einen wichtigen Platz in der zwischenmenschlichen Beziehung einnimmt.

Zusätzlich kann sie jedoch auch als Machtmittel eingesetzt werden. Denn mit ihr können Frauen einen Mann sexuell reizen und sich dann versagen: Frauen können so tun, als ob sie sich anbieten, indem sie beispielsweise ihre Brust zur Schau stellen, und sich dann entweder verweigern oder aber gewähren.

Christa Wolf beschreibt ein solches Verhalten in ihrem Buch «Kassandra». Kassandra berichtet über ihre Schwester Polyxena:

«Abends vor Sonnenuntergang stand sie auf der Mauer, mit jenem neuen fernen Lächeln, und blickte auf Achill hinab. Der stierte. Beinahe tropfte ihm der Speichel. Da entblößte meine Schwester Polyxena langsam ihre Brust, dabei blickte sie – immer wie von weit – auf uns: ihren Geliebten, ihren Bruder, ihre Schwester… Für Monate war meine Schwester Polyxena die bewundertste Frau in Troja. Das hatte sie gewollt. Die Ihren strafen, indem sie sich selbst verdarb: Die Taten, die der Krieg heraustrieb, waren Mißgeburten. Polyxena hatte, als sie ihre Brust dem Griechen hinhielt, das Kind des Andron als ein kleines Klümpchen Blut verloren. Triumphierend, schamlos gab sie es bekannt. Frei sei sie, frei. Nichts, niemand halte sie.» [1]

Bei sexuellen Gefühlen über die Brust kann sich der Uterus zusammenziehen, genau dieses scheint Christa Wolf zu beschreiben, als sie schildert, wie Polyxena eine Fehlgeburt durch die Erregung hat. Ebenso beschreibt sie die Gier des Achill, wie er stiert und wie ihm fast der Speichel aus dem Mund tropft. Mit ihrem «Sex-Appeal», dargestellt durch die Brust, hat sie Macht über den Mann.

Immer wieder beschreiben Männer ihre Wut und Verzweiflung, die sie befällt, wenn sie sich Frauen willenlos ausgeliefert fühlen, wenn diese allein durch ihren reizvollen Anblick bei ihnen Erektionen erzeugen, die durch nichts zu verhindern sind und mit denen sich der betroffene Mann leicht lächerlich fühlen kann. Für Männer ist ein Kontrollverlust sehr beängstigend, sie fühlen sich dann rasch gedemütigt. Kontrollverlust kann zur Abgrenzung und zu erheblichen Aggressionen führen. Deshalb behaupten wohl Männer so schnell, Frauen seien provozierend und selbst daran schuld, wenn der Mann sexuelle Wünsche ihnen gegenüber verspürt. Natürlich rechtfertigen sie damit zusätzlich das vermeintliche Recht, über Frauen zu verfügen. Viele Männer finden es ungerecht, daß man Frauen ihre sexuelle Erregung nicht so leicht ansehen kann wie ihnen.

Hinzu kommt, daß Gefühle über die Brust auch Gefühle einem Kind gegenüber sein können: Durch mütterliche Gefühle können Frauen den Mann klein, zum Kind, unterlegen machen. In unserem Beispiel (Seite 89) haben wir gesehen, daß dies auch ganz unbeabsichtigt geschehen kann.

Eine Frau kann also ganz direkt über die Brust Macht ausüben, indem sie durch deren Zurschaustellung Erregung auslöst, der der Mann ohne Kontrollmöglichkeit ausgeliefert ist. Und dann hat sie die Möglichkeit, über Gewährung oder Versagung zu bestimmen. Ob der Mann ihre Entscheidung akzeptiert, ist aber eine andere Frage. Eine Frau kann diese Macht jedoch auch ausüben, indem sie sich gefühlsmäßig zur Mutter und den Mann damit zum Kind macht, zum Baby, das nach dem Nuckeln «gestillt» ist und dann nur noch einschlafen kann.

Aber Männer setzen ihre eigenen Machtmittel dagegen. Zunächst einmal stellen sie Ansprüche an das äußere Aussehen der Frau. Die Frauen sollen Sorge tragen, diesen Ansprüchen zu genügen, sonst werden sie abgelehnt, vielleicht verspottet und verlassen. Damit bestimmen Männer darüber, ob eine weibliche Brust attraktiv, also anziehend ist oder nicht. Und damit beeinflussen sie zusätzlich das Schicksal der Frau. Die Brust ist so nach wie vor Prestigeobjekt, sie bestimmt den «Kaufpreis». In unserer Gesellschaft sind viele Frauen noch auf ihr Ansehen bei Männern angewiesen. Das verleiht diesen ihre große Macht. Dadurch, daß sich Frauen diesem Diktat fügen, geben sie die Möglichkeit, ihr Schicksal selbst zu bestimmen, aus der Hand.

Auch die Werbung praktiziert männliche Macht. Mit Frauen, die ihre Haut zum Markte tragen, insbesondere mit deren Brüsten, wird für vieles geworben. Einzusehen wäre es vielleicht bei der Werbung für Dinge, die die Frau an ihrem Körper trägt, wie Wäsche, Kleidung oder auch Schmuck. Die nackte oder fast nackte Brust wird aber auch eingesetzt zur Werbung für Bier und andere Getränke, für Möbel, Büromaschinen, Computer, Schreibmaschinen, Hi-Fi-Anlagen, Autos, natürlich auch für das männliche Symbol des starken Motorrades. Discos werben mit «oben ohne», es gibt Busenshows und die Wahl der «Miss Busen». Mädchen lassen sich vermessen, Mädchen stellen sich zur Schau, sie lassen sich mit Sahne dekorieren und ablecken, sie lassen sich bemalen und beliebig an-

oder ausziehen. Sie sind damit zu Objekten depersonalisiert. Es werden Schlammringkämpfe, natürlich mit nackter Brust, durchgeführt oder Damenboxen. Dergleichen Darstellungen haben mit Sport nichts zu tun.

Zum Horror wird es dann, wenn bei Shows Vogelspinnen, Skorpione oder Schlangen den Frauen über die nackte Haut laufen. Damit werden im Mann uralte atavistische Instinkte geweckt, die auf Folterung und Vernichtung des Weiblichen als des Bedrohlichen zielen. Und damit sind solche Veranstaltungen gefährlich – für Frauen und für Männer. Denn wie soll jemand mit unbewußten Gefühlen umgehen, von denen er nichts weiß und die er deshalb für nicht existent hält? Das ist ein gefährliches Spiel. Natürlich geben sich Frauen zu diesem erniedrigenden Spiel her – aber Männer sind es, die mit ihnen spielen. Nur noch das Ausziehen zieht das – fast ausschließlich männliche Publikum – an. Die Illustrierten sind voll davon, gelegentliche Proteste von Frauen nützen bei uns noch nichts, Boykottaufrufe bewirken möglichweise sogar das Gegenteil, sie erhöhen den Bekanntheitsgrad bestimmter Firmen und Veranstaltungen.

Alle diese Zurschaustellungen fordern aber auch zum Vergleich heraus. Die Frau vor dem Zeitschriftenkiosk, vor dem Kinoschaukasten, vor dem Werbeplakat vergleicht sich mit dem dargestellten nackten Körper, insbesondere fragt sie sich, ob sie eine ebenso schöne, große, wirksame, wohlgeformte Brust habe. In der Regel ist dies nicht der Fall. Vergleiche sind, wie wir schon gesehen haben, ein sehr geschicktes Mittel, Frauen in einen ständigen Konflikt mit einem vorgestellten Idealbild zu bringen. Das führt zur Ablehnung des eigenen Körpers, der meist nicht so vollkommen ist. Um so dankbarer sind sie natürlich dann denjenigen Männern, die sich «trotzdem» um sie bemühen. Solche Frauen haben sich durch den Vergleich erniedrigen und in ihrem Selbstwertgefühl reduzieren lassen. Dankbarkeit wird dann oft mit Liebe verwechselt und durch Opferbereitschaft abgegolten – eine gefährliche Entwicklung für Frauen wie Männer.

Hinzu kommt, daß die Werbung ein weiteres Klischee vermittelt: Sie zeigt die brave Hausfrau, die ihre ganze Energie darauf richtet, daß die Wäsche superweiß und der Fußboden hochglänzend ist. Oft werden diese Frauen im Fernsehen dazu noch von klugen Männern belehrt, welches Mittel sie anwenden müssen, um ihren Haushalt den vorgestellten unerreichbaren Normen entsprechend supergepflegt zu halten; sie werden also zusätzlich noch zu Dummchen degradiert.

Das andere Dummchen in der Werbung ist die attraktive Frau, deren Aufgabe es ist, als Blickfang für die verschiedensten Produkte männlicher Industrie zu dienen. Die Art der Darstellung der Frau in der Werbung entspricht durchaus der männlichen Phantasie. Frauen werden herabgesetzt und benutzt. Indirekt wird dadurch gesagt: Wer Brüste hat, ist ein Objekt und verfügbar. Und die andere, ebenso indirekte Botschaft lautet: Wer Brüste hat, ist dumm. Zwar sieht jede Frau mit eigenen Augen, daß die Darstellung der Frau in der Werbung wenig mit der Wirklichkeit zu tun hat, Werbung wird ja, insbesondere im Fernsehen, tatsächlich vorwiegend von Frauen und Kindern gesehen, gerade sie werden davon beeinflußt. Die Brust wird von Fotografen und Werbefirmen als Sinnbild weiblicher Reize mißbraucht. Gleichzeitig mit der Reduzierung der Brust auf ein Sexsignal wird sie als sittengefährdend abgestempelt. Welch merkwürdige Doppelmoral!

Die Werbung soll Wünsche wecken. Wenn mit dem weiblichen Körper geworben wird, dann wird nicht nur der Wunsch nach dem Produkt geweckt, sondern ebenso der Wunsch nach dem nackten weiblichen Körper, insbesondere nach der vorgestellten Beschaffenheit des Körpers, und zwar werden Emotionen sowohl bei Frauen wie bei Männern geweckt. Frauen können durch diese Art von Zwang zum ständigen Vergleich mit ausgewählt schönen Frauenkörpern zum Rivalisieren gebracht werden, zu Neid und Mißgunst, und durch die Botschaft, daß Frauen dumm seien, zum Resignieren. Und Männer können lüstern und gierig werden – wie Achill durch Polyxena –, und dann verlieren sie vielleicht ihre Kontrolle.

Ein weiterer Machtfaktor können die unerfüllten Forderungen der Männer an das Rollenverhalten der Frau sein. Tagsüber soll die Frau brav zu Hause arbeiten und sich vorbildlich um den Haushalt kümmern, nachts soll sich das brave Hausmäuschen zur Sexbombe verwandeln und den sexuellen Phantasien der Männer, deren Ansprüche oft von der Werbung beeinflußt sind, genügen. Das Aussehen der weiblichen Brust bestimmt dabei den Wert der Weiblichkeit, die so an Äußerlichkeiten gemessen wird. Durch ihre Forderungen können sich allerdings die Männer auch Frustrationen einhandeln, etwa in Form des ablegbaren Gummibusens.

Dabei ist uns das Wissen und Empfinden dafür verlorengegangen, daß die Brust schon für sich, ganz unabhängig von ihrem tatsächlichen Aussehen, deshalb etwas Positives ist, weil sie Lust vermitteln kann. Sie ist auch schön in ganz anderem Sinne dadurch, daß sie ein Symbol sowohl der Entwicklung und der Veränderung wie auch der Wandlung ist. So ist die schlaffe Brust in manchen Kulturen beispielsweise Zeichen für Fruchtbarkeit und Reife der Frau und damit schön, während sie bei uns als häßlich und unansehnlich gilt. Die Forderung nach einer bestimmten Beschaffenheit kann so nur entwertend sein, entwertend für alle.

Aber die Macht der Männer geht noch weiter. Mißhandlungen können durch die größere Muskelkraft der Männer von Frauen nicht abgewehrt werden. Hier wird zwar die Brust gelegentlich eher ausgenommen, wie in dem Roman von H. H. Ewers: «Reiter in deutscher Nacht» beschrieben wird:

«Mit seiner Gerte knallte ihr der andere auf den Popo. ‹Los, du Hur, soll ich dir Beine machen?› Sie fuhr herum; da traf sie ein zweiter Schmiß über die linke Brust... ‹Was fällt dir ein, Mensch?› fuhr ihn der Fahrer an. ‹Paß doch auf.› ‹Tut mir leid›, sagte der Bursch. ‹So war's nicht gemeint – der war auch fürs Hintergestell bestimmt.›» [2]

Der Mann mit der Gerte entschuldigt sich für die Mißhandlung der Brust, mißhandelt die Frau an anderer Stelle aber weiter. Phantasien von Mißhandlungen sind in ihren direkten Auswirkungen noch nicht unmittelbar gefährlich, solange sie Phantasien bleiben. Aber sie beeinflussen die Einstellung des Mannes zur Frau merklich und unmerklich in sehr gefährlicher Richtung. Wenn sie realisiert werden, sind sie oft tödlich – für die Frau natürlich.

Die Brust als
mütterliches Organ

Die andere der weiblichen Brust zugebilligte Funktion ist deren mütterliche Fähigkeit, das neugeborene Kind mit Nahrung zu versorgen. Diese Tätigkeit wird üblicherweise mit dem Wort «stillen» bezeichnet. Ein kleines Beispiel möge die Bedeutung dieses Wortes illustrieren:

Bekannte waren mit ihrem dreijährigen Sohn zu Besuch bei einer Familie, die ein Kleinkind hatte. Das Baby schrie, der kleine Junge fühlte sich dadurch irritiert und gestört. Er ging ins Nebenzimmer, in dem das Baby lag, und bald hörte das Schreien auf. Der Junge kam strahlend zurück und erklärte, er habe das Baby gestillt. Auf die erstaunte Frage des Vaters, wie er denn das gemacht habe, sagte er, er habe dem Baby seinen Ball gegeben.

Besser läßt sich die Einseitigkeit der Bedeutung des Wortes «stillen» wohl kaum darstellen.

Das Wort «nähren» ist für den Vorgang der Brusternährung ziemlich ungebräuchlich geworden. Statt dessen finden wir überall das an sich schöne Wort «stillen». Wenn wir uns das Wort genauer ansehen, so heißt es «stille werden lassen». Das Wort «stillen» zeigt also nur einen kleinen Aspekt des Nährens auf, nämlich den, daß das Kind zu schreien aufhört, wenn es genährt wird. Hier zeigt sich an der Sprache, wie der Sinngehalt einer Tätigkeit verlorengehen kann, wenn die Tätigkeit selbst in ihrer vollen Bedeutung nicht mehr gewürdigt wird. Wir sagen etwa auch, daß wir den Hunger stillen. In diesem Ausdruck ist die Lebensnotwendigkeit des Essens nicht enthalten, noch weniger andere Anteile, insbesondere seelische Aspekte, die damit verbunden sind. Die Darstellung des Sachverhaltes wird einseitig und unvollständig.

Ein anderes Wort, das wir uns nun noch einmal im Zusammenhang mit der mütterlichen Funktion der Brust näher ansehen sollten, ist das Wort «Brustwarze». Ein Warze ist etwas Krankhaftes,

Abstoßendes. Warzen müssen behandelt werden, auf alle Fälle verstecken wir sie, wir schämen uns der Entstellung durch sie. Jedenfalls bewirkt und signalisiert dieser Ausdruck Abstand, Ablehnung und Ekel. Eine Warze in den Mund zu nehmen, das ist fast schon obszön oder pervers. Ich werde daher weiterhin das Wort «Mamille» gebrauchen.

Ein anderer Begriff aus der Thematik des Nährens, dessen Wortsinn nur Teilaspekte enthält, ist das Wort «Säugling». Dem kleinen Kind wird zwar das Saugen zugestanden, aber es wird in der Wortbedeutung auf diesen einzigen Akt reduziert. Das Kind saugt, damit der Bauch voll wird. Das Wort enthält nichts von der Bedeutung des Vorganges, aber auch nichts Weiterführendes, nichts von den Entwicklungsmöglichkeiten, nichts, was das Kleinkind sonst noch ausmacht. Wir finden also im Zusammenhang mit dem Nähren auffallend undeutliche und abwertende Begriffe. Warum ist das eigentlich so?

Die ganze Ambivalenz dem Nähren gegenüber zeigt sich auch in einer Fülle von Literatur, die sich mit der Frage beschäftigt, ob das Nähren nützlich oder schädlich sei. Es werden Kontrollstudien zur Belastung der Muttermilch mit Schadstoffen angefertigt und veröffentlicht, es wird die Frage gestellt, ob das längerdauernde Nähren zu ausgedehnter Karies an den Frontzähnen führt. Das Nähren wird aber nicht nur als schädlich für das Kind, sondern auch für die Mutter dargestellt, weil es angeblich an den Kräften der Mutter zehre.

Wie kommt es eigentlich dazu, daß die für Jahrtausende richtige und einzige natürliche Methode der Kinderernährung in unseren «fortschrittlichen» Zeiten in Frage gestellt wird?

Gegen das Nähren ist häufig die Institution Krankenhaus eingestellt, wenn dies auch nicht deutlich ausgesprochen wird. Ein Beispiel dafür erzählte die Frau (Seite 73 ff), der nach dem Kaiserschnitt durch mangelnde Hilfe und Abraten das Nähren ihres Kindes unmöglich gemacht wurde. Mütter, die ihre Kinder selbst nähren wollen, machen dem Krankenhauspersonal mehr Arbeit. Die Kinder müssen häufiger hin- und hergetragen werden, das Gewicht des Kindes muß vor und nach dem Trinken kontrolliert werden, da unter Umständen zugefüttert werden muß.

Gegen das Nähren mit der Brust sind oft auch die Ehemänner, die

109

der irrigen Meinung sind, daß es an den Kräften der Frau zehre. Hinzu kommt die weitverbreitete, jedoch unzutreffende Ansicht, daß die Frau durch das Nähren eine deformierte und hängende Brust bekomme. Ein Mann möchte ja eine attraktive und ästhetisch gut aussehende Frau haben, die zur Verfügung steht und nicht ständig zu den Nährzeiten zu Hause sein oder gar das Kind mit sich herumtragen muß.

Dagegen ist auch die Nahrungsmittelindustrie. Zunehmende technische Möglichkeiten haben die Qualität der künstlichen Ernährung erheblich verbessert. Die intensive Werbetätigkeit mit Prospekten und Probepackungen läßt den Eindruck entstehen, daß Fertigprodukte der Muttermilch gleichwertig seien – was nicht zutrifft. Vor allem ist auch die Art der Verabreichung über das Fläschchen nicht im mindesten gleichwertig. Ein Fläschchen hat lediglich die mechanische Funktion eines Behälters. Auch die Tatsache, daß die Mutter eventuell das Fläschchen verabreicht, führt nicht zu der entscheidenden Verbindung zwischen Mutter und Kind. Zudem ist die Person, die das Fläschchen verabreicht, austauschbar.

Infolge der vielfachen Verunsicherung sind auch viele Frauen selbst gegen das Nähren. Wenn sie berufstätig sind, geraten sie trotz oder gerade wegen der ihnen gesetzlich zustehenden Rechte, ihr Kind zu bestimmten Zeiten zu nähren, rasch in eine Außenseiter- oder Überforderungssituation. Auch die «Nur-Hausfrau» empfindet das Nähren oft als lästige Unterbrechung ihrer Arbeit.

Hinter diesen Bedenken stehen aber oft auch unbewußte Ängste, Vorstellungen und Phantasien. Das Nähren kann die unbewußte Angst aktivieren, Körpersubstanz zu verlieren, sich zu verströmen oder ausgesogen zu werden – als ob die Substanz dem gesamten Körper entzogen würde. Ist das vielleicht der Hintergrund für die Vorstellung, daß die Brust durch das Nähren schlaff würde – wie etwa ein leerer Beutel?

Vielleicht steht auch Ekel hinter der Ablehnung des Nährens. Körpersäfte stehen ja in dem Ruf, unappetitlich und abstoßend zu sein. Alles, was an Körperöffnungen und -grenzen geschieht, wird mit dieser Vorstellung belegt: Speichel, «Rotznase», Schleim, Schweiß und vor allem die Exkremente. Die Ablehnung der Körpersäfte und -absonderungen und der damit verbundene Ekel werden ja in der Sauberkeitserziehung systematisch eingeübt und fortgeführt mit der Empfehlung von Deodorants, Einmal-Taschentüchern, Einmal-Höschen, Einmal-Windeln und ähnlichem. Hier spielt sicher nicht nur die Einsparung des Waschens eine Rolle. Selbst die Tränen eines Menschen werden in unserer Kultur oft als peinlich empfunden. Viele Menschen können Tränen nicht ertragen und glauben, daß es nur wegen ihrer «Sensibilität» so sei. Das mag da, wo eigene Trauer berührt wird, auch zutreffen. Aber zusätzlich liegt hier noch etwas anderes vor: eben die meist unbewußte Ablehnung derjenigen Körperflüssigkeit, die beim Weinen zur Schau gestellt wird. Gehört die Milch vielleicht auch in unbewußten Vorstellungen zu den «verbotenen» Körperflüssigkeiten? Und dann vermischt sie sich noch mit dem Speichel des Kindes. Eine Vermengung von Körpersäften hat in unserer Vorstellung meist etwas Obszönes.

Hinter der Ablehnung des Nährens können also durchaus zusätzlich Gefühle stehen, die die Körperlichkeit dieses Vorganges ablehnen. Da sie unbewußt bleiben, werden solche Gefühle nicht wahrgenommen und damit in ihrer Bedeutung nicht verständlich.

Für die natürliche Ernährung sind viele Kinderärztinnen und -ärzte, denn es ist inzwischen bekannt, welche große Bedeutung die Muttermilch sowohl bei der Infektabwehr als auch bei der Verhinderung von Allergien des Kindes hat. Ihre Zusammensetzung ist ganz auf die Erfordernisse des menschlichen Kindes abgestimmt. Ernährungsfehler können mit Muttermilch kaum gemacht werden, das Kind kann kaum überfüttert werden. Die Muttermilch ist immer von ausgezeichneter hygienischer Beschaffenheit und guter Qualität, sie hat immer die richtige Temperatur und ist, sofern die Mutter nicht Medikamente oder andere das Kind belastende Stoffe zu sich nimmt, in der Zusammensetzung richtig.

Dafür sind auch diejenigen Hebammen, die um die Bedeutung des Nährens für das körperliche und emotionale Gedeihen des Kindes wissen.

Dafür sind zum Glück inzwischen mehr und mehr Frauen, die beginnen, trotz aller verunsichernden Informationen auf sich und die Signale ihres Körpers zu achten und die Einschränkungen, die angeblich mit dem Nähren verbunden sind, zu ignorieren.

Wie stark die Verunsicherung wirkt und wie befreiend es gleichzeitig ist, eigene Wege zu finden, zeigt der Bericht einer 33jährigen:

N. G.: *«Mein Busen, meine Brust – das waren erst einmal diese rosa Knöpfchen auf meinem waschbrettähnlichen Oberkörper und die kindliche Furcht, später dort so riesige wallende Fleischklumpen zu haben wie meine Tante, deren Busen immer nur mit Hilfe einer Vertrauensperson in ein nie ausreichendes Korsett gezwungen werden konnte. Meine Mutter dagegen trug anstelle eines Busens rosa Schaumstoffhügelchen im BH.*

Ich war stolz, noch als Zwölfjährige im Geschäft gefragt zu werden: ‹Na, mein Junge, was willst du denn?› Ich war ein wilder Junge. Dann folgte das Lästern meines acht Jahre älteren Bruders, als sich dann doch noch ein kleiner Busen ausbildete und für die kleinen Ausbuchtungen, die mir eher peinlich waren, ein BH meiner zehn Jahre älteren Schwester ausgeborgt wurde. Eine ähnlich unangenehme Angelegenheit wie das Ausprobieren meiner ersten Packung Tampons.

Bei allem war mir das ‹Warum?› trotz ‹Aufklärung› vollkommen unklar, aber langsam war ich sicher: Es mußte da mysteriöse, unbeschreibliche Geheimnisse im Leben der Frauen geben, über die meine Mutter peinlich schwieg.

Der Busen war eine langsame Annäherung an die Körperformen meiner Mutter oder Schwester, für mich eine Mischung aus Peinlichkeit und Stolz. Andererseits entfernten mich diese fraulichen Merkmale von der Bruder- beziehungsweise Sohnstellung, die ich bei Bruder oder Vater hatte.

Kein Wunder wohl, daß ich in den ersten intimen Beziehungen zu Freunden eine viel bessere Kameradin als Geliebte war.

Dann wuchs mir mit 25 Jahren doch noch ein großer Busen und erhielt sehr schnell eine bislang unbekannte Wichtigkeit für mich. Sein Anschwellen war der erste spürbare Schwangerschaftstest. Dieser ‹neue› Busen gab mir als optisch reifender Frau auch in der sexuellen Beziehung neue Erfahrungen.

Die Einstellung zur Schwangerschaft – zum letztlich untrüglichen Frausein – war oft ambivalent. Je nach Stimmungslage fühlte ich mich in der Öffentlichkeit mit Brust und Bauch attraktiv oder dick und dumm (seltsamerweise assoziiere ich dicke Busen leicht mit Dummheit).

112

Die Brust machte mich neugierig: Wie ist es, wenn dort Milch hinausfließt? Wie sieht sie aus? (Ich selbst bin nicht gestillt worden, die Ärzte hatten, so meine Mutter, ihr das nicht auch noch zumuten wollen.)

Nach der Geburt war ich stolz, das Baby instinktiv richtig angelegt zu haben – die ‹Technik› wurde von der Hebamme gelobt. Der Busen war in wenigen Stunden prall angeschwollen. Meine Nahrung für meinen Sohn! Aber der lag im Säuglingszimmer, und wenn er gebracht wurde, trank er 10 Gramm. Wo ich doch Milch im Überfluß für ihn hatte!

Daß ich unfähig war, ein Kind aufzuziehen, war mir klar, als mir eine Schwester dann auch noch ein Tuch zeigte, das ich beim Wickeln vergessen hatte. Er würde mir also auch verhungern. Die überschüssige Milch wurde mit einer elektrischen Pumpe abgesaugt. Die Atmosphäre, selbst im Rooming-in-Zimmer, ließ das Stillen zu einer rein technischen Angelegenheit werden, inklusive Milchleistungsnachweis im Stillbuch.

Erst zu Hause fühlte ich mich freier, ohne Kontrolle, aber immer noch ängstlich bemüht, keine Fehler zu machen. Laut Anweisung mußten die Brustwarzen eingesprüht, eingesalbt, geföhnt (!) und in einem dem damaligen Modell meiner Tante ähnlichen BH verpackt werden.

Natürlich war die Brust während der Stillzeit im Intimkontakt tabu. Es war die Nahrungsquelle für das Kind. Zum Stillen wurden die Hände desinfiziert, Hund und Katze aber belächelt, wenn sie dem gesättigten Baby die Milchrülpser abschleckten.

Wegen schmerzhafter Rhagaden kam wieder die Milchpumpe zum Einsatz. Die Assoziation: Kuh mit Euter und Melkmaschine drängte sich sehr stimmungstrübend auf. Was ist an einem Busen, der maschinell ausgesaugt wird, sinnlich für die Frau, das Baby, den Mann?

Als der Milchfluß dann natürlich rasch versiegte, kam endgültig ein Gefühl des Versagens auf, da gerade ich doch zu der Generation der neuen bewußten und sinnlichen Mütter gehören wollte; mit der Fähigkeit, die Kinder selbstverständlich länger als ein Jahr selbst zu nähren.

Wie gut, drei Jahre später in einer neuen Schwangerschaft vieles anders erleben zu können! Diesmal kannte ich sämtliche Vorgänge *in meinem Körper nicht nur aus Mütterratgebern, sondern es war wie ein freudiges Wiedererkennen: Guck mal, wie groß der Busen, der Bauch wird...!*

Durch die ambulante Geburt war es sofort meine Tochter, sie gehörte in mein Bett, an meine Haut, an meine Brust. In den folgenden Wochen des sehr engen Körperkontaktes mit dem Baby war das «Brust-Geben» mehr als ein funktionelles Sättigen. Es bereicherte die Beziehung zum Baby, zu meinem Körper, meinem Sohn und meinem Partner um neue aufregende und lustvolle Gefühle. In dieser von organisatorischen Ängsten ungetrübten Situation nahm ich die sich ergebenden Körperphänomene erstmals ganz bewußt und staunend wahr. Die jetzt wirklich riesigen Brüste wurden nun auch nicht mehr eingecremt, gepudert oder eingeknöpft, sondern ich trug sie luftig unterm T-Shirt, wenn nötig in einem BH-Modell aus französischer Spitze.

Es gab keine Rhagaden, und sich abzeichnende Milchflecken auf der Kleidung waren ebensowenig peinlich wie Kakaoflecken des älteren Kindes auf dem Tischtuch.

Wir alle haben die Milch probiert und gestaunt, wie sie in großen Tropfen aus den Warzen floß, manchmal sogar spritzte. Ich war neidisch, nicht selbst dort saugen und nuckeln zu können.

Statt Methergin zu nehmen, um die Rückbildung des Uterus zu beschleunigen, konnte ich sehr intensiv spüren, wie das kräftige Saugen des Babys starke Kontraktionen auslöste und meinen ganzen Körper aufwärmte.

Mit dieser spendenden Brust erlebte ich nun die ganz natürliche und selbstverständliche Fähigkeit, das Baby, wann und wo immer es wollte, mit warmer süßer Milch zu nähren, zu beruhigen oder in den Schlaf zu bringen.

Meine Brust war mehr geworden als ein optisches Symbol meiner Mütterlichkeit, die ich nun nicht mehr zu demonstrieren brauchte, um Erwartungen zu erfüllen; sie war ein freiwilliges Gebenwollen im Austausch für viele beglückende Momente.

Ich empfand mich nicht nur als ‹gute› Mutter, sondern trotz oder jetzt gerade mit diesen Brüsten als eine attraktive Frau. Manchmal bedauere ich, daß der große Busen, vor dem ich als Kind so eine Furcht hatte, nun wieder seine normale Größe hat, obwohl er für mich seine Sensibilität behalten hat.

Die mysteriösen Geheimnisse und Befürchtungen aus der Kindheit haben sich für mich als Sinnlichkeit und Körperfreude entlarvt.»

Auch bei dieser Frau finden wir wieder, wie in anderen Berichten, daß das Bild der erwachsenen weiblichen Personen für das junge Mädchen wichtig ist. Da ist einmal die quellende Überfülle der Tante, zum anderen der Schaumstoffersatz der Mutter – beides keine erstrebenswerten Vorbilder. Die Entwicklung der eigenen Brust und die damit zusammenhängenden Vorgänge werden daher eher als peinlich empfunden. Diese Frau schildert aber auch, welchen Einfluß Unklarheit und Unsicherheit auf ihre Phantasie hatten: Sie vermutete hinter dem Weiblichen mysteriöse und unbeschreibliche Geheimnisse der erwachsenen Frau, die beängstigen und verunsichern können. Die Brustentwicklung bedeutete für sie auch eine Veränderung der Rolle innerhalb der Familie. Erst mit dem Beginn der Schwangerschaft wird die Brust für sie selbst wichtig. Die Assoziation von großer Brust und Dummheit deutet vielleicht auf die Verknüpfung der Frau mit der Rolle der «Milchkuh» hin, die auf dem Dorf ja manchmal noch gemacht wird. Andererseits haben wir bereits gesehen, wie in der Werbung indirekt ausgesagt wird: Wer Brüste hat, ist ein Dummchen.

Dann beschreibt sie, wie das Nähren gehandhabt wird. Die Technik des Anlegens wird vom Fachpersonal gelobt; dann aber gibt es auch Tadel, der bei ihr das Gefühl hervorruft, daß sie alles falsch mache und unfähig sei, ihr Kind richtig zu nähren. Die Atmosphäre des Nährens wird zur rein technischen Angelegenheit. Auch zu Hause werden technische Anweisungen befolgt und die üblichen, angelernten Verhaltensweisen praktiziert. Die Technisierung, aber auch die Ersetzbarkeit des Nährvorganges hat außer der Verunsicherung noch weiterreichende Folgen: Die Milchproduktion der nährenden Frau ist von seelischen Faktoren sehr abhängig. Durch die negativen Erlebnisse kommt die Milchbildung zum Stocken, bis sie schließlich sogar völlig versiegt, wie es schon andere Frauen geschildert haben. Die unnatürliche Einstellung zum Nähren wird zusätzlich deutlich in der Auffassung, daß die Brust in dieser Zeit für den Intimkontakt tabu zu sein habe, da sie dem Kind zur Verfügung stehen müsse. Es kommt zum Konflikt zwischen Kind und Mann – wem gehört denn nun die Brust der Frau?

Wir finden das merkwürdige Phänomen, daß die Brust beim Nähren ausschließlich dem Kind zur Verfügung stehen soll; in dieser Zeit darf der Mann die Brust nicht berühren. Wenn das Kind entwöhnt ist, wird der Anblick der weiblichen Brust wieder für das Kind tabu, er gilt sogar als sittengefährdend; das Kind muß vor diesem Anblick geschützt werden. So streng sind die künstlichen Grenzen zwischen mütterlicher und sexueller Funktion der Brust festgelegt! Allerdings kann sich jedes Kind auf Titelbildern von Illustrierten oder an den Aushängen von Kinos genauestens informieren.

Zu einer weiteren Ambivalenz führt die Tatsache, daß auf der einen Seite Desinfektionsmittel eingesetzt werden, daß aber Hund und Katze dem Kind die Milchrülpser ablecken dürfen.

Und wieder schildert sie das Gefühl des Versagens, als die Technik jedes Gefühl für Sinnlichkeit verdrängt: Sie glaubt, bei der Befolgung vorgeschriebener technischer Handhabung der Brust sowohl als Mutter wie auch als Frau versagt zu haben. Dahinter wird deutlich, in welche Konflikte Frauen durch Pathologisierung und Technisierung ihrer natürlichen Funktionen geraten können. Sie nehmen ihre Brust – darin wird wieder die besondere Bedeutung der Brust erfahrbar – und damit sich selbst als Teil eines technischen Apparates wahr, und zwar als den schwächsten Teil, der am betriebsanfälligsten ist.

Glücklicherweise hatte diese Frau die Möglichkeit, in einer neuen Schwangerschaft andere Erfahrungen zu machen. Sie begab sich auch nicht mehr in die Hände der Institution Krankenhaus; sie begann, die lustvolle Beziehung zwischen sich und ihrem Kind gleich nach dessen ambulanter Geburt zu erfahren, eine Beziehung, die ihre ganze Familie einschloß und das Zusammenleben aller bereicherte. Die positive Erfahrung wirkt noch immer nach. Sie sagt auch ausdrücklich, daß Milchflecken auf der Kleidung für sie nicht mehr peinlich waren – also hatte sie sich dafür geschämt, bevor sie ihre neue Sicherheit fand. Das zeigt, daß die Milch gefühlsmäßig ebenfalls, wie wir schon vermutet haben, zu den «peinlichen» Körperflüssigkeiten gehört, die verborgen werden müssen, weil sie abstoßend wirken.

Mit dem Annehmen der Natürlichkeit des Vorganges sind – wie das immer der Fall ist – die Grenzen und Hemmungen innerhalb dieser Familie geschwunden und die Ängste vor künstlichen Tabus abgebaut worden. Die Folge davon ist für alle Familienmitglieder positiv. So hat diese Frau dadurch, daß sie ihre Brüste und deren Funktion als natürlich und lustvoll annehmen konnte, sich und ihrer Familie eine angstfreie Beziehung ermöglicht. Die Brust kann also, wie wir hier sehen, auch indirekt ein äußerst wichtiges Kommunikationsorgan sein. Dieser Frau ist zusätzlich mit Hilfe ihrer Brust der Ausbruch aus den einengenden, abwertenden, isolierenden Ängsten unserer Kultur gelungen. Und «die mysteriösen Geheimnisse und Befürchtungen aus der Kindheit haben sich für mich als Sinnlichkeit und Körperfreude entlarvt».

Ängste isolieren und trennen. Das Zulassen positiver Erfahrungen setzt immer neue Möglichkeiten frei. Wäre es bei den ersten, durch Vorschriften, Ängste und Unsicherheit gesteuerten Erfahrungen geblieben, so hätte sie diese Befreiung nicht erleben können. Wir sehen aus ihrer Schilderung, wie wichtig und entscheidend für die Entwicklung einer Frau das natürliche Erleben ihrer Brust in den mütterlichen Funktionen sein kann und wie sich solche Erfahrungen auf das Erleben der Beziehungen in der Familie ausweiten können.

Warum kann die mütterliche Funktion der Brust wichtig sein?

Wir wollen uns zur Beantwortung dieser Frage den Vorgang des Nährens noch einmal genauer ansehen. Ein prominentes, also herausragendes Organ eines Individuums wird vom Hohlraum eines anderen aufgenommen, so daß eine innige Verbindung zweier Lebewesen entsteht. Während dieser Verbindung oder Verschmelzung wird ein wichtiger Stoff von einem Lebewesen zum anderen hin übertragen. Kommt uns dies nicht bekannt vor? Die Beschreibung dieses Vorgangs, der hier rein technisch dargestellt wird, gilt sowohl für den Vorgang des Nährens als auch für den Geschlechtsverkehr. Wir können hier direkt die Brust mit dem Penis und den Mund des Kindes mit der Vagina vergleichen. Es handelt sich also um einen gleichartigen Vorgang. Beim Geschlechtsverkehr wird die Fähigkeit, den Hohlraum auszufüllen und die Samenflüssigkeit zu übertragen, als «Potenz» bezeichnet. Die Analogie liegt deutlich auf der Hand.

Betrachten wir uns auch noch einmal die Funktion des Nährens:

Das Nähren ist die leibliche Zufuhr von notwendigen Substanzen, die den Körper des Kindes erhalten und wachsen lassen. Das Kind war vor der Ära der künstlichen Ernährung ohne Nähren an der Brust nicht lebensfähig. Notfalls mußte dafür eine Amme gesucht werden.

Aber das Nähren bringt mehr als nur leibliche Zufuhr. Es bewirkt die enge körperliche Beziehung zwischen Mutter und Kind über die Brust, die eine körperliche Vereinigung herstellt und dadurch eine existentiell wichtige Voraussetzung ist für die «seelische Ernährung». Es erfolgt mehr als nur die Übertragung eines Stoffes, es erfolgt die Zufuhr von «seelischer Energie», die erhält, stärkt und wachsen läßt und ohne die das Kind genauso verkümmert wie ohne körperliche Ernährung. Es ist falsch, zu meinen, daß es in der Beziehung zwischen Mutter und Kind hauptsächlich auf die Pflege des Kindes ankomme. Die körperliche Verbindung ist entscheidend wichtig. Als Parallele: Es ist nicht gleichgültig, ob in einer Partnerschaft körperliche Beziehungen bestehen oder nicht. Niemand wird behaupten, daß das keine Rolle spiele. Und für die Beziehung zwischen Mutter und Kind sollte der körperliche Anteil unwichtig sein?

Führen wir uns noch einmal die enge Beziehung zwischen Mutter und Kind vor Augen. Vor der Geburt bildeten beide eine reale Einheit. Kind und Mutter waren untrennbar miteinander verbunden. Mit dem Durchtrennen der Nabelschnur wird die sehr innige Verbindung plötzlich gelöst. Beim Nähren kommt es zur Aufhebung der Trennung, und die Einheit von Mutter und Kind wird für kurze Zeit wiederhergestellt. Es entsteht so eine «Einheitswirklichkeit», die für die Mutter Voraussetzung für die eigene Entwicklung und besonders für das Kind im wahrsten Sinne lebenswichtig ist.

Aber beim Nähren wird noch mehr vermittelt. Das Kind wird bei der Geburt aus einer Umgebung gleichmäßiger Wärme und umhüllenden Wohlbehagens gerissen. Seine Haut muß sich mit den verschiedenen, oft störenden Reizen seiner Umwelt auseinandersetzen, mit warm und kalt, mit hart und weich, mit der Reizung beispielsweise durch die eigenen Ausscheidungen. Der Körperkontakt mit der Mutter kann ihm das bekannte Wohlbehagen wieder vermitteln, das intensive lustvolle Körpergefühl, das Gefühl eines tiefen Einklangs miteinander – mit einem Wort: Bindungsfähigkeit. Das Kind fühlt sich geliebt, geborgen, angenommen und damit zufrieden. Auf diese Weise kann es ein positives Gefühl von sich selbst, ein Selbstbewußtsein und Selbstsicherheit entwickeln. Die Mutter ist die erste intensive Liebesbeziehung eines jeden Menschen. Wenn er in den ersten Monaten seines Lebens dieses lustvolle Körpergefühl nicht kennenlernt, wird er möglicherweise sein ganzes Leben lang unzufrieden sein und danach suchen. Eine Mutter ist damit von Anfang an wichtig für das mögliche zukünftige emotionale Schicksal ihres Kindes.

Aber auch die Mutter kann ein tiefes Gefühl der Zusammengehörigkeit und der Vereinigung, der Lust erleben – wenn sie für solche Emotionen offen ist – und so auch aus sich heraus ihre Möglichkeiten und damit ihren Wert erfahren. Für Mütter gibt es ja viele Störfaktoren, die von den eben beschriebenen technischen Schwierigkeiten und von der Ablehnung des Nährens bis hin zur Tabuisierung von sexuellen Gefühlen zwischen Mutter und Kind reichen. Eine Frau kann durchaus entdecken, daß das Nähren ein sexueller Genuß ist; es ist aber auch möglich, daß sie unter dem Druck ihrer Erziehung deswegen Schuldgefühle entwickelt. Als Reaktion darauf kann sie Unbehagen und Unlust beim Nähren entwickeln und dieses ablehnen. Es gibt leider kulturbedingt viele Möglichkeiten, Unbehagen über die Brust zu erleben, sehr viel mehr als solche, die Wohlbehagen vermitteln.

Wie wichtig das Nähren aber gerade für die Entwicklung von Gefühlsqualitäten bei einer durch Erziehung und Vorschriften gehemmten Frau sein kann, wie es sie frei machen kann von Ängsten und Hemmungen, wie sie durch eine veränderte Einstellung zu ihrem Körper beziehungsfähiger wird, wie sehr es zu ihrer Reifung zur Weiblichkeit hin beitragen kann, haben wir in unserem letzten Beispiel gehört. Hier hat eine Frau neue Fähigkeiten entwickelt wie Körpergefühl, Bindungsfähigkeit, Selbstbewußtsein und Befreiung von alten Ängsten. Sie hat eine Chance wahrgenommen, die sie selbst als Kleinkind nicht hatte.

Wie wichtig der Körperkontakt über die Brust ist, geht auch aus zwei weiteren Beispielen hervor.

Eine Therapeutin, die mit einer sehr verkrampften, psychisch kranken Frau eine Form von Entspannung übte, bemerkte, daß die Frau durch das Schreien ihres Kindes ständig in neue Anspannung und Verkrampfungszustände geriet. Die Therapeutin nahm das Kind zuerst in den Arm; als dies nichts nützte, legte sie es sich an die eigene Brust. Das Kind war mit dieser Art des Körperkontaktes sehr zufrieden, den es von seiner Mutter in dieser Form noch nie erfahren hatte. Und der Mutter gelang es, über die Entspannung hinaus in der Folgezeit eine zufriedenstellende Beziehung zu ihrem Kind zu entwickeln und damit zusätzlich eigene Ängste abzubauen.

Ein anderes Beispiel: Eine Ärztin auf einer Kinderstation in einem Entwicklungsland hatte keine Medikamente mehr, um bei einem lebensgefährlich kranken kleinen Kind mit Keuchhusten einen Hustenanfall zu verhindern. Sie legte das Kind an ihre Brust, und der Anfall blieb aus.

In beiden Beispielen ging es nicht um das Nähren, sondern um den Körperkontakt, der über die Brust hergestellt wurde. Man könnte das, was hier geschehen ist, deskriptiv als «stillen» bezeichnen.

Die üblichen sogenannten wissenschaftlichen Untersuchungen darüber, ob sich natürlich genährte und Flaschenkinder seelisch unterschiedlich entwickeln, gehen davon aus, daß das Nähren ein mechanischer Vorgang sei. Dabei ist infolge der massiven Verunsicherung und Abwertung des Nährens die «Versuchsmutter» oft selbst nicht in der Lage, eine seelische Beziehung zu ihrem Kind aufzunehmen, das heißt, sie verhält sich selbst bindungsunfähig. Damit kann sie auch keine Bindungsfähigkeit oder andere seelische Qualitäten vermitteln, sie kann eben nur «stillen», mehr nicht. Das häufige Ergebnis solcher Untersuchungen, nämlich es gebe kaum Unterschiede in der Entwicklung der unterschiedlich genährten Kinder, ist sicher dann richtig, wenn die Mutter sich selbst als «Fläschenersatz» und das Nähren als technischen Vorgang betrachtet, wie es ihr im Krankenhaus beigebracht worden ist. Das Nähren wird dann nicht mehr zur Brücke zwischen zwei Menschen.

Solche Untersuchungen könnten verwertbare Ergebnisse nur dann erbringen, wenn vorausgesetzt werden kann, daß die nährenden Mütter selbst nicht zu sehr verunsichert sind und im Vorgang des Nährens bindungsfähig bleiben. Brauchbare Vergleichsergebnisse könnten also nur in einer Kultur erzielt werden, in der der volle Wert des Nährens und auch seine seelische Bedeutung noch bekannt sind.

Daß das Stillen, also die beruhigende, tröstende Funktion der Brust nur ein Teilaspekt des Saugens ist, zeigt sich in anderen Kulturen deutlich.

Bei den !KO-Buschleuten in der Kalahari (Südafrika) wird dem weinenden Kind sofort die Brust angeboten. Wenn die Mutter gerade nicht in der Nähe ist, bekommt es die Brust einer anderen Frau. So ist das Anbieten der Brust eine tröstende Geste, mit der Kleinkinder sich sofort beruhigen lassen.

In unserem Kulturkreis geschieht die tröstende Beruhigung durch das Saugen, also das eigentliche Stillen, über den Gummi-Nuckel: ein früher und folgenschwerer Betrug des Kindes und zusätzlich eine Abwertung der Wichtigkeit des Saugens. Dieses wird als rein technischer Vorgang aufgefaßt; wie hätte der Erfinder des Gummi-Saugers sonst auf dieses Gerät verfallen können? Denn Wärme und tröstende Geborgenheit können nicht mitgeliefert werden, sie sind in der Gebrauchsanweisung des Nuckels auch nicht vorgesehen. Hier wird eine sehr frühe Spaltung von Bedürfnisbefriedigung und damit verbundenen Gefühlen provoziert.

Aus allem Vorangegangenen geht hervor, welcher Einfluß, welche Bedeutung der Brust zu eigen ist. Jede Macht kann im positiven oder negativen Sinne wirksam sein. So kann auch das Nähren eine negative Bedeutung bekommen. Es vermag wie Gift zu wirken, das das Kind unmerklich zerstören kann. Dies geschieht immer dann, wenn das Nähren nicht zur Herstellung der leiblichen Einheit oder der zeitweisen Symbiose von Mutter und Kind dient, an der beide wachsen können, sondern wenn ein Kind der Befriedigung von neurotischen Bedürfnissen einer Mutter dienen muß. Wenn eine Mutter ihr ganzes Selbstwertgefühl und ihre ganze Lebensberechtigung aus der Existenz eines Kindes bezieht, das sie als ihren Besitz betrachtet, dann wird sie es von sich abhängig machen. Ihre Neurose wird das seelische Wachstum beider stören oder verhindern. Real gesehen, ist ein Kind ja machtlos, eine Mutter hingegen sehr mächtig, es wird ihr also gelingen, sich seiner zu bemächtigen, es zu «fressen». «Ich könnte dich vor Liebe fressen», heißt eine Redensart, oder «Ich habe dich zum Fressen gern.»

Ein solches Kind darf keine eigene Persönlichkeit entwickeln. Es darf kein eigenständiger Mensch werden. Seine Fähigkeit, ein eigenes gesundes Ich auszubilden, wird vergiftet. Es wird unfähig gemacht, Teil einer partnerschaftlichen Beziehung zu sein, denn es kennt ja nur die pathologische Form des Besitzens, des Eigentum-Seins. Es wird damit in seiner seelischen, oft auch in seiner körperlichen Entwicklung gehemmt und geschwächt. Das geschieht natürlich nicht nur beim Nähren, sondern in der gesamten Einstellung einer solchen Mutter zu ihrem Kind. Das Nähren kann aber, als Symbol der Symbiose, zum Ausdruck einer narzißtischen Beziehung werden. Das Kind erlebt nie Glück und Zufriedenheit, sondern Abhängigkeit und Einengung. Aber auch die Mutter selbst erlebt auf ihre Art nichts anderes als das Kind: Auch sie erlebt Abhängigkeit und Einengung. Der gleiche Vorgang, der auf der einen Seite Selbstsicherheit und Wachstumsenergie vermitteln kann, ist also auch in der Lage, genau dieses zu verhindern.

Ein Kind, das genügend Bindungsfähigkeit und Selbstbewußtsein erfahren hat, wird sich zu gegebenem Zeitpunkt auch von seiner Mutter lösen können. So ist gerade das Nähren eine wichtige Möglichkeit zur Entwicklung auch der Aggressivität des Kindes, die ja lebensnotwendig ist einerseits als Fähigkeit der Abgrenzung, andererseits als Antrieb, auf Neues zuzugehen. Die Aggressivität der Brust gegenüber spielt übrigens für die Phantasie eine gewisse Rolle. Ein Kind, das bereits Zähne hat, kann seine Mutter beim Nähren erheblich verletzen. Der Mund des Kindes mit Zähnen kann der sogenannten «Vagina dentata» gleichgesetzt werden, das ist ein feststehender Begriff, der die Angst des Mannes vor einer möglichen gewaltsamen Kastration durch die Frau während des Geschlechtsaktes bezeichnet. Natürlich ist die Vorstellung der Vagina dentata, also der mit Zähnen besetzten «Scheide», nichts real Mögliches. Sie entspringt lediglich der Phantasie des Mannes beziehungsweise seinen Ängsten. Sie hat aber einen ganz realen Ursprung in der Parallele des Nährens eines Kindes, das bereits Zähne hat – eine überraschende Analogie, die die Phantasie des Mannes hier in Anspruch nimmt.

Ein Kind hat also beim Nähren seine ersten aggressiven Möglichkeiten, es kann durch Beißen in eine Auseinandersetzung mit der Mutter eintreten. Wie diese auf das Kind in einer solchen Situation reagiert, ist oft entscheidend für die Entwicklung der späteren aggressiven Fähigkeiten des Kindes. Das Kind erlebt beim Saugen an der Brust aber auch die erste Situation, in der es verweigern, aber auch fordern und sich nehmen kann. Eine Mutter wird ihrerseits zulassen, daß sich ein Kind löst, dessen seelische Fähigkeiten genügend weit entwickelt sind. Beide müssen nun nicht mehr für den Rest des Lebens unzufrieden nach etwas suchen, was sie in einer bestimmten Zeit der Entwicklung verpaßt haben.

Was es für einen Menschen bedeutet, von der Mutter gefühlsmäßig abgewiesen zu werden, wird treffend im Märchen «Die Frau mit den steinernen Brüsten» geschildert.

«Niemand weiß, woher sie kam. Auch ich kenne ihre Geschichte nicht. Sie war eines Tages einfach da – die Frau mit den steinernen Brüsten.

Zu dieser Frau kam ein Junge. Weil er noch sehr klein war, wollte er sich oft an die Frau anlehnen. Manchmal, wenn er durstig und hungrig war, hätte er gerne an ihren Brüsten getrunken. Doch er spürte dann immer nur Härte und Kälte und wurde nie satt, denn steinerne Brüste geben keine Milch.

So lebte der Junge häufig nur vom Betteln und von der Milch, die andere ihm hin und wieder gaben. Aber in seinem Herzen wollte die Sehnsucht nicht weichen, sich an dieser einen Frau zu wärmen, sich liebevoll anzuschmiegen, von ihren Brüsten zu trinken und in ihrem Schoß zufrieden einzuschlafen. Oft träumte er davon und war im Traum sehr glücklich. Aber versuchte er es wirklich einmal, wiederholte sich ständig nur seine schmerzliche Erfahrung mit den Brüsten aus Stein.

Diese Frau hatte auch einen Mann. Ihm erging es nicht viel besser als dem Jungen: Wenn er abends müde von der Arbeit nach Hause kam und die Nähe und Wärme seiner Frau suchte, fand er nur Härte und Kälte. So wurde er mürrisch, unzufrieden, launisch und außerdem neidisch auf den Jungen. Aus irgendeinem Grund glaubte er, daß der Junge ihm vielleicht die Gunst seiner Frau nähme. So begann er, den Jungen zu hassen. Er scheuchte ihn, beschimpfte ihn oft und ließ ihm kaum eine Minute Ruhe oder Freiheit. So oft wie möglich versuchte er, dem Jungen Angst zu machen, ihn einzuschüchtern.

…

Einmal im Jahr feierte die Familie ein Fest, das Fest der Besinnung, wie es genannt wurde. Tatsächlich diente es aber dazu, die Kinder einzuschüchtern. Ihnen wurde an diesem Tag feierlich Angst gemacht – soviel Angst, daß sie sich wieder ein Jahr lang die ganze Hetze gefallen ließen, willig all dies taten, wozu sie gebraucht wurden, und sich mit den steinernen Brüsten der Mütter abfanden.

…

Mit der Zeit lernte der Junge, daß Angst, Verbote, Hetze und die steinernen Brüste der Mutter offensichtlich zu seinem Schicksal gehörten. Er fand sich schließlich damit ab. Wirkliche Freunde hatte er keine, weil er ja ständig gehetzt wurde und nie richtig Zeit für sie hatte. Und da er immer voller Angst war, es nie jemandem recht machen zu können, hatte er es sowieso nicht leicht, richtige Freunde zu finden. Anderen Menschen begegnete er oft seltsam, kam diesen schroff, abweisend und manchmal ein bißchen komisch vor. Und obwohl niemand so richtig etwas gegen ihn hatte, mochte ihn trotzdem keiner so recht. Also verschloß er sich vollends.

Eines Tages kam eine gütige Zauberin durch das Land. Sie lernte den Jungen kennen und bemerkte sofort, wie unglücklich er in seiner Verschlossenheit war und wie schlecht es ihm erging. Sie beschloß zu helfen und sagte, daß sie ihn gern habe und ihm behilflich sein wolle. Aber der Junge fühlte nichts dabei; er wußte nicht, was das ist: gemocht zu werden.

Trotzdem blieb die Nähe der alten Zauberin nicht ganz ohne Wirkung auf ihn. Er fand endlich den Mut und die Kraft, sich von seiner Familie zu lösen. Er zog aus und ließ alles hinter sich.

Dem Mann und seine Frau fehlte plötzlich jemand, den sie hetzen und quälen konnten, jemand, der sich alles gefallen ließ und an dem sie ihre Launen auslassen konnten. Sie versuchten, den Jungen zurückzuholen, erzählten, was sie alles für ihn getan und daß sie alles nur gut gemeint hätten. Sie wollten nur sein Bestes, sagten sie, doch der Junge erwiderte, daß er gerade sein Bestes ihnen nicht geben, sondern für sich behalten wolle. Da warfen sie ihm Hartherzigkeit und Undankbarkeit vor, versuchten ihn einzuwickeln und zu erpressen. Aber er konnte hart bleiben und ging nicht mehr zurück.

Auch in der Fremde hatte er es nicht leicht. Außer Angst, Hetze und Gehorsam hatte er ja nichts gelernt, hatte immer nur Enttäuschungen erfahren. Und jetzt merkte er die schlimmen Folgen: Wenn ihm jemand Essen oder Trinken anbot, eilte er oft so gehetzt daran vorüber, daß er nie richtig satt wurde. Hunger und Durst wurden niemals wirklich gestillt, sondern immer nur oberflächlich. Die Men-

schen in seiner neuen Umgebung dachten mit der Zeit, daß er ein-
fach nicht richtig essen und trinken wolle, und beließen es dabei.

Und meinte es jemand besonders gut mit ihm, lud ihn ein, sich bei
ihm auszuruhen, anzulehnen und wohl zu fühlen – sah der Junge
plötzlich die steinernen Brüste vor sich, spürte ihre Kälte und Härte,
fühlte wieder die maßlose Enttäuschung – und immer dann bekam
er Angst, doch wieder nur enttäuscht zu werden, und ergriff die
Flucht.

Er floh noch oft in seinem Leben. Auch später, als erwachsener
Mensch, lief er häufig davon. Und sehr oft floh er zu Unrecht, denn
viele Menschen meinten es wirklich gut mit ihm. Aber das konnte er
ja nicht wissen.

Eines Nachts träumte er von einem Pfad, der ihn hinführte zu
Menschen, und von Kindern, die ihm den Weg wiesen. Er träumte
von Gesichtern, die ihn aufschlossen, und davon, daß die Angst
wich, daß Freude an guter Nähe in ihm keimte. Und als er erwachte,
hatte die Wirklichkeit eine andere Farbe gewonnen.»[1]

Sehr kritisch ist bei diesem Märchen anzumerken, daß hier die
Schuld am lieblosen Klima der ganzen Familie allein der Frau zuge-
schoben wird. Auch das mürrische Verhalten des Mannes wird ihr
angelastet. Das ist eine sehr einseitige, aber übliche Betrachtungsweise, die den Mann von jeder Verantwortung für sein eigenes
Verhalten freispricht. Statt mürrisch, unzufrieden, launisch und
neidisch zu werden, hätte er ja möglicherweise seinerseits eigene
kompensierende Aktivitäten entwickeln können. Allerdings begegnen wir diesem Phänomen in der Wirklichkeit des Alltags sehr häufig – ein Grund mehr für viele Frauen, die Rolle der Mutter, die sich
in diesem Märchen auch auf den Mann erstrecken soll, jedenfalls
scheint dieser es erwartet zu haben, nicht auf sich nehmen zu wollen. Denn Mütter sind zwar wichtig, das heißt aber nicht, daß sie für
alles verantwortlich sind.

Die nährende Rolle der Mutter, die zu einer bestimmten Zeit natürlich und richtig ist, kann allerdings zu einer anderen Zeit auch
schädlich und beängstigend werden. Das sehen wir am Beispiel des
Traumes einer 38jährigen Frau:

«Ich sitze als Kind mit meinen Geschwistern um den Tisch. Die

Mutter teilt uns allen die Suppe aus. Plötzlich bin ich erwachsen. Ich sehe die Brust meiner Mutter vor mir. Sie ist rissig wie frisch gepflügte Ackererde. Ich stehe auf dieser Erde. Sie ist unregelmäßig und bekommt immer mehr Risse, die tiefer werden, bis es Abgründe und Schluchten sind.»

Im ersten Teil erleben wir die nährende Mutter, wie sie eine für die Kinder wichtige und zu diesem Zeitpunkt richtige Aufgabe erfüllt. Es besteht eine Harmonie zwischen Geben und Nehmen, die Träumerin erlebt Zufriedenheit auf beiden Seiten.

Im zweiten Teil ist das Ich erwachsen geworden. Die Träumerin kann die Beziehung zu ihrer Mutter im Traum über deren Brüste erleben. Sie sieht die Brüste als Acker, erlebt also die Fruchtbarkeit und die nährenden Möglichkeiten. Dann geht sie selbst auf diesem Acker: Die Beziehung zur Mutter dient ihr als Boden, auf dem sie steht. Der Traum kann signalisieren, daß sie noch keinen eigenen Boden unter den Füßen hat, daß sie noch den Standpunkt der Mutter einnimmt. Eine gefährliche Situation in diesem Alter! Andererseits kann der frischgepflügte Acker auch das Bild eigener Mütterlichkeit oder der eigenen Fähigkeit zum Muttersein darstellen. Wir finden hier den Doppelaspekt des mütterlichen Prinzips aufgezeigt: Das mütterliche Prinzip kann nährend sein wie ein gepflügter, bereitgestellter Acker und gleichzeitig verschlingend, es tun sich Abgründe auf.

Dieser Traum macht deutlich, daß es auch auf den Zeitpunkt ankommt, ob das mütterliche Prinzip nährend oder gefährdend wirkt. Zugleich ist es eine Frage des Ausmaßes. Für die Träumerin ist es auf alle Fälle wichtig, sich des Bodens bewußt zu werden, auf dem sie steht und der durch die Brust der Mutter symbolisiert wird. Es wird Zeit für sie, daß sie zu ihrer eigenen inneren Mütterlichkeit findet.

Die Brust hat also neben der körperlich-physiologischen Aufgabe der Nahrungsquelle für das Kind auch eine Aufgabe im seelischen Bereich: Sie ist die erste Quelle eines jeden Menschen für Zärtlichkeit, Körperempfinden und Lust, aber auch die erste Möglichkeit zur aggressiven Auseinandersetzung.

Aber eines müssen wir uns immer wieder vor Augen führen: Die Frau ist nicht primär Mutter. Das Mütterliche macht nur einen Teil des Weiblichen aus. Zudem ist es nicht selbstverständlich vorhanden, sondern es kann entwickelt werden oder nicht. Das jedoch liegt in der Entscheidung einer jeden einzelnen Frau. Es ist ihr gutes Recht, nicht Mutter sein zu wollen.

Für viele Frauen ist ja gerade dies nicht der Weg, den sie sich ausgesucht haben – es gibt große Unterschiede und viele Möglichkeiten. Viele Frauen haben es selbst nie erfahren, was es heißt, wirklich eine Mutter zu haben. Dadurch fehlen ihnen die Orientierungsmöglichkeiten und Vorbilder. Andererseits kann es auch frustrierend sein, auf das Muttersein allein reduziert zu werden.

Wenn sich eine Frau jedoch dafür entschieden hat, ihre mütterlichen Funktionen zu entwickeln und wahrzunehmen, ist es wichtig für sie, für ihr Kind und für eine möglicherweise vorhandene Familie, zu wissen, welchen Einfluß und welche Macht sie damit ausüben kann.

Als Symbol dieser Macht kann die weibliche Brust angesehen werden.

Die seelische Bedeutung
der weiblichen Brust

Die Brust hat biologische und physiologische Funktionen im sexuellen und mütterlichen Bereich. Sie verkörpert Entwicklung und körperliche Reife der Frau. Sie kann körperliche Lust bereiten und spiegelt die sexuelle Erregung körperlich deutlich wider. Sie stellt Milch für die Ernährung des Neugeborenen bereit.

Die Brust hat auch seelische Funktionen. Sie bereitet das junge Mädchen auf die Auseinandersetzung mit ihrem Frauwerden und Frausein vor. Die wachsende Brust muß in das Körperbild seelisch aufgenommen werden, und die alternde Brust muß ebenfalls als Veränderung integriert werden. Die Brust kann der Frau lustvolle Gefühle bereiten. Sie stellt eine der Potenzen der Frau dar und ist ein wichtiger Faktor ihrer Macht. Die Brust ist ein Kommunikations- und Verbindungsorgan und kann der Frau die Gefühle von Nähe, ja sogar von Verschmelzung mit einem anderen Menschen verschaffen. Damit kann eine Frau ihre Einsamkeit überbrücken und die Wünsche nach dem verlorenen Paradies der Vereinigung, der «Einheitswirklichkeit», wenigstens zeitweise erfüllen.

Zur Rolle der Brust in der Entwicklung der Frau und zu ihrer Bedeutung für ihr Körperbild und ihr Selbstbewußtsein haben wir in den vorangegangenen Kapiteln genügend Beispiele gesehen. Beschäftigen wir uns im Folgenden nun mit den Begriffen der Potenz und der Macht und mit den verbindenden Fähigkeiten der Brust.

Was ist denn das eigentlich – Potenz?

Um die derzeitigen Ansichten zu verstehen, sind erst einmal wieder einige Begriffsbestimmungen und Überlegungen nötig. Der Begriff der Potenz wird in unserer Kultur der männlichen Fähigkeit zur Ausübung des Geschlechtsverkehrs und des Zeugens zugeordnet.

So finden wir im Psychologischen Wörterbuch folgende Definition von Potenz: *«Fähigkeit, besonders auch die noch latente Kraft. Männliche Tüchtigkeit zum Geschlechtsverkehr und zur Fortpflanzung. Potenzstörungen, Synonym Impotenz usw.»* Und unter «Impotenz» finden wir, daß dies die Unfähigkeit des Mannes zur sexuellen Aktivität beziehungsweise zur Zeugung sei, nicht etwa «Kraftlosigkeit» oder «Unfähigkeit» allgemein.

Männliche Sexualität und «Zeugungskraft» werden demnach als einzige Art von «Potenz» angesehen – eine Sichtweise, die aufzeigt, wie tief verwurzelt die Bereitschaft ist, das männliche Prinzip zum potenten Prinzip zu erklären und im Zeugungsakt lediglich eine männliche Leistung zu sehen, die im Bereitstellen und Übermitteln von männlichen Zellen besteht.

Um die Bedeutung des Folgenden zu verstehen, muß hier etwas weiter ausgeholt werden. Es gibt kein passendes Wort, das den Vorgang der Zeugung, also der Lebensentstehung so ausdrückt, daß darin die Beteiligung beider Partner sichtbar würde und damit auch die Potenz beider an der Lebensentstehung beteiligten Partner. Auch das Wort «be-fruchten» weist in diese Richtung: Der Mann befruchtet, befruchtet wird die Frau.

Gewiß ist es so, daß die Aktivität des Mannes die sichtbarere und spektakulärere ist. Sie ist mit mehr äußerer Bewegung und Aktivität verbunden. Im weiblichen Körper finden jedoch viel nachdrücklichere Bewegungen statt: So löst sich das Ei von den Eierstöcken, wandert die Eileiter hinunter und nistet sich aktiv in der Schleimhaut der Gebärmutter ein: alles aktive, gezielte Wander-, Verwurzelungs- und Wachstumsvorgänge. Aber nicht nur das: Die Sekrete der Frau und ihre Muskelkontraktionen machen den Spermienwettlauf erst möglich. Die Suchwanderung der männlichen Geschlechtszellen wirkt freilich eindrucksvoller, aber nur eine einzige von etwa 400 Millionen kann überhaupt ihr Ziel erreichen. Die anderen haben sich vergeblich auf den Weg gemacht. Die Wanderung der Eizelle ist gezielter, nachdrücklicher, kraftvoller, allerdings nach außen hin nicht sichtbar und damit weniger auffällig.

Ein Begriff, der die Beteiligung beider einschlösse, könnte das Wort «Verschmelzung» oder «Vereinigung» sein. Diese Begriffe sind aber sprachlich mit einer Summe von Bedeutungen aus anderen Bereichen beladen, und damit sind sie nicht mehr eindeutig genug.

Das gleiche gilt auch für den Begriff «be-leben» zur Beschreibung dieses Vorgangs. Das wäre wohl das schönste und treffendste Wort, aber auch dieses Wort gibt es nur in einer zu allgemeinen Bedeutung. Es ist typisch und symptomatisch, daß es ein Wort für die Beteiligung beider nicht gibt.

Von der Frau her gibt es das Wort «empfangen»; das meint keine Potenz und keine Fähigkeit, sondern eben ein passives Hinnehmen, etwas geschehen lassen; es wirkt dumpf und seelenlos, weil ohne aktive, vitale Anteile. Das hat nichts mit der Lebenswirklichkeit zu tun. Für die einzelne Frau kann das «Empfangen» durchaus mit tiefen Gefühlen und großer Aktivität verbunden sein. In diesem Begriff selbst liegt jedenfalls kein Hinweis auf seine eigentliche Bedeutung. Hier geht es um die sprachliche Abgrenzung und darum, daß wir wieder einmal mehr verstehen, was geschieht, wenn ein Inhalt unzutreffend ausgedrückt wird und eine Darstellung dadurch einseitig ist.

Auch die Bezeichnung «Samen» für die männlichen Geschlechtszellen ist in ähnlicher Weise irreführend. Der Samen einer Pflanze enthält nämlich alle Anlagen in sich für das neue Lebewesen, er wird in die Erde gesät, und aus ihm allein entsteht die gesamte neue Pflanze. Die Erde liefert nur – passiv – den Nährboden. Das gilt für die Pflanze – bei Tier und Mensch trifft eine solche Wortwahl den Sachverhalt überhaupt nicht.

Die Schwangerschaft wird in unserer Sprache zum «Austragen» der Frucht, also zum passiven Akt. Die zum Teil stürmischen Wachstumsvorgänge des Embryos und die Umwandlungen und Veränderungen im Körper der Frau sind in diesem Wort überhaupt nicht dargestellt, und die Geburt selbst wird zur Entbindung. Es geschieht etwas mit der Frau, sie hat nicht etwa die Fähigkeit, selbst etwas zu tun: Der Arzt (es gibt wenige Gynäkologinnen) entbindet, die Frau wird entbunden. Es geschieht ihr. Der Aktive ist auch hier meist wieder ein Mann: der Geburtshelfer. Eine vorhandene Potenz der Frau wird also durch den Sprachgebrauch negiert, die Bedeutung eines äußerst aktiven Vorganges wie Schwangerschaft und Geburt wird geleugnet. Dabei finden die eingreifendsten, aktivsten und größten physiologischen Veränderungen im menschlichen Körper überhaupt während einer Schwangerschaft, Geburt und während der Nährzeit statt.

Ebenso wird sprachlich mit der Potenz des Nährens verfahren. Es ist bereits dargestellt worden, daß der Vorgang selbst, technisch gesehen, genau der gleiche ist wie der des Geschlechtsverkehrs, wobei es allerdings auch erhebliche Unterschiede gibt, die wir uns später noch genauer ansehen wollen.

Potenz heißt aber ursprünglich Fähigkeit. Damit ist jedoch nicht eine erlernbare Fähigkeit gemeint, wie etwa die Fähigkeit, eine gute Mahlzeit zu kochen oder komplizierte Gleichungen zu lösen, sondern eine nicht erlernbare, in der Anlage verwurzelte untrennbar zugehörige, artbestimmende, überindividuelle Fähigkeit. Potenz ist eine Fähigkeit, die unabhängig von der Persönlichkeitsentwicklung eines Individuums gewissermaßen zu seiner biologischen Ausstattung gehört. Die Fähigkeit selbst ist angeboren, Ausbildung und Ausgestaltung allerdings hängen von der Lebensgeschichte, der inneren und persönlichen Entwicklung und dem Selbstverständnis des oder der einzelnen ab. Damit besteht ein enger Zusammenhang mit dem Selbstwertgefühl – eine weitere Möglichkeit, das Thema der weiblichen Potenzen und deren Leugnung und die Auswirkungen auf die Rolle der Frau zu verstehen. Da es sprachlich keine weibliche Potenz gibt, kann eine Frau kein Verständnis für ihre eigenen Potenzen entwickeln. Damit fehlt ihr im tiefsten das Selbstverständnis und das Selbstwertgefühl, die Definition aus sich selbst heraus und nicht aus dem Bezug zum Mann.

Kehren wir noch einmal zum Begriff der Potenz zurück. Um diesen Begriff noch klarer zu erfassen, müssen wir unterscheiden zwischen Potenz und Potenzverwirklichung. Potenz ist eine Eigenschaft, eine besondere seelische Fähigkeit, deren Eigenart den Menschen als weiblich oder männlich bestimmt. Der Begriff «Potenzverwirklichung», den es sprachlich nicht gibt, bezeichnet einen körperlichen Vorgang, zu dem entsprechende körperliche Voraussetzungen, wie eine Steuerung durch bestimmte Hormone, erforderlich sind. Zur Potenzverwirklichung gehört auch ein Objekt im weitesten Sinne, während die Potenz als mögliche Fähigkeit, als Eigenschaft für sich, unabhängig von der Verwirklichung besteht.

Weiterhin ist deutlich zu unterscheiden zwischen Potenz und Trieb, auch hier ist eine klare Differenzierung und Definition unbedingt notwendig. Das, was als «Potenz» des Mannes bezeichnet wird, ist oft sein Wunsch nach Trieberfüllung. Im Sprachgebrauch werden diese Begriffe üblicherweise nicht getrennt, so daß es zu Verständigungsschwierigkeiten kommen muß.

Unterschiede zwischen Frau und Mann in der Potenz liegen unter anderem darin, daß die Potenz einer Frau viel mehr von der Natur her bestimmt wird. Sie kann nicht selbst bewußt bestimmen, wann es zur Potenzverwirklichung kommt. Die Frau folgt natürlichen Regeln viel stärker als der Mann. Das sehen wir beispielsweise an der Menstruation, die zyklisch wiederkehrt und als «Periode» bezeichnet wird. Hier drückt sich die zyklische Wiederkehr und die Regelung durch natürliche Kräfte, die die Frau nicht selbst bestimmen kann, deutlich aus. Warten müssen, abwarten können sind wichtige Voraussetzungen dafür, etwas werden oder reifen zu lassen, den richtigen Zeitpunkt für bestimmte Vorgänge zuzulassen. Eine Frau bestimmt natürlicherweise auch nicht bewußt, wann sie schwanger wird und gebiert, und damit auch nicht, wann sie nährt. Dem widerspricht nicht, daß sie sich heutzutage durch Einnahme von Hormonpräparaten dem Regelkreis der Natur entziehen und sich ihrem eigenen Rhythmus damit entfremden kann. Gleichzeitig gewinnt sie durch die Einnahme von Hormonpräparaten die Freiheit, über Konzeption und damit über ihr eigenes Schicksal selbst bestimmen zu können. Als ein – im Gegensatz dazu – pathologischer, neurotischer Versuch, sich den natürlichen Regeln zu entziehen, kann die Magersucht betrachtet werden.

Eine Potenz besteht jedenfalls immer; verwirklicht werden kann sie nur dann, wenn bestimmte Voraussetzungen erfüllt sind. So ist auch das Vorhandensein einer Potenz nicht an das Alter gebunden, sondern an das «Frausein» oder «Mannsein». Eine Potenz im weitesten Sinne ist also unabhängig davon vorhanden, ob sie ausgeübt wird oder nicht, ja sogar auch davon, ob sie überhaupt noch ausgeübt werden kann. Ein Mann behält auch dann, wenn er zeugungsunfähig geworden ist, seinen Status als «Mann». Allerdings wird er spüren und darunter leiden, daß ihm etwas Wichtiges verlorengegangen ist, nämlich seine Möglichkeit zur Potenzverwirklichung. Ähnliches spielt sich bei der Frau im Verlauf des Alterns mit dem Gefühl für die Potenz des Gebärens und des Nährens ab.

Dem Mann spricht man durchaus die Lebensberechtigung auch dann noch zu, wenn er impotent ist. Über Frauen schrieb 1972 der amerikanische «Sex-Spezialist» David Reuben:

«Ihre Eierstöcke überlebt zu haben, bedeutet vielleicht wirklich, daß sie ihre Nützlichkeit als menschliches Wesen überlebt haben. Die restlichen Jahre sind für sie vielleicht nur ein Auf-der-Stelle-Treten, bis sie ihren Drüsen in die Vergessenheit nachfolgen.» [1]

Bei solchen Einstellungen ist es nicht schwer, zu verstehen, daß Frauen in unserer Kultur so wenig Selbstbewußtsein haben. Es ist auch nicht schwierig, zu verstehen, warum vielen das Vorhandensein ihrer Potenz nicht bewußt ist. Potenzen werden der Frau nicht zugestanden, und es gibt keine Bezeichnungen dafür. Die Brust ist aber das Organ, das eine entscheidende wichtige weibliche Potenz verkörpert und darstellt. Wenn wir das begreifen, können wir die schwerwiegenden Auswirkungen einer Brustamputation auf Frauen oder die völlige Verdrängung seelischen Leidens bei Brustamputationen besser verstehen.

Die Fähigkeit des Nährens ist also eine Potenz. Auf die Fähigkeit des «primären Nährens» konnte ursprünglich nicht verzichtet werden. Notfalls mußte dafür eine Ersatzperson, eine Amme, eingesetzt werden. Diese spielte dann häufig eine wichtige Rolle für das Kind, die auch nach Beendigung der Brusternährung erhalten blieb. Das eigene Kind der Amme und das genährte wurden «Milchgeschwister». Die Amme wird also gewissermaßen der Mutter gleichgesetzt, das heißt, durch die Brust wird eine starke Bindung geschaffen.

«Amme» ist das Wort für Pflegemutter, Ziehmutter, Kinderfrau. In manchen Gegenden wird damit mundartlich noch die Mutter, häufiger die Großmutter benannt. Da es aus einem Lallwort der Kindersprache entstand, ist es in vielen Sprachen gleichlautend. Vermutlich geht das lateinische Wort für «lieben», amare, aus dem gleichen Wortstamm hervor. So sind «nähren» und «lieben» über das Wort Amme sprachlich eng verbunden.

Adoptionsriten fanden häufig in der Form statt, daß das zu adoptierende Kind an die Brust der Frau gelegt wurde: Wer die Milch einer Frau trinkt, der wird zu ihrem Kind. Das zeigt, daß Gebären und Nähren in ihrer Bedeutung nahezu gleichwertig gesehen wurden. Gebären ohne Nähren wäre eine sinnlose Produktion von Menschen ohne Weiterführung, ohne Wachstumsmöglichkeit und Entwicklungschance. Das, was entstanden ist, muß die Möglichkeit haben, zu dem zu werden, was es werden kann. Ein Neugeborenes bekommt durch die Ernährung die Chance, ein erwachsener Mensch zu werden. Der unentbehrliche Sinn des Nährens, die Potenz der Brust, liegt im Weiterführen, im Wachsenlassen auf etwas Neues, anderes zu, im Erhalten der Lebenssubstanz. Damit das sogenannte Zeugen und das Gebären sinnvoll werden, ist das Nähren unabdingbare, lebensnotwendige Voraussetzung.

Eine unumgänglich lebensnotwendige Fähigkeit zu besitzen heißt gleichzeitig, über einen Machtfaktor zu verfügen. Das Nähren ist also auch ein Machtfaktor, denn jemand, der eine lebensnotwendige Fähigkeit versagt, ist mächtig. Wer die Fähigkeit des Nährens zur Verfügung stellt oder verweigert, ist in der Lage, über Leben und Tod zu entscheiden. Wer überfüttert und erstickt, entscheidet ebenfalls über Leben und Tod. Wer fähig ist, Nahrung zu vergiften, ist ebenfalls mächtig. Das macht die Fähigkeit des Nährens zu einer besonderen, elementar wichtigen Quelle einer Macht, die letztlich über Sein oder Nichtsein des Einzelmenschen – der Menschheit – entscheidet.

Übrigens bearbeitete die Frau ursprünglich auch die Felder und machte sie fruchtbar. Das hat sich in einigen Kulturen bis heute erhalten. Sie brachte die Ernte ein und verwertete sie. Sie bereitet noch heute die Nahrung zu. Sie führte damit ihre Fähigkeit als Ernährerin über das «primäre Nähren» hinaus weiter fort. Sie verfügte also nicht nur über die Macht, das Neugeborene zu nähren – oder nicht, sie hatte in dieser Rolle Macht über ganze Familienzusammenschlüsse. Wir sehen hier auch die natürlichen Möglichkeiten weiblicher Aggression, die sich ja nicht in Muskelstärke oder Waffengewalt zeigt, sondern in der Verweigerung von lebensnotwendigen Substanzen oder in Erstickung, Vergiftung, Überfütterung.

Was ist im Laufe der Zeit aus dieser natürlichen weiblichen Machtquelle, die das primäre Nähren darstellt, geworden?

Der Mann ist wie selbstverständlich zum «Ernährer» der Familie geworden. Er hat in der Form des «sekundären Ernährens», durch das Betreiben von Tauschhandel und später der Erfindung des Geldes als Nahrungsäquivalent, in der Entwicklung hochspezialisierter Maschinen zur Feldbestellung und zur Erzielung besserer Ernten, sich dieser Macht bemächtigt. Das primäre Nähren ist zum «Stillen» geworden, ersetzbar durch künstliche, industriell hergestellte Säuglingsnahrung. Die weibliche Brust ist so vom lebensnotwendigen, Potenz und Macht verkörpernden Organ zum nutzlosen Anhängsel degradiert worden, das nur noch ästhetischen Zwecken dienen soll. Auf diese Art wurde die Funktion der Brust herabgesetzt, abgewertet, «amputiert». Das bedeutet nicht nur einen Verlust an Potenz, sondern auch an Macht.

In diesem Zusammenhang ist ein Verhalten aus einem außereuropäischen Kulturkreis aufschlußreich, in dem der ursprüngliche Bezug zum Machtaspekt der weiblichen Brust noch gelebt wird. Ganz offenkundig wird sie nämlich in Form einer Drohgeste eingesetzt, wie sie Eibl-Eibesfeld[2] in Neuguinea bei den Eipo gefunden hat: Werden Frauen überrascht und fühlen sie sich bedroht, ergreifen sie eine oder beide Brüste. Nährende Mütter drücken dabei Milch aus. Eibl interpretiert das Brustweisen als eine beschwichtigende Gebärde; uns erscheint sie eher als eine ausgesprochen aggressive Demonstration weiblicher Macht, die durch ihr Kraftpotential den Feind – sei es nun ein Mensch oder ein Geist – erschrecken soll: Dämonenabwehr durch Entgegenstellen von mindestens gleichwertiger Kraft.

Das Brustweisen ist auch bei den Maori üblich gewesen, wie es noch alte Statuen zeigen. Den Spaniern, die im Zeitalter der Entdeckungen den südamerikanischen Kontinent eroberten, schickten die Eingeborenen Frauen entgegen, die den Angreifern die Brust präsentieren und Milch spritzen sollten, um sie abzuwehren.

Das Gefühl für die bedrohliche Macht der weiblichen Brust ist in unserem Bewußtsein verlorengegangen. Daß sie unbewußt noch vorhanden ist, zeigen die Zeichnungen eines 39jährigen Mannes (Seite 142 ff).

Aber sehen wir uns nun die dritte der seelisch wirksamen Funktionen der Brust an, nämlich ihre Fähigkeit, die körperliche und seelische Vereinigung herzustellen.

Eine uralte Vorstellung der Menschen ist die, daß Himmel und Erde, Göttliches und Menschliches, Weibliches und Männliches nichts Getrenntes sind, sondern als ursprüngliche Einheitswirklichkeit und Ganzheit bestehen. Die Trennung der Ganzheit oder der Einheit wird als gewalttätig erlebt, die Ganzheit als Paradies, die

Trennung als Ende der paradiesischen Zustände. Mit der Unterscheidungsfähigkeit beendete der Mensch selbst die Paradiessituation.

Die Unterscheidungsfähigkeit hat, wie alle Fähigkeiten, zwei Seiten: Mit ihr gewinnt der Mensch das Bewußtsein für sich selbst als Einzelwesen. Aber als Einzelwesen ist er einsam: Einsamkeit ist der Preis für die Unterscheidungsfähigkeit. Will er nicht einsam bleiben, so muß er in Beziehung zu anderen treten; er muß sich Beziehungsobjekte suchen. Unsere Freiheit als Individuum und die Chance der Unterscheidungsfähigkeit liegen darin, daß wir wählen können: das Beziehungsobjekt, die Nähe, die Dauer – vorausgesetzt, daß wir beziehungsfähig sind. Denn beide Individuen, das Ich und das Du, werden in einer Beziehung verändert, und das, was sich zwischen ihnen ereignet, ist das, was wirkt: Es schafft Wirklichkeit. «Hier allein gibt es denn auch als unverlierbare Wirklichkeit Schauen und Geschautwerden, Erkennen und Erkanntwerden, Lieben und Geliebtwerden.»[3]

Die Sehnsucht nach der Begegnung, der Beziehung, dem «Wir» ist gleichzeitig die Sehnsucht nach dem Zustand des «Nichtunterschiedenseins», der Verschmelzung, der Symbiose, nach dem Paradies. Der Preis dafür wäre die Aufgabe der Unterscheidungsfähigkeit – und das geht nicht, denn wir können eine vorhandene Fähigkeit nicht einfach aufgeben, wenn wir das wollen. Wir können sie nur verlieren. Und wenn wir etwas verloren haben, sind wir ärmer als vorher. Wenn wir das nicht wollen, uns selbst aufzugeben, dann müssen wir uns bescheiden. Das heißt: Einzelwesen bleiben im Bewußtsein der Unterscheidungsfähigkeit mit der Chance, in Beziehung zu einem Du zu treten und für einen Augenblick im «Wir» die Ganzheit, das verlorene Paradies, zu verwirklichen. Diese Möglichkeit haben wir, sofern wir Unterscheidungsfähigkeit besitzen, das heißt ein einigermaßen stabiles Selbst, und zwar sowohl im seelischen wie im körperlichen Bereich.

Die einzige wirklich untrennbare körperliche Ganzheit allerdings ist in unserer Realität diejenige, die das ungeborene Kind und seine Mutter miteinander erleben. Mit der Geburt ist die Trennung und der Augenblick der Unterscheidung gekommen. Die Nabelschnur ist irreversibel durchgeschnitten, das Kind ein von seiner Mutter Abgetrenntes und aus der vorherigen Ganzheit Entlassenes. Aller dings kann ein neugeborenes Kind diese Wirklichkeit noch nicht wahrnehmen, es erlebt die Mutter immer noch als Teil von sich und sich als Teil der Mutter. Zu einer Vereinigung von beiden kommt es wieder beim Nähren. Mutter und Kind verschmelzen über Brust und Mund zur Dyade, zum Doppelwesen, und während des Zeitraums der Verschmelzung, die beiden Lust- und Zusammengehörigkeitsgefühl vermittelt, wird eine lebenswichtige Substanz übertragen. Die Trennung ist überwunden, die Verbundenheit ist wiederhergestellt, die Ganzheit für einen Augenblick wieder erlebbar.

Auch im Geschlechtsverkehr findet für einen Augenblick die Aufhebung von Frau und Mann, von Ich und Du zu einem neuen Wesen, zum Wir, statt. Trivial nennt man zwei Menschen, die den Geschlechtsverkehr ausüben: «das Tier mit den zwei Rücken», wobei allerdings die Art der Vereinigung von Angesicht zu Angesicht spezifisch menschlich ist. Dieser an sich wenig schöne Ausdruck bezeichnet jedoch die körperliche Einheit und die Neuartigkeit des so entstehenden Wesens «Wir». Es entsteht für kurze Zeit ein androgynes Wesen, das nicht mehr weiblich und männlich, sondern ganzheitlich ist. Die Unterscheidung ist überwunden.

In beiden Situationen wird körperliche Ganzheit erreicht und Trennung aufgehoben über das herausragende Organ des einen Menschen, das einen Hohlraum des anderen Menschen ausfüllt; damit wird eine Dyade, Verschmelzung zur Einheit, Symbiose hergestellt. Die erste Vereinigungsmöglichkeit eines jeden Menschen mit einem anderen ist die über Brust und Mund. Die zweite, spätere, ist die über Penis und Vagina. Mit beidem wird seelisch das gleiche erreicht: Beides schafft Nähe und überbrückt Grenzen, und beides erfüllt lustvoll einen ursprünglichen Menschheitswunsch.

Körperliche Vereinigung ist als technischer Vorgang sehr wohl isoliert möglich, also ohne gleichzeitig zur Einheitswirklichkeit zu führen, wenn die seelische Vereinigung ausbleibt. Das Körperliche kann Selbstzweck bleiben, ohne zur Brücke zwischen zwei Einsamkeiten zu werden. Dann bleibt das Erlebnis der Ganzheit aus, denn ein technischer Vorgang für sich kann nicht zum Symbol werden. Das Resultat ist die Scham voreinander. Menschen, die die Vereinigung mißbrauchen, schämen sich, sofern sie ein Mindest maß an Bewußtheit besitzen. Menschen, die miteinander eine Ganzheitlichkeit erlebt haben, müssen sich nicht mehr voreinander schämen. Denn Scham trennt und isoliert zusätzlich und nachdrücklich.

Das Erleben des Sich-Schämens ist so verbreitet, daß wir – wenn wir es nicht auch so wüßten – daraus schließen können, wie selten Ganzheit verwirklicht wird. Selbst das Nähren in der Öffentlichkeit gilt für viele als anstößig, viel mehr noch Sexualität. Beides wäre nicht so tabuisiert und würde nicht als so peinlich erlebt, wenn der mögliche Sinngehalt bewußter wäre. Übrigens ist Schamlosigkeit nicht ein Zeichen für Selbstverwirklichung, sondern weniger noch als Scham: Verlust selbst dieses Gefühls, dessen Bewußtwerden uns doch verrät, daß etwas nicht in Ordnung ist. Und mit dem Verlust des Schamgefühls geht der Verlust der Möglichkeit einher, uns mit unseren Wünschen und unseren Defiziten auseinanderzusetzen. Wenn wir uns noch schämen können, dann sind wir noch in der Lage, uns die Frage zu stellen, worüber und warum.

Wie weit der Versuch und die Sehnsucht nach Verschmelzung gehen, sehen wir daran, daß der Mensch noch weitere Vereinigungsmöglichkeiten für sich nutzt, so beim Zungenkuß, mit dem sich Menschen verbinden. Dieser Kuß nimmt die sexuelle Vereinigung voraus und vertieft und verstärkt sie. Das gleiche gilt bei oralgenitalen Kontakten. Auch sie entspringen dem Wunsch nach der Lust und der Verwirklichung von Vereinigung und Verschmelzung.

Für den Mann hat die weibliche Brust während des Liebesaktes durchaus auch eine Vereinigungsfunktion, bei ihrer Liebkosung mit dem Mund findet ebenfalls eine Verbindung statt und eine Wiederholung der ersten Verschmelzungsmöglichkeit, die jeder Mensch hat – und nach der er sich immer wieder sehnt.

Der uns von seinen Zeichnungen her schon bekannte 39jährige Mann (Seite 101) stellt diese Sehnsucht dar.

In seiner Phantasie sieht er eine Landschaft mit fruchtbaren Feldern und weichen, runden Hügelzügen. Der hinterste der Hügel ist dunkler und gegliedert. Diesem gilt seine ganze Aufmerksamkeit. Der Hügel taucht auf und wird größer. Er wird überdimensional groß und nimmt zusehends die Form eines menschlichen Gehirns an. In der Vorstellung dieses Mannes ruft Rundes immer die Assoziation mit Brüsten hervor. Zwar ist es sein Wunsch, daß das Gehirn, die Ratio, alles überragen möge. Zuerst scheint ja auch das

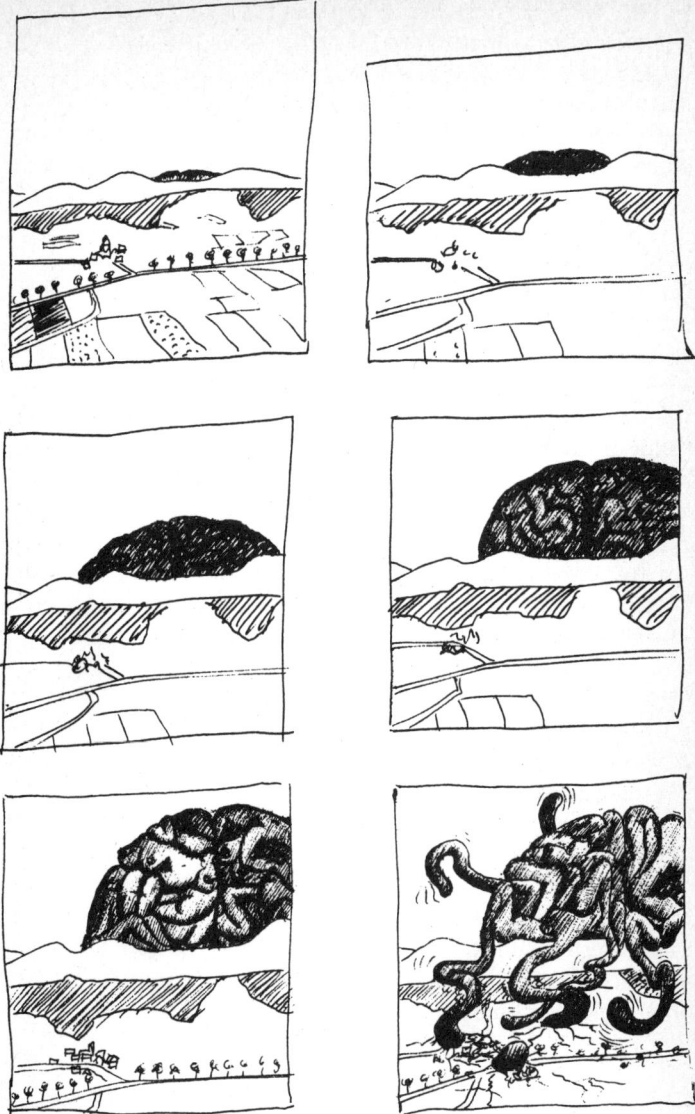

Gehirn über diese Landschaft der runden Hügel, der fruchtbaren Felder, zu dominieren. Aber aus den Gehirnwindungen entstehen doch wieder Frauenkörper mit Brüsten, die sich entknäulen. Sie zerstören die Anzeichen menschlicher Ordnung, nämlich Dorf und Straße. Sie vernichten als chaotische Kräfte zuerst die Struktur des menschlichen Gehirns und in der Folge auch menschliche Konstruktionen, Arbeit, erdachte Ordnung. Aber auch die Fruchtbarkeit der Felder, also auch die positive Weiblichkeit, wird vernichtet. Es sind destruktive weibliche Kräfte, die diesen Mann zu Resignation und Regression bringen. Er sucht ja zwanghaft, über die weibliche Brust den Zustand der Einheitswirklichkeit zu erreichen und seine Einsamkeit, mit der er nicht leben kann, zu überbrücken. Aber das kann nicht gelingen, denn er hat ja das kleinkindliche Ziel der Dauerverschmelzung, er akzeptiert das Unterschiedensein und damit die Trennung nicht, und er sucht, wie ein kleines Kind, das Paradies nur im Körperlichen. Am Traum der 38jährigen Frau, in dem sich die Brust ihrer Mutter gefährlich mit Abgründen und Schluchten überzieht (Seite 125 / 126), haben wir gesehen, wie destruktiv unzeitgemäße Einstellungen sind. Das erlebt auch dieser Mann: Das Weibliche zeigt ihm nur seine zerstörende Seite. Er drückt dies so aus:

«Hier stehe ich nun und komm' nicht weiter –
wie ich's auch wünscht, werd nicht gescheiter!
Will selbst mich immer besiegen lassen
von den betörenden Fleischesmassen,
gefangen in der Leidenschaft,
die frevelnd wütet mit meiner Kraft,
möcht zügeln die meuternde Herde,
sie wissend führen zu neuer Erde,
zu neuem Sein,
frei von Trug und Schein,
– noch zieht's mich zurück
ins weiche, warme Glück.»

In einer anderen Bildfolge dieses Mannes spielt die weibliche Brust ebenfalls eine zentrale Rolle. Zwei Männer, der Zeichner selbst und ein Freund, allerdings keine bestimmte, reale Person, sondern ein

alter ego, gehen durch eine Wüstenlandschaft, an deren Horizont sich fünf Hügel abzuzeichnen beginnen. Als sie näher darauf zugehen, wirken diese Hügel wie die fünf Finger einer Hand. Dann stellt sich heraus, daß es Frauenoberkörper mit üppigen Brüsten – ohne Köpfe und Arme – sind. Die beiden Wüstenwanderer werden fasziniert angezogen, sie gehen um die Figuren herum, um sie sich genau zu betrachten. Inzwischen sind die Frauenkörper um ein Vielfaches größer geworden als die beiden Männer. Als sie hinter die Figuren gelangen, sehen sie, daß sie hohl sind. Aber zu spät erkennen sie die Gefahr: Eine Figur kippt um und schließt die beiden in ihren Hohlraum ein.

Faszination ist gefährlich: Die beiden Wanderer verlieren die Fähigkeit, die Gefahr zu sehen, die vom überdimensional Weiblichen, das zudem keine Substanz hat, ausgeht. Noch deutlicher als bei der vorhergegangenen Bilderserie sehen wir hier, wie sich für diesen Mann – wie für ein kleines Kind – das Weibliche, verkörpert durch die Brust, übergroß darstellt, verlockend, anziehend; aber letztlich ist es für ihn nur Attrappe, ohne Inhalt. So kann seine Sehnsucht nie erfüllt werden, denn für ihn ist Weibliches nur eine leere Hülle, daher aggressiv und zerstörend.

Aber was geschieht nun mit den Gefangenen? In verwandelter Form, als winziges Kind, erscheint er allein wieder, jetzt Bestandteil der Mamille, mit der er an den Füßen verwachsen ist. Er versucht, aufzustehen, fällt aber kraftlos wieder um. Sintflutartiger Regen setzt ein, versucht, ihn wegzuschwemmen, er ist hilflos, ausgeliefert wie ein Neugeborenes.

Das Weibliche, das ihn gefangengenommen hat, entläßt ihn hilfloser als zuvor. Er ist vom Erwachsenen zum Neugeborenen geworden und hat sein alter ego, seine Begleitperson, verloren. Aber Geburt ist auch Neubeginn. Noch kann er seine Chance nicht nutzen, denn er ist noch nicht vom Mütterlichen getrennt, noch mit ihm verwachsen.

Der Regen hilft ihm nicht – aber dann scheint die Sonne. Er kann sich hinsetzen und schließlich auch erheben. Er streckt sich zur Sonne, greift nach ihr und läßt sich von ihr emporheben.

Hat er nun Zugang zu einem neuen Bewußtsein erreicht und ist er dadurch befreit worden? Oder ist er zu anspruchsvoll, weil er zwar nicht nach den Sternen, wohl aber nach der Sonne greift? Schon

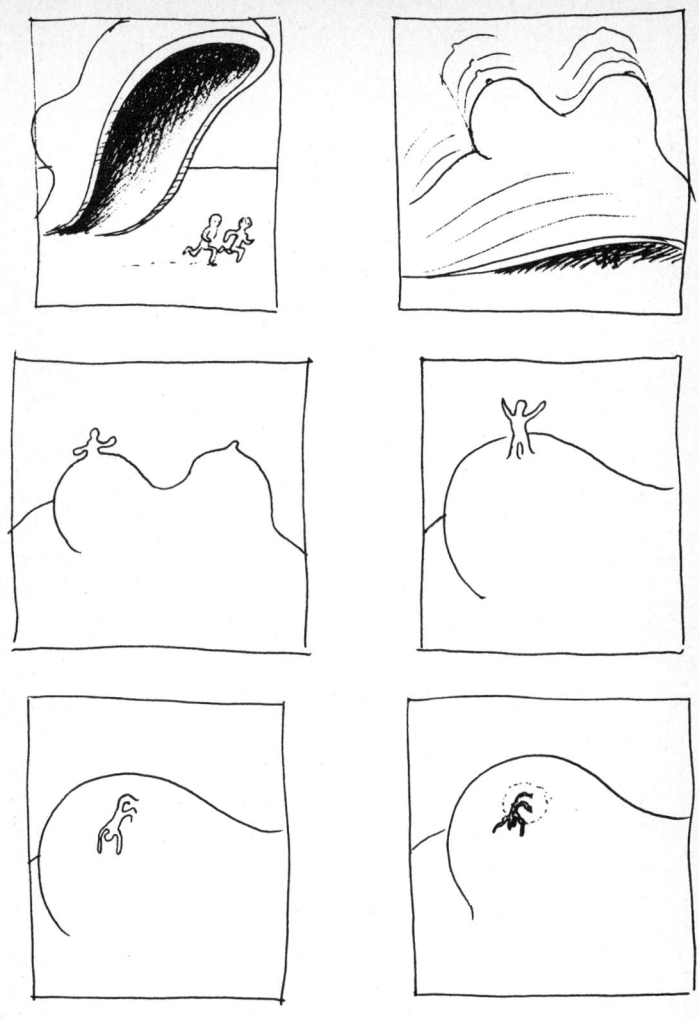

Ikaros kam der Sonne zu nahe und stürzte ab. Das geschieht ihm auch. Er ist zwar für dieses Mal befreit, hat aber keine eigenen Füße zum Stehen, er hat keinen Standpunkt. Er fällt zurück auf die Mut-

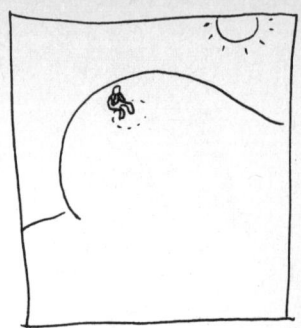

ter Erde. Und die Brust, von der er sich losgerissen hat, scheint ein hämisch grinsendes Gesicht zu haben. Die Befreiung ist nicht gelungen. Es bleibt letztlich alles beim alten.

Die fehlende Fähigkeit zur Veränderung weist darauf hin, daß sich dieser Mann neurotisch verhält. Die Brust erweist sich nicht als nährend, sondern als festhaltend und hindernd. Denn er ist nicht in der Lage, hinter dem Äußeren, Vordergründigen den Inhalt, das Seelische zu suchen. Das ist einerseits Folge seines persönlichen Schicksals, aber andererseits auch Folge der kulturbedingten Sinnentleerung des Weiblichen, die uns aus vorangegangenen Kapiteln immer wieder deutlich wurde. Die katastrophalen Folgen werden hier anschaulich dargestellt.

Unrealistische und unrealisierbare Wünsche verhindern die Entwicklung, sie hindern aber auch daran, Realisierbares wahrzunehmen und zu nützen.

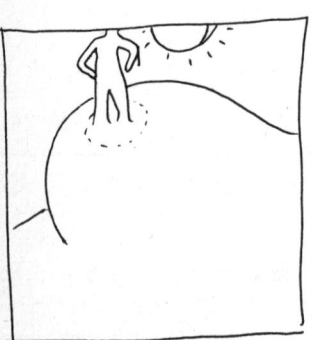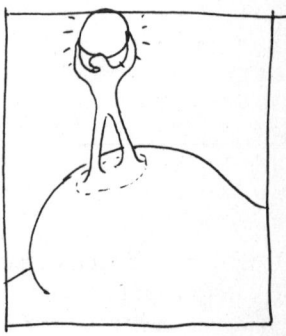

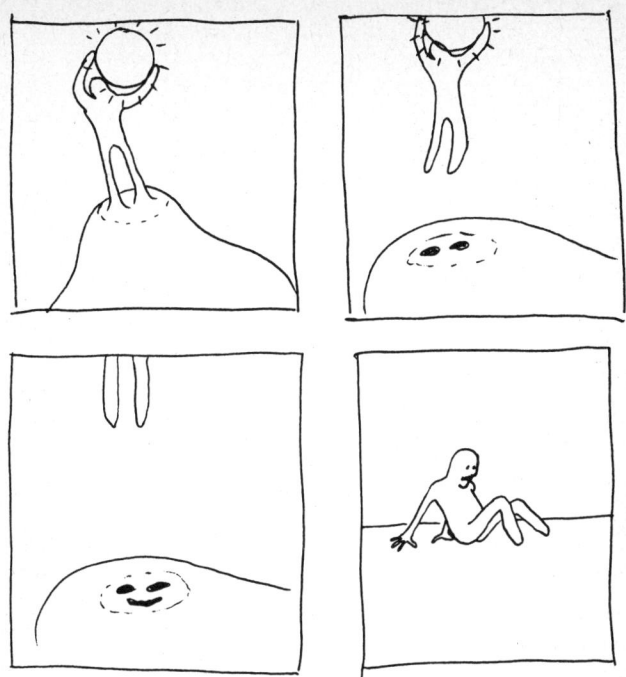

Aber zurück zur natürlichen Verbindungsfunktion der Brust.

Beides gibt es: den Wunsch wie die Notwendigkeit zur Vereinigung und zur zeitlich begrenzten Verschmelzung. Es gibt keine natürliche Möglichkeit, daß ein Organismus sich mit einem anderen verbindet oder sogar eine Substanz von einem anderen aufnimmt ohne die körperliche Verbindung. Durch die Übertragung und Aufnahme einer Substanz von einem Organismus zum anderen geschieht eine Veränderung, es wird etwas bewirkt. Die Übertragung von Nahrung – Milch – bewirkt Wachsen und Stärke. Die Übertragung von männlicher Samenflüssigkeit wirkt mit beim Werden und Entstehen. Beides geschieht im Miteinander. Beide Beteiligten sind aktiv. Beide nehmen gleichermaßen an diesem Vorgang teil. Die Aktivität des oder der einen ist das Geben, die des oder der anderen nicht etwa nur das Aufnehmen, sondern zusätzlich das Verwerten, Verarbeiten und Nutzen.

Gleiches gilt für die seelische Beziehung und Vereinigung: Nur wenn beide gleichermaßen beteiligt sind, kann es zur Veränderung von Ich und Du, zum Wir, kommen.

Aber wie alles, so sind auch Paradieswünsche zu mißbrauchen. Der Wunsch nach Vereinigung und Verschmelzung hat, wie schon beschrieben, zur Voraussetzung, daß zwei getrennte und eigenständige Menschen mit deutlich unterschiedenen Eigenschaften vorhanden sind. Der Wunsch nach Verschmelzung kann in den Wunsch nach Besitz und Beherrschung des anderen Menschen pervertieren. Etwas, das be-wirkt, kann auch verwirken. Im Besitz liegt zwar ebenfalls das Zusammengehören, aber nicht im Sinne von Partnerschaft, sondern im Sinne von Machtverhältnissen. Der Besitzer bestimmt über seinen Besitz, der Besitz selbst ist machtlos und dadurch, daß er besessen wird, nicht eigenständig. In solchen Beziehungen gehen die Lust und die tiefe Zusammengehörigkeit in der zeitweisen Vereinigung verloren, und zwar sowohl zwischen Mutter und Kind als auch zwischen erwachsenen Menschen in Partnerschaften. Der eine, stärkere Teil erzwingt etwas vom anderen, und dieser ist dadurch machtlos und hat nicht die Möglichkeit, sich zu verweigern.

Dieser Mißbrauch geschieht oft in Beziehungen zwischen Frau und Mann. Ein Teil beansprucht den anderen Teil als unveräußerlichen Besitz oder aber als Ich-Ergänzung, als Spiegel des eigenen Ich, und läßt so dem anderen Teil nicht die Möglichkeit, eine eigenständige Persönlichkeit zu sein. Auch hier bestehen nicht Partnerschaften, sondern Besitzverhältnisse, oder im anderen Fall: Symbiosen auf Dauer. Der Besitzer verfügt über den Besitz, in der dauernden Distanzlosigkeit wird die Vereinigung als Nähe und Überschreitung zwischenmenschlicher Grenzen nicht mehr lustvoll empfunden. Die Grenzen werden ja ständig überschritten, und Grenzüberschreitungen sind, sofern sie nicht im Einverständnis beider Teile erfolgen, schmerzhaft und Anlaß zu Quälereien und Aggressionen. Das vergiftete Scheinparadies kann nicht mehr verlassen werden, es wird zum Gefängnis und läßt ein Aufsuchen des Paradieses nicht mehr zu. Bindung wird zum Besitzverhältnis umstrukturiert und zum Gefängnis pervertiert.

Und was geschieht, wenn es keine Grenzen zwischen den Beteiligten gibt, weil eine bzw. einer oder beide nicht die Chance hatten, sie auszubilden? Dann wird die Bindung zur seelischen «Dauervereinigung», denn die Unterscheidbarkeit besteht ja nicht. Das ist, auf lange Sicht gesehen, nicht das Paradies, sondern die Hölle für beide, denn ein anderer Zustand als ständige Distanzlosigkeit kann von ihnen nicht gelebt werden.

Etwas Ähnliches finden wir bei Müttern, die ihre Kinder nicht als eigenständige Wesen betrachten, sondern sie mit ihren eigenen Wünschen und Vorstellungen befrachten und ihnen Eigenart, Unterschiedlichkeit und Unterscheidbarkeit nicht zugestehen. Solche Kinder können keine Grenzen entwickeln. Sie bleiben gleichsam Teil ihrer Mutter, wie sie es vor ihrer Geburt waren. Sie haben die Funktion einer Ich-Ergänzung ihrer Mutter, sie werden zum Lebenszweck und zum Beweis der Existenzberechtigung ihrer Mutter. Die Durchtrennung der Nabelschnur hat, seelisch gesehen, nie stattgefunden. Die Brust in all ihren Funktionen ist für sie nichts als eine Fortsetzung der Nabelschnur. Das ist ein Mißbrauch der Fähigkeiten und der Macht, ein Mißbrauch auch der Verbindungsfunktion der Brust; denn Verbindung in zeitlicher Begrenzung, wie dies beim Nähren erfolgt, setzt, wie wir gesehen haben, vorherige Trennung, Unterscheidbarkeit, voraus. Solche Kinder können sich nicht lösen, sie bleiben gefangen und sind nicht frei für erwachsene Formen von Beziehung und Partnerschaft. Sie sind ihrerseits nur fähig zu den oben beschriebenen neurotischen Formen der Beziehung.

Brust und Penis – beide verbinden unterschiedene, getrennte Wesen, und beide übertragen eine bedeutsame Substanz von einem zum anderen.

Aber es gibt auch sehr entscheidende Unterschiede zwischen beiden. Der anatomische Unterschied muß nicht erst erwähnt werden, auch nicht, daß die Brust gleichzeitig produziert und weitergibt, während Penis und Hoden anatomisch unterschiedene und getrennte Organe sind. Die Hoden haben noch zusätzlich weitere Funktionen zu erfüllen, auch die Prostata gehört zu diesem Funktionssystem. Hier geht es aber nicht um Anatomie, sondern um analoge Funktionen und damit um analoge Bedeutung. Auch die

Tatsache, daß die Brust erst in der Zweizahl von der Frau als Ganzheit erlebt wird und daß dadurch die Amputation bereits einer Brust die Ganzheit des Erlebens und des Körperbildes entscheidend zerstört, sei hier nicht weiter ausgeführt. Denn es geht, wie gesagt, um die Bedeutung im seelischen Bereich.

So kann die Brust im Gegensatz zum Penis nicht aktiv eindringen und nicht gewaltsam in Besitz nehmen. Eine körperliche Vergewaltigung mit der Brust ist ein absurder Gedanke.

Ein weiterer Unterschied liegt in der Art des Gebens. Die Brust gibt kontinuierlich, nicht in ruckartigem Ausstoß. Damit hat das «Empfangende», das Kind, die Möglichkeit, die Menge zu bestimmen, die es aufnehmen will und kann. Es besteht so eine Harmonie zwischen Geben und Nehmen, da beider Möglichkeiten aufeinander fein abstimmbar sind. Zwischen Mutter und Kind besteht ja ganz real ein Machtgefälle, wenn wir die Abhängigkeit des Kindes betrachten. Beim Geschlechtsverkehr sind Partner und Partnerin zwar unterschiedlich, sie sollten im Gegensatz zum Mutter-Kind-Verhältnis jedoch eigentlich gleichwertig sein.

Außerdem wird die Milch als Ganzes verwertet, jeder Bestandteil wird seiner Bestimmung zugeführt; «Samen» hingegen stirbt ab bis auf einen möglicherweise verwerteten winzigen Bestandteil. Milch bewirkt also immer etwas, wenn sie aufgenommen wird, die Samenflüssigkeit hingegen nur, wenn ein Ei bereitgestellt worden war.

Der Penis ist als Lustquelle immer vorhanden; er stößt aber meist vier Millionen Spermien umsonst aus. Die Brust ist als Lustquelle ebenso immer vorhanden, aber Milch wird nur dann produziert, wenn es sinnvoll ist, das heißt nur, wenn ein Kind geboren wurde, das die Milch verwerten kann. Sie ist damit maßvoll, denn sie berücksichtigt auch bei der Produktion den Bedarf.

Damit kommt der Brust - neben ihrer Potenz, ihrer Macht und ihrer Vereinigungsfähigkeit – noch eine andere, ganz eigene Bedeutung zu: Sie ist die Verkörperung der Harmonie von Geben und Nehmen, Sinnbild von Ausgewogenheit und Abgestimmtheit, Symbol des Maßes.

Zur Symbolik
der weiblichen Brust

Symbole verbinden Menschen verschiedener Zeiten und Kulturen. Sie vermitteln in einer allgemein gültigen Form übergreifende menschliche Erfahrungen.

Was geschieht nun, wenn das Verständnis für Symbole verlorengeht? Dann verlieren wir den Zusammenhang mit unserem tragfähigen Grund und dadurch eigentlich im tiefsten die Verbindung zu uns selbst. Und damit verlieren wir auch die Fähigkeit, uns selbst und andere zu verstehen oder uns verständlich zu machen, also die Fähigkeit zur Kommunikation in einem umfassenden Sinne.

Unserer Zeit ist das Wissen um Symbole, um deren Sinn und Wert weitgehend verlorengegangen. Damit hat unser Selbstverständnis gelitten, und ein Teil unseres Selbstvertrauens ist uns abhanden gekommen. Diesen Mangel versuchen wir immer wieder durch einseitige Weiterentwicklung unseres Verstandes wettzumachen.

Der moderne Mensch, insbesondere der Mann, der ja das Schicksal unserer Erde prägt und sie «vernutzt», setzt ausschließlich seinen Verstand ein. Er handelt nur nach logischen Erkenntnissen, nach rationalen Gesichtspunkten. Dadurch ist ihm jedes Gefühl für das Maß abhanden gekommen, er ist «maßlos» geworden, inflatorisch. Der Mensch früherer Kulturen – und heute noch häufig Frauen – kannte noch seine natürlichen Begrenzungen. Er versuchte, in seinem Handeln das Gleichgewicht zu erhalten, und war damit maßvoll. Er war auch fähig, Grenzen und Überschneidungen zwischen der realen, sichtbaren und der symbolischen Wirklichkeit zu erfassen.

Heute jedoch gilt die Orientierung an gegebenen Grenzen als rückständig, pessimistisch, zukunftsfeindlich. Was zählt, ist Logik, Verstand, Fortschritt, Technik und Eroberung.

Aber alles hat seinen Preis. Der Verstand kann uns nicht Fähigkeiten ersetzen, die auf ganz anderer Ebene wirken. Die Folge davon, weitere Rationalisierung, Technisierung, «Entmenschlichung», bezahlen wir mit einer Zunahme seelischer und körperlicher Versagens- und Krankheitszustände. Natürlich weiß jeder Mensch mit «gesundem Menschenverstand», daß «man» das «in den Griff» bekommen kann. «Man» muß nur «vernünftig» leben, einmal über alles «nachdenken», «klaren Kopf» haben. Wir sind ja «intelligent» genug. Und so geht die verhängnisvolle Entwicklung in einen Teufelskreis über, der uns immer weiter wegführt vom Maßvollen, vom Verbindenden, weg von den urmenschlichen Erfahrungen und der universell verständlichen Sprache der Symbole.

Das Wort «Symbol» heißt Wahrzeichen, Kennzeichen, Sinnbild. Es bedeutete ursprünglich ein Erkennungszeichen, das zwischen verwandten oder befreundeten Menschen vereinbart worden war. Es bestand aus den Bruchstücken eines Gegenstandes. Wenn sich zwei Freunde für längere Zeit voneinander trennten, zerbrachen sie eine kleine Tontafel, eine Münze oder häufig einen Ring. Die Bruchstücke ergänzten sich, zusammengelegt, wieder zu einem Ganzen und bewiesen damit die Verbundenheit ihrer Besitzer. Die aneinanderpassenden Hälften des zerbrochenen Gegenstandes wurden zum Symbol für die Freundschaft. Ein sichtbares Objekt stand stellvertretend für eine geistige Realität, für eine innerseelische Wirklichkeit. Ein Symbol verbindet Bezeichnendes – etwa zwei Ringhälften – und Bezeichnetes, hier Freundschaft. So kann die Erde zum Symbol der Fruchtbarkeit und, davon abgeleitet, der Mutter werden, die Waage beispielsweise zum Sinnbild des Gleichgewichts und damit der Gerechtigkeit, die Zahl zum Sinnbild der Ordnung.

Aber ein Symbol hat nie nur eine einzige, festgelegte Bedeutung, es ist stets mehrdeutig. Oft zeigen sich sogar gegensätzliche Bedeutungen in einem Symbol vereint. So symbolisiert zum Beispiel der Esel äußerst Gegensätzliches: Er kann ein Symbol für Unheil sein wie auch ein heiliges Opfertier. Er ist gleichzeitig Sinnbild für Dummheit und störrisches Verhalten wie auch für Sanftmut und Demut.

Ein Symbol bleibt als ein Sinn-Bild letztlich unübersetzbar, logisch nicht voll erfaßbar. Im Gegensatz zur Vielfältigkeit der Symbolik ist die Logik «einfältig».

Nach dieser Begriffserklärung sehen wir uns einmal an, ob die weibliche *Brust* die Voraussetzung dafür erfüllt, ein Sinn-Bild mit aller Vielfältigkeit, aller Gegensätzlichkeit, aller Unübersetzbarkeit zu sein.

Die Brust ist fähig, den Mund des Kindes oder auch des Sexualpartners auszufüllen, und wirkt damit als Verbindung. Sie kann damit als Symbol der Verbindung wie der Symbiose betrachtet werden.

Sie kann spenden und geben, damit ist sie Symbol der Fülle – aber auch der Macht, indem sie geben wie verweigern kann, sie kann nähren wie verhungern lassen, sie kann maßvoll sein oder Überfülle spenden und ersticken, sie kann Nahrung oder Gift spenden, sie kann wachsen lassen oder töten. Symbole umfassen Polaritäten.

Sie ist auch ein Behälter, ein Becher, ein Kelch, der etwas enthält. Damit ist sie ein Symbol der Nahrung, der Fruchtbarkeit.

Sie ist konvex und konkav zugleich und dadurch in hohem Maße durch diese Vereinung der Gegensätze als Symbol geeignet. Sie kann nur in beschränktem Ausmaß enthalten, ihre Fülle ist also begrenzt. Dem widerspricht nicht, daß sie durch Überfülle ersticken kann. Ein Symbol kann eben seinem Wesen nach Gegensätzliches aussagen. Aber sie ist auch begrenzt in ihrer «Potenzverwirklichung»: Sie ist als weibliches Prinzip Symbol des Maßes durch die Tatsache der Begrenzung im Gegensatz zum männlichen Prinzip, das eher unbegrenzt, daher maßlos ist. Und damit kann sie zum Symbol der Weisheit werden, denn Weisheit weiß um ihre Grenzen – im Gegensatz zu männlicher Inflation, die ja keineswegs mit Fülle verwechselt werden darf.

Die Brust ist das Sinnbild der Vertrautheit, des Zufluchtsortes, sie ist Sammelplatz und Schlupfwinkel. In diesem Sinne wird sie zur Hüterin des Lebens. Die «steinerne Brust» ist dagegen Symbol der Verweigerung. Die Rückkehr zur Brust der Erde bedeutet Tod, aber wie jeder Tod zugleich das Vorspiel zu einer neuen Geburt. Das wird später (Seite 166 ff) noch verdeutlicht.

Vielbrüstigkeit, wie sie in Artemis-Figuren dargestellt wird, ist ein Symbol für All-Mutterschaft. Die Personifizierung der Natur im weitesten Sinne kann vielbrüstig dargestellt werden.

Ohne diesen Zufluchtsort ist der Mensch «mutterseelenallein».

Auch die *Milch* kann Symbol sein. Sie ist wie das Ei ein Fruchtbarkeitssymbol und eine Opfergabe. Sie ist Sinnbild für körperliche, aber gerade auch für seelische und geistige Nahrung und damit nicht nur für Leben, sondern für Urweisheit und Unsterblichkeit. Sophia, die Weisheit, nährt die Weisen an ihren Brüsten, wie auch die «Alma mater» Wissen vermittelt. Der Stein der Weisen, Symbol der Unvergänglichkeit und Unsterblichkeit, wird manchmal als «die Milch der Jungfrau» bezeichnet. Im Islam gelten Träume von Milch als Verheißung von Wissen und Gelehrsamkeit. Und um das Grab des Osiris waren 365 Opferschalen mit Milch aufgestellt, deren Genuß den Gott an jedem Morgen des Jahres vom Tod erweckte.

Eine Ahnung, daß in früheren Kulturen die Bedeutung der weiblichen Brust besser bekannt war, vermittelt auch die Tatsache, daß weibliche Mumien in Ägypten an den Rippen sehr häufig zwei vergoldete Brustamulette trugen. Diese Brustamulette wurden besonders häufig bei Frauenmumien aus griechisch-römischer Zeit gefunden. Sie sollten offenbar den Frauen die Fähigkeit zum Nähren auch im Jenseits erhalten. Und dabei ging es ja nicht um die realen Brüste der Mumie, die nicht mehr bestanden, sondern um deren symbolischen Wert.

Noch heute gibt es den Begriff der «Milch der frommen Denkart».

Die Milch ist Inbegriff höchster göttlicher Güte, wie es die Verheißung des «Landes, da Milch und Honig fließt» zeigt.

Die Milch wird in manchen Traditionen mit dem himmlischen Feuer verknüpft. In Zentralafrika wie im alten Europa glaubte man, daß nur Milch die Feuersbrünste zu löschen vermöchte, die durch Blitzschlag entstanden waren. Daher wurden den Gottheiten des Donners Trinkschalen mit Milch angeboten.

Die christliche Kunst zeigt häufig die «Maria lactans», die nährende Maria. Sie unterscheidet zwischen guter Mutter, die die Milch der Wahrheit oder der Weisheit spendet – hierher gehören auch die Weisheit spendenden Brüste der Alma mater –, und der bösen Mutter, die «Schlangen an ihrem Busen nährt». Die Milch wird oft ihrer weißen Farbe wegen zum Mond in Beziehung gesetzt, der seinerseits Zeichen der Maria, aber auch Zeichen der Weiblichkeit überhaupt ist.

Milch kann Wachstum bewirken, Stärkung, Gesundheit, Schönheit, Verjüngung, Erhaltung, Heilung, Wandlung – die Hersteller von «Schönheitsmilch» machen sich solche Assoziationen zunutze –, aber sie bedeutet auch «Zurückgebliebensein», Kindlichkeit, wie die Ausdrücke «Milchbubi», «Milchgesicht» und «Milchbart» zeigen. In der Schweiz kann jemand, der sich kindlich verhält, in der Entwicklung zurückgeblieben ist, gefragt werden: «Häsch i Milch badet?» (Hast du in Milch gebadet?)

Gerade am Beispiel der Brust und der Milch sehen wir, welche Vielfalt, welche Gegensätze an Bedeutungen und Bildern ein Symbol enthalten kann, wieviel Unübersetzbares, Unausgesprochenes aber auch im Sinn-Bild bleibt, das nicht direkt ausgedrückt, in Worte gefaßt, sondern nur erfahren werden kann. Das Symbol reicht über Wortbegriffe und Sprache hinaus, es hat zusätzlich emotionale Qualität.

Ähnlich ist es auch mit den Bildern, den Sinn-Bildern, die uns Märchen und Mythen vermitteln. Wir wissen nicht, wann und wie diese Sinn-Bilder entstanden sind. Wir wissen aber, warum es sie gibt: Sie spiegeln uns ursprüngliche, immer wieder erlebte Wirklichkeiten des Lebens wider und lassen uns diese erneut erleben. Sie zeigen uns auf, daß die wirklichen Ereignisse und Erfahrungen des menschlichen Lebens zeitlos sind; sie verbinden uns mit den Wirklichkeiten, die vor uns waren. Sie lassen uns dadurch erkennen, daß unsere Realität, auf die wir doch ihrer Fortschrittlichkeit wegen so stolz sind, nur ein kleiner Teil einer größeren Wirklichkeit ist. Sie sind zeitlos, wie Träume übrigens auch. Und uralte Märchenmotive können uns noch heute zutiefst ansprechen, wenn wir offen und aufnahmebereit dafür sind.

Die Märchen, die wir heute in den üblichen Ausgaben finden, sind durch lange mündliche Überlieferungen und durch selektive Auswahl im Laufe von Jahrhunderten, vielleicht von Jahrtausenden, verändert worden. Oft wurden sie von vermeintlichen Grausamkeiten «gereinigt» und mit moralischen und christlichen Zutaten besonders des 19. Jahrhunderts versehen. Die Motive jedoch sind die ursprünglichen geblieben. Oft finden wir Symbole anstelle der unverhüllten Darstellung, für deren Verständnis ein wenig «Detektivarbeit» nötig ist.

Vielleicht verstehen wir nach dem Vorhergesagten besser, warum die Brust als Organ so selten im Märchen dargestellt wird. Häufig wird sie nämlich im Zusammenhang mit grausamen oder kuriosen Ereignissen beschrieben, als verstümmeltes Organ bei Amputation als Strafe oder Marter oder aber im Zusammenhang mit der Beschreibung von Absurditäten: die monströse Brust, die übergroße Brust von Riesinnen und Meerfrauen, die schlaffe oder herabhängende Brust in der Darstellung der sexuellen Entwertung älterer Frauen. Solche Verstümmelungsphantasien sind der Ausdruck aggressiver Impulse, die zur «Kastration» der Frau durch das Abschneiden oder sonstige Amputieren der Brust führen. Eine Frau ohne Brust ist keine Frau mehr. Wir haben gesehen, in welchem Maß die Brust als Ausdruck der Weiblichkeit erlebt wird – von den Frauen selbst wie auch von Männern. Aber auch die Frau mit «lächerlichen» Brüsten, also mit unförmig großen oder schlaffen Brüsten, ist als Frau entwertet. Es gibt viele Arten, Frauen zu «kastrieren». Am elegantesten gelang es ja Freud, seinen Epigonen und Sympathisantinnen, indem er eine Lehre daraus machte, daß die Frau verstümmelt ist von Geburt an, per definitionem. Daß sie Brüste hat und daß diese eine Potenz verkörpern, das beschreibt er nicht. So entgeht nicht eine einzige Frau seiner «Kastration». Die ungeheure Angst und Aggressivität, die sich darin verrät, dürfte symptomatisch für seine und die davor liegende Zeit sein und sich daher auch in den Märchensammlungen jener Epoche zeigen.

Im Märchen «Das Mädchen ohne Hände»[1] wird die Bedrängnis eines armen Müllers geschildert, dem der Teufel Reichtum versprochen hatte, wenn er ihm dafür gäbe, was hinter der Mühle steht. Hinter der Mühle stand seine einzige Tochter. Dieser Anfang erklärt nicht so recht, warum der Vater seiner Tochter schließlich die Hände abhackt. Eine frühere Fassung macht es verständlicher: Ein Vater begehrt seine Tochter. Da diese sich standhaft weigert, seinen inzestuösen Wünschen nachzugeben, schneidet ihr der Vater Hände und Brüste ab und jagt sie davon: die Brust als Opfer, um dem Inzest durch den Vater zu entgehen.

Einen anderen Grund für eine Brustamputation finden wir im Märchen «Jungfrau Maleen»[2]. Hier wird eine Königstochter von ihrem Vater zur Strafe dafür, daß sie darauf beharrt, einen bestimmten Königssohn zu heiraten, für sieben Jahre zusammen mit einer Kammerjungfer in einen Turm eingemauert. Sie bekommen Speise und Trank für sieben Jahre, und als diese zu Ende gehen, erwartet die Jungfrau Maleen, daß ihr Vater sie befreie. Aber nichts geschieht. Die beiden Frauen lockern schließlich in höchster Not Steine des Turms und befreien sich so selbst. Sie stellen fest, daß das Schloß des Vaters verwüstet und das Land verbrannt worden ist. Das Märchen hat seinen Ursprung in Skandinavien. Es existiert in vielen verschiedenen Fassungen. Zuweilen schneidet sich die Magd ihre Brüste ab, um sich und die Königstochter vor dem Hungertod zu retten: das Organ «Brust» als rettende Nahrung.

Das gleiche Motiv finden wir übrigens in einer frühen Fassung des Märchens «Brüderchen und Schwesterchen»[3]. Zwei Kinder gehen in die weite Welt, weil sie «keine gute Stunde mehr» bei der Stiefmutter haben, so lesen wir in der vorliegenden Form. Voraus ging in früheren Fassungen ein Vorspiel: Fleisch, das für den Vater gekocht wurde, kommt abhanden. Entweder stehlen es die hungrigen Kinder oder die Katze. Daraufhin schneidet sich die Mutter ihre Brüste ab und setzt sie dem Vater vor. Dieser wünscht sich mehr Menschenfleisch – die Kinder fliehen aus dem Haus.

Wir haben an diesen drei Beispielen gesehen, wie aus den Märchen in unseren üblichen Märchenbüchern grausam wirkende Begebenheiten ausgelassen wurden. Andererseits wurde gerade das Märchen «Das Mädchen ohne Hände» mit einer Fülle von christlichen Begriffen wie Teufel, Sünde, schneeweiße Engel, Priester verbrämt.

Beenden wir also die Suche nach Märchen, die die Brust betreffen, und wenden wir uns dem Nähren zu, wie es im Märchen dargestellt wird.

Das Nähren ist in seiner primären Form eine Funktion der Brust, die auf sehr unterschiedliche Weise angeboten werden kann, je nachdem, was vermittelt werden soll. So gibt es das «gute» oder «richtige» Nähren, das neben dem Wachsen und Stärken noch eine Fülle von weiteren Eigenschaften oder Möglichkeiten vermitteln kann, wie wir immer wieder gesehen haben. Es gibt aber auch das schädliche Nähren, das eine Form der destruktiven weiblichen Macht und der weiblichen Aggressivität darstellt.

Sehen wir uns erst einmal die Möglichkeiten schädlichen Nährens an, wie sie im Märchen geschildert werden.

«Schneewittchen»[4] bekommt, nachdem Neid und Rivalität der «Stiefmutter», der bösen Mutter also, es immer noch nicht getötet haben, von ihr einen vergifteten Apfel geschenkt. Daran, so scheint es lange Zeit, stirbt es endlich. Der Apfel ist seinerseits ein Symbol der Fruchtbarkeit und ein Liebeszeichen, aber auch ein Symbol des spirituellen Wissens und der Unsterblichkeit. Damit ist er auch ein Symbol der Brust. Im Volksmund werden die Brüste auch als «Äpfelchen» bezeichnet – eine naheliegende Benennung. Denken wir bei der Schilderung dieses Ereignisses nicht an die Mütter, die neidisch auf die Entwicklung ihrer Tochter zur Frau und damit zur jüngeren, reizvolleren Rivalin sind? Es ist ja denkbar, wie wir gesehen haben, daß der Neid der Mutter die Tochter oder Teile der Tochter, zum Beispiel die Verkörperung ihrer Weiblichkeit, die Brust, zerstören kann – etwa durch Krebs oder durch das Messer des Chirurgen. Und dahinter steht der Machtkampf: Diejenige von beiden, die überlebt, war stärker. Im Märchen ist es zuerst scheinbar die Mutter, die gewinnt, indem sie die vergiftete Nahrung reicht. Aber dann überlebt doch Schneewittchen, und die Mutter verliert den Kampf und auch ihr Leben.

Nähren, das vergiftet, das töten will: hier finden wir die Destruktivität einer weiblichen Aggressionsform anschaulich dargestellt.

Im Märchen «Der süße Brei»[5] kann die Mutter keine Nahrung beschaffen. Da geht das Kind in den Wald und begegnet dort einer alten Frau, «die wußte seinen Jammer schon». Sie schenkt dem Mädchen ein Töpfchen, das bei Bedarf, auf eine einfache Formel hin, süßen Hirsebrei – eine ursprüngliche Form der Nahrung – kocht. Die Waldmutter – Mutter Natur, die große Ernährerin – gibt dem Mädchen den Topf, der, wie die weibliche Brust, ständig aus sich selbst heraus Nahrung herstellt. Aber auch hier birgt das Nähren versteckte Gefahren: Wenn das Töpfchen falsch genutzt, wenn die Formel für das Ende der Nahrungsproduktion vergessen wird, wie dies bei der unfähigen Mutter der Fall ist, dann wird alles überschwemmt und erstickt. «Es ist die größte Not.»

Überfülle, Überfüttern erstickt. Wir kennen ja die bedauernswerten überfütterten Kinder, die plump und ungesund sind, träge und unfähig, aktiv zu werden. So bewirken Mütter durch das Überfüttern, daß ihre Kinder abhängig bleiben; gehänselt von anderen Kindern, kehren sie zur Mutter zurück und lassen sich von ihr trösten, vielleicht mit Süßigkeiten, weil die Welt draußen so böse ist. Das Mädchen im Märchen ist klüger; es weiß die Formel, die die Überfülle zum Stehen bringt.

Nähren, das durch Überfülle erstickt – das stellt dieses Märchen dar. Es bietet aber auch die Lösungsformel an. Wir dürfen sie nur nicht vergessen.

In «Hänsel und Gretel»[6] sind die Eltern ebenfalls nicht in der Lage, ihre Kinder zu ernähren. Die Mutter schlägt vor, sie im Wald auszusetzen. Als sie beim zweitenmal nicht mehr nach Hause finden, begegnen auch sie einer «Waldmutter», aber von anderer Art als im Märchen «Der süße Brei». Im eßbaren Häuschen wohnt eine böse Hexe. Beide Kinder werden scheinbar liebevoll empfangen und gut genährt. Aber dann zeigt sich, daß die Hexe die Kinder nur nährt, um sie dann zu fressen, sich einzuverleiben.

Kinder, die der Mutter gehören, die abhängig gemacht werden, die die Mutter «zum Fressen gern hat» – das gibt es nicht nur im Märchen. Ein solches Kind ist Besitz der Mutter, es ist Objekt, es hat kein Recht auf eine eigene Persönlichkeitsentwicklung. Solchen Kindern fällt es sehr schwer, sich zu lösen und zu befreien, wie wir im vorangegangenen Kapitel verschiedentlich gesehen haben. Im Märchen gelingt es, aber nur mit List und Gewalt. Gretel hat die Hexe durchschaut, sie handelt aktiv und stößt die Hexe in den heißen Ofen. Dann befreit sie ihren Bruder: Das «passive» Mädchen handelt und befreit den «aktiven» Jungen, der sich nähren läßt – verkehrte Welt oder: Wie sieht die Wirklichkeit wirklich aus?

Nähren, das mit der Absicht geschieht, sich die Kinder selbst einzuverleiben, ist ein Ereignis, das täglich stattfindet. Das Märchen zeigt, wieviel Aktivität, sogar Grausamkeit notwendig sein kann, um nicht gefressen zu werden.

Was geschieht, wenn die Mutter unwillig ist und nicht bereit, ihre Kinder zu nähren? Wie entzieht sie sich dem, ohne selbst die Schuld zu haben? Sie läßt die Kinder selbst entscheiden. Allerdings – was ist, wenn sie noch nicht in der Lage sind, Entscheidungen zu treffen?

In dem kaukasischen Märchen «Warum die Häsin nur drei Tage Milch gibt»[7] ist die Wildhäsin ungehalten und mißmutig, weil sie ihre Jungen auch noch säugen soll. Und dann fragt sie die Kleinen, wie lange sie Milch brauchen: «Drei Monate oder drei Taaaaaaaage?» Die kleinen Hasen sind noch nicht fähig, die Tragweite einer solchen Entscheidung zu erkennen, sie antworten: «Drei Taaaaaaaage.» «Seit dieser Zeit bekommen die Junghasen nur drei Tage nach ihrer Geburt die Muttermilch.» Hören wir da nicht die Hasenmutter sagen: «Ihr seid ja selbst schuld, ihr habt euch das ja selbst so ausgesucht?» Verweigerung des Nährens – und dabei ein gutes Gewissen haben: Ihr wolltet es ja nicht anders. Sich aus der Verantwortlichkeit ziehen, indem Scheinfreiheiten gegeben werden – das kommt uns doch auch bekannt vor. Aber ein solches Verhalten ist Betrug und Selbstbetrug.

Wir haben gesehen, daß das Nähren ein Machtfaktor ist, der nach Belieben zum Schaden oder Nutzen eingesetzt werden kann. Es scheint wirklich schwierig zu sein, angemessen und richtig zu nähren.

Im Märchen «Das Erdkühlein»[8] wird erzählt, daß ein Mädchen, das in Elend und Not von seiner Stiefmutter drangsaliert wird, heimlich den Beistand seiner richtigen Mutter in Tiergestalt bekommt. Die Stiefmutter will es, ähnlich wie bei Hänsel und Gretel, im Wald aussetzen, es findet aber durch ausgestreute Markierung den Weg wieder zurück. Beim drittenmal allerdings, als es Hanfsamen streut, findet es nicht nach Hause, es findet jedoch das Haus des Erdkühleins. Dort wird es aufgenommen, genährt, gekleidet, bis die Schwester auf der Suche nach ihm das Geheimnis entdeckt und, aus Neid, verrät. Zwar hatte das Erdkühlein das Mädchen gewarnt, der Schwester das Geheimnis zu verraten, aber es beherzigte die Mahnung nicht. So wird die Zuflucht zerstört, das Erdkühlein geschlachtet; aber das Mädchen vergräbt drei scheinbar wertlose Teile im Boden: den Schwanz, ein Horn, einen Huf. Daraus wächst nach drei Tagen ein Apfelbaum mit Äpfeln, die heilen können – Nahrung, die heilt, erwächst aus den Überresten des mütterlichen Tieres. Auch hier wird die Nahrung wieder durch Äpfel – Brüste – dargestellt.

In einer (wohl späteren) Fassung des Märchens «Einäuglein, Zweiäuglein, Dreiäuglein»[9] ist die mittlere Tochter die Verachtete, Verkannte, weil sie so aussieht wie andere Menschen auch. Die Mutter verstößt sie, aber sie findet bei der Ziege, die ebenfalls ein mütterliches Tier ist, Beistand und Hilfe aus Hunger und Not. Die Ziege nährt sie auf geheimnisvolle Weise, da sie den richtigen Zauberspruch kennt. Das Mädchen läßt das schlechte Essen, die minderwertige Nahrung zu Hause stehen und verrät sich dadurch. Belauert von den Schwestern, wird seine Verbindung mit der Ziege entdeckt, die Ziege wird von der bösen Mutter, die ihre schlechte Nahrung nun nicht mehr an die Tochter weitergeben kann, getötet. Aber aus den vergrabenen Eingeweiden wächst wiederum ein Baum, der goldene Äpfel trägt – ein Symbol für unvergängliche (goldene) Weiblichkeit –, die nur für Zweiäuglein erreichbar sind.

Schlechte Nahrung der Mutter bringt in Not und Elend, aber die Tochter darf sich ihr nicht ohne schwere Strafe entziehen, denn sonst besitzt sie ja mehr als die Mutter oder Stiefmutter und als die der Mutter anhängenden Schwestern. Damit schafft sie sich Neiderinnen und Rivalinnen. Nahrung, die eigentliche Mütterlichkeit, wird von der mütterlichen Ziege, welche die «gute Mutter» verkörpert, gespendet. Und aus ihr kann sich durch Verwandlung heilsame oder wertvolle Weiblichkeit in Form des Baumes mit Äpfeln entwickeln.

In diesen beiden Märchen wird die Wichtigkeit des «richtigen Nährens» für die Entwicklung der Töchter beschrieben. Durch angemessene, spendende Mütterlichkeit hat die Tochter Zugang zu einer positiven Weiblichkeit.

Welche Bedeutung kann nun die nährende Mütterlichkeit für Söhne haben? Sehen wir uns auch dazu einige Märchen an, die vielleicht auf diese Fragen eine Antwort geben können.

«Der starke junge Mann»[10] ist ein Beispiel für einen Sohn, der seine Stärke daraus bezieht, daß er an der Brust der Mutter trinken darf. Als sie ihn nach zwei Jahren «abstillen» will, läßt sich das Kind nicht von der Brust nehmen. Die Mutter nährt es bis zum vierten Lebensjahr weiter. «Dann sprach sie zu ihm: ‹Aber Kind Gottes! Du willst mir doch nicht das ganze Leben aussaugen?› – ‹O nein, Mütterchen, ich möchte dessen nicht beraubt werden bis zu meinem 20. Lebensjahr.›» Er verspricht, dafür die Mutter für den Rest ihres Lebens zu erhalten. Mit zwanzig Jahren ist er ungewöhnlich stark. In der Folge besteht er besonders gefährliche Abenteuer, holt schließlich im Auftrag eines Königs den Teufel mit List und Stärke aus der Hölle und kehrt reich belohnt zu seiner Mutter zurück. Er bringt ihr alles, was er verdient hat. In diesem Märchen hat das Nähren eine Verbindung zwischen Mutter und Sohn geschaffen, die nur schwer zu lösen ist.

In einem anderen Märchen ist es ähnlich: «Der starke Hans»[11] trinkt bei seiner Mutter zehn Jahre lang. Nach zehn Jahren erprobt der Vater die Kräfte des Kindes. Es kann einen starken Baum noch nicht ausreißen. «Da ging der Vater wieder mit ihm nach Hause und ließ ihn noch einmal zehn Jahre lang bei seiner Mutter trinken.» Bei der zweiten Kraftprobe reißt er den Baum mit Leichtigkeit heraus. Er besteht dann eine Reihe von Abenteuern und gewinnt schließlich eine Prinzessin zur Frau.

Ungewöhnlich langes Nähren vermittelt Stärke, aber nicht nur dies, die Söhne sind auch ausgesprochen mutig und listig. Nähren macht Söhne zu besonders starken und heldenhaften Männern, die es sogar mit dem Teufel aufnehmen können. Sie beziehen ihre Stärke aus dem Mütterlich-Weiblichen.

In einem anderen Märchen nährt ein Riese den Sohn eines Bauern, der nur so groß wie ein Daumen ist. «Der junge Riese»[12] wächst aus seiner Winzigkeit heraus und «ward groß und stark nach Riesen-Art», nachdem der Riese ihn an seiner Brust saugen ließ. Warum hier – jedenfalls in der vorliegenden Fassung des Märchens – ein als männlich bezeichneter Riese fähig ist, das Kind zu nähren, geht aus dem Zusammenhang nicht hervor. Jedenfalls folgt nach zwei Jahren die erste Kraftprobe. Dem Alten genügt das Resultat nicht, er säugt den Knaben weitere zwei Jahre. Auch die zweite Probe ergibt noch nicht den gewünschten Erfolg. Nach weiteren zwei Jahren reißt der Junge den dicksten Eichenbaum aus der Erde, und damit ist der alte Riese zufrieden. Er gibt den Knaben seinem Vater zurück, der ihn aber nicht wiedererkennt und sogar Angst vor ihm hat, weil er so groß geworden ist. Er ist gleichzeitig aber auch gefräßig, er hat einen Riesen-Hunger. Die Eltern wollen ihn loswerden. Das gelingt schließlich dank der Gutmütigkeit des Jungen, obwohl der Vater seine Bedingung nicht erfüllen kann, ihm eine Eisenstange zu bringen, die er nicht zerbrechen kann. Auch er besteht viele Abenteuer, in denen er infolge seiner Stärke Sieger bleibt.

Aus dem Däumling wurde dadurch, daß ihn ein Riese an seiner Brust nährte, ebenfalls ein Riese. List oder Klugheit konnte ihm allerdings sein Ernährer nicht vermitteln, er wurde nur groß und stark. Durch das Nähren ist er seinen leiblichen Eltern entfremdet worden; diese können ihn nicht mehr als ihren Sohn erkennen.

Nähren, das Eigenschaften und Stärke des Ernährers überträgt: Der Däumling ist zum eigentlichen Sohn des Riesen geworden, er ist adoptiert worden.

Auch Tiere können durch das Nähren Kräfte übertragen. Im Märchen «Der Säugling der Stute» [13] reitet ein Priester eine Stute, die einen Knaben zur Welt bringt. Dieser trinkt ein Jahr lang an der Brust seiner Mutter, ist aber nach einer Kraftprobe noch nicht stark genug. Er bittet darum, ein weiteres Jahr an der Brust der Stute trinken zu dürfen, dann ist er zufrieden mit seiner Kraft. Die Stärke entsteht hier nicht dadurch, daß er der *Sohn* einer Stute ist. Kraftvoll wird er ausdrücklich erst durch die *Nahrung* an der Brust seiner Mutter. Brustnahrung – in diesem Märchen wie auch im vorhergehenden – bewirkt mehr als Vererbung. Stärke entsteht erst durch die Milch. Nahrung ist wichtiger als die sogenannte «Erbmasse», Nähren erst verleiht die notwendige Stärke.

Auch die Sage von Romulus und Remus zeigt, daß Kindern, die von einem Tier gesäugt werden, außergewöhnliche Eigenschaften zugeschrieben werden. Eine Priesterin der Vesta, Rhea Silvia, gebar zwei Knaben. Sie wurde in den Kerker geworfen. Ihre Kinder wurden in einer Wanne auf dem Tiber ausgesetzt. Eine Wölfin fand die Kinder, brachte sie in ihren Bau und säugte sie. Später fand dann ein Hirte die Knaben und nahm sie zu sich. Sie begründeten dann, der Sage zufolge, die Stadt Rom an der Stelle, an der sie gerettet worden waren.

Milch ist nicht nur Nahrung. Sie enthält zwar alles, was zum Leben gebraucht wird, und bringt daher Wachstum, Erhaltung und körperliche Stärke. Sie ist aber mehr. Sie bewirkt Klugheit und List. Auch Schönheit soll sie hervorbringen – ein Bad in Eselsmilch sollte den Frauen der Antike Schönheit bringen und erhalten, besonders den Königinnen, also als «Jungbrunnen» wirken. Sie bringt außerdem auch Heilung, Gesundheit und Wandlung.

Wie wird das nun im Märchen dargestellt?

Das Märchen «Tropsen»[14] erzählt von einem jungen Mann, der der jüngste von vier Brüdern ist. Als Jahreslohn für seine Arbeit bekommt jeder Bruder ein Pferd. Tropsen nimmt sich das jüngste Fohlen, die Brüder drei gute Pferde. «Doch das Füllen sprach: ‹Laß mich zu meiner Mutter gehen, Tropsen, daß ich ihre Milch trinken kann.› Er ließ es zu seiner Mutter laufen, und es kam als ein starkes Pferd zurück, von dessen Hufschlag die Erde dröhnte.» Hier finden wir wieder das Motiv, daß die Milch der Mutter wunderbares Wachstum und große Stärke und, wie wir später sehen, besondere Klugheit bewirkt. Mit Hilfe des Pferdes besteht Tropsen verschiedene gefährliche Abenteuer. Schließlich soll er aber in einem Kessel mit kochender Milch einer Stute baden, sonst muß er sterben. Er fragt sein Pferd um Rat. Das bläst aus seinen Nüstern Kälte in die kochende Milch, bis sie nur noch warm ist. «Da tauchte Tropsen in den Kessel, und wenn er vorher auch schon schön gewesen war, so stieg er jetzt doch noch schöner heraus.»

Hier finden wir das Motiv der Veränderung, der Wandlung durch Milch. In diesem Märchen wird sie zweimal dargestellt: zuerst an dem jungen Fohlen, das dadurch, daß es die Milch seiner Mutter trinkt, groß und stark wird und, wie sich herausstellt, über Klugheit, große List und Zauberkünste verfügt. Und zum anderen zeigt sich die Wirkung an Tropsen: Er wird schöner durch das Bad in der Milch.

In einem anderen Zigeunermärchen: «Der Kaiser der Blumen»[15], badet der Heilige der Blumen täglich in einem See mit Süßmilch. Der Blumenheilige verkörpert in diesem Märchen das Gute im Gegensatz zur Greifenmutter, die das Böse darstellt. Um ihn zu fangen, füllen der Held des Märchens und sein hilfreiches und listiges Pferd den See mit Wein, nachdem sie die Milch aus dem See geschöpft haben. Der Heilige der Blumen wird von dem Bad betrunken. Er trinkt dann noch zusätzlich große Mengen Weins statt des für ihn üblichen Bechers mit Wasser aus einem Brunnen, der ebenfalls mit Wein gefüllt worden ist. So kann er in betrunkenem Zustand entführt werden. Solange er in Milch badet, ist er Herr über sich selbst. Er kann nur überwältigt und entführt werden, wenn er durch List und Täuschung dazu gebracht wird, in Wein zu baden und, schon berauscht, ihn zu trinken. Dies nimmt ihm die Fähigkeit, über sich selbst bestimmen zu können.

In diesem Märchen bleibt vieles unzusammenhängend und unbestimmt, es ist aus sehr unterschiedlichen Motiven zusammengesetzt. Milch zum Bad und Wasser als Getränk – wir erwarten es genau umgekehrt. Die Milch wird hier nicht getrunken, sie wird mit Wasser gleichgesetzt oder tritt an seine Stelle und hat wohl eine reinigende Wirkung. Steht das Baden in dieser besonderen Flüssigkeit, der Süßmilch, nur dem Heiligen oder Kaiser zu? Entspricht dies seiner besonderen Stellung, oder vermittelt es ihm seine besonderen Fähigkeiten? In diesem Märchen verkörpert der Heilige der Blumen das Gute – badet er in «der Milch der frommen Denkart»? Es wird nicht gesagt, ob der Blumenheilige, der später auch «Kaiser der Blumen» genannt wird, durch das Bad schöner, stärker, besser oder klüger wird. Aber er nimmt offensichtlich durch das Bad im Milchsee etwas auf, das wirksam ist. Das Bad in der «falschen», berauschenden Flüssigkeit macht ihn betrunken, er verliert seine Freiheit und die Bestimmung über sich selbst.

Im Märchen «Die verwunschene Ente»[16] schwimmt die verwunschene Ente in einem Milchsee. Wenn sie herausspringt und sich überschlägt, wird sie die Fee Ilona. Der Milchsee ist ein kostbarer Ort, er ist mit «eitel Goldperlen» ausgelegt. Nirgendwo ist gesagt, was es mit diesem Milchsee auf sich hat, auch nicht, ob er die Verwandlung der Fee Ilona aufrechterhält oder bewirkt.

Milch ist in beiden vorangegangenen Märchen wie auch bei «Tropsen» nicht Nahrung, sondern sie dient der Veränderung und Verwandlung.

Ein anderes Motiv im Zusammenhang mit der Milch wird im Märchen «Die bestrafte Mutter» [17] dargestellt. Hier wächst ein vaterloser Knabe mit seiner Mutter allein im Wald auf. Als er größer wird, jagt er die Tiere, und was er erlegt, bringt er seiner Mutter. Beim Umherstreifen im Wald gelangt er zum Schloß der zwölf Drachen. Elf davon erlegt er, den zwölften betäubt er nur. Er trägt ihn in das Schloß, schließt ihn in ein Zimmer ein. Dann gibt er seiner Mutter den Schlüssel der Zimmer und sagt ihr, daß sie in das zwölfte Zimmer niemals gehen dürfe. Natürlich übertritt sie das Gebot, freundet sich mit dem Drachen an, und beide überlegen, wie es möglich sei, den Sohn zu töten. Sie beschließen, daß sie ihn in den Wald schicken, um Bärenmilch zu holen, da seine Mutter krank sei und nur dies ihr helfen könne. Der Sohn ist dazu sofort bereit. Im Wald trifft er die Bärin. Diese ist barmherziger als seine Mutter und gibt ihm ihre Milch. Die Mutter schüttet sie heimlich aus. Sie schickt ihn am nächsten Tag in die nächste Gefahr: Er soll die Milch des Wildschweins holen. Auch das gelingt ihm, er darf das Wildschwein melken. Schließlich schickt sie ihn in die Blutberge, damit er das Wasser des Lebens und der Genesung hole. Auch dieses höchst lebensgefährliche Wagnis gelingt ihm aus Liebe zu seiner Mutter, die ihn dann vom Drachen umbringen läßt. Wie es im Märchen zugeht – auf Umwegen wird er Nutznießer des Wassers der Genesung und des Lebens. Er tötet dann mit List den Drachen und bestraft seine Mutter.

Hier zieht eine Mutter ihr vaterloses Kind allein im Wald auf. Die Bindung zwischen beiden ist eng, beide sind aufeinander angewiesen. Dann kommt der Einbruch in dieses friedliche Leben: Der Drache, ein brutales männliches Prinzip, stellt sich zwischen beide und trennt sie. Diese Mutter ist nun bereit, den Sohn in den Tod zu schicken. Der Held besteht aus Liebe zu seiner Mutter gefährliche Abenteuer: Er holt die Milch der Bärin, die Milch des Wildschweins und, als dritte Aufgabe und in der Fortsetzung der beiden ersten, das Wasser der Genesung und des Lebens aus den Blutbergen. In dieser Benennung finden sich assoziativ Hinweise auf Weibliches, Gebärendes. Das Wasser der Genesung und des Lebens hat die Eigenschaften, die dem Symbol Milch zugeschrieben werden: Es heilt und belebt. Und erst, nachdem der junge Mann durch den Tod gegangen ist, kann er seine Mutter bestrafen und sich von ihr lösen.

Milch und Wasser des Lebens bedeuten hier nicht mehr Nahrung. Sie sollen als Medizin gegen die angebliche Krankheit der Mutter dienen; in Wirklichkeit soll jedoch der Sohn auf der Suche nach der Quelle des Weiblichen zu Tode kommen.

Milch ist das Wasser des Lebens. Wenn wir uns ihre symbolische Bedeutung ansehen, so ist das durchaus richtig.

Das Märchen «Das Wasser des Lebens»[18] berichtet von einem kranken König, den nur noch das Wasser des Lebens heilen kann. Seine drei Söhne ziehen aus, es zu suchen. Den Ältesten treibt der Wunsch, dem Vater der Wichtigste zu sein und so das Reich zu erben. Hochmütig weist er die Hilfe eines Zwerges ab und verirrt sich auf dessen Verwünschung hin. Dem zweiten Prinzen ist das eben recht, er sieht seine Chance steigen, das Reich zu erben. Aber auch er weist den Zwerg ab und wird verwünscht. Erst der Jüngste, der um des Vaters willen auszieht, steht dem Zwerg Rede und Antwort und kann mit seiner Hilfe die Gefahren des Abenteuers bestehen und das Lebenswasser aus dem Brunnen des Schlosses bergen. Er findet in jenem Schlosse auch eine schöne Jungfrau, vielleicht die Hüterin des Brunnens, mit der er sich verspricht.

Mit der Liebe zum Leben des Vaters findet der Sohn den lebenserhaltenden Brunnen und besteht die Gefahren, die dort drohen. Gleichzeitig findet er nahe diesem mütterlich spendenden, heilenden, Leben bewahrenden Brunnen auch die Frau, mit der er sich verbinden will, er findet Mütterliches und Weibliches. Beides muß er sich erkämpfen, aber dazu ist er bereit. Die größte Gefahr sind allerdings seine Brüder, die hier einen hochmütigen, arroganten und rivalisierenden männlichen Aspekt verkörpern. Noch sehr naiv, traut er ihnen und wird von ihnen betrogen. Aber am Ende wird er, nachdem er durch diese Erfahrungen gegangen ist, derjenige, dem die Erlösung gelingt. Sie gelingt ihm auch deshalb, weil sein Handeln durch die Liebe zum Vater bestimmt wird.

Was hat dies alles mit dem Thema «Brust» zu tun? Ist das nicht sehr weit hergeholt, und wird hier nicht ein Symbol überinterpretiert?

Die Brust ist die ursprüngliche Quelle für das Leben eines jeden Menschen, ebenso lebenswichtig für sein körperliches Gedeihen wie für sein seelisches Wachstum. Sie ist der Brunnen des Lebens, dem ursprünglich jede geborene Kreatur ihr Weiterleben, ihre Chance zu wachsen verdankt. Sie ist ein Gefäß, das nicht versiegt – jedenfalls nicht, solange die natürliche Einstellung gilt – und das alles enthält, was jedes Lebewesen zu Ernährung, Wachstum und Wandlung benötigt. Sie ist ein Gefäß, das neue Nahrung aus sich selbst heraus schafft, ohne sichtbar gefüllt zu werden. Sie gehört also einerseits zum Natürlichsten, das es geben kann, und sie hat andererseits wunderbar anmutende Eigenschaften.

Wenn wir etwas Lebenswichtiges und Ursprüngliches nicht unmittelbar dargestellt finden im Märchen, das ja meist in verschlüsselter Symbolsprache das uralte Wissen, die Wünsche und die Träume übermittelt, die letztlich unser Fundament sind, dann müssen wir suchen, wie es versteckt ist und in welcher verkleideten Form es dennoch dargeboten wird, Zeiten der Veränderung, des Kulturwandels, des Wandels der Herrschaftsverhältnisse, ja sogar Zeiten des Sturzes alter Götter überstehend.

Zu solchen alten Symbolen, die uns die Vorstellung, den uralten Kindheits- und Menschheitswunsch des Genährtwerdens zeigen, ohne dafür arbeiten oder zahlen zu müssen – das ursprüngliche Kindheitsparadies –, gehört auch der Topf oder das Gefäß, dessen Inhalt sich von selbst stets erneuert. Ein Beispiel dafür fanden wir bereits im «Märchen vom süßen Brei».

Thomas Mann beschreibt in seinem Roman «Der Erwählte», wie der Sünder Gregor auf einer Insel ausgesetzt wird, auf der es weder Speise noch Trank gibt.

«Der zweite Tag aber war erst einige Stunden alt, als Hunger und Durst ihn nicht länger ruhen ließen und er, fast ohne Wissen und Wollen, auf allen vieren ... auf der Plattform suchend, umherzukriechen begann.

In der Mitte, ziemlich genau, war im Gestein eine kleine Mulde, darin stand weißlich trübes Naß bis zum Rande, vom gestrigen Regen wohl, wie er dachte, nur eben auffallend trüb und milchig, – willkommen ihm jedenfalls zum Trunk, wie unsauber und woher so unsauber es sein mochte, – er war der Letzte, der Ansprüche zu stellen hatte. Darum beugte er sich über das kleine Becken und schlürfte mit Lippen und Zunge, was darin war, schlappte es aus, so wenig es war, nur ein paar Löffel voll, und leckte wahrlich den Grund des

Grübchens noch ab, als es leer war. Der Trank schmeckte zuckerig-leimig, nach Stärke etwas, etwas würzig nach Fenchel, dazu metallisch nach Eisen. Gregorius hatte gleich das Gefühl, daß durch ihn dem Durste nicht nur, sondern auch dem Hunger Genüge geschah, und zwar überraschend gründlich. Er war satt. Leicht stieß es ihm auf, und etwas von dem Getrunkenen floß ihm aus dem Munde wieder hervor, als sei das Wenige schon zuviel gewesen. Er fühlte sein Gesicht ein wenig gedunsen, eine rötende Wärme stieg in seine Wangen, und als er zu seinem ersten Platz am Rande des Steines kriechend zurückgekehrt war, fiel er, den Kopf auf eine niedrige Stufe des Felsens gelegt, wie ein Kind in Schlaf.

Nach einigen Stunden erwachte er von leichtem Bauchgrimmen, das ihn verdrießlich die gefesselten Beine regen ließ, und über das er wohl hätte greinen mögen. Es verging jedoch bald, und Hunger spürte er nicht. Nur aus Neugier begab er sich gegen Abend noch einmal zu der Höhlung inmitten der Platte. Auf ihrem Grunde hatte sich wieder etwas von der Flüssigkeit angesammelt: nicht mehr, als daß sie nur dünn den Boden bedeckte. Doch ließ sich wohl ausfigurieren, daß, wenn es mit der sickernden Erneuerung im selben Maßstabe weiterging, über Nacht die Mulde sich wieder gefüllt haben würde.

So geschah es auch, und am neuen Tage stärkte Gregor sich neu mit dem Sud, schleckte alles aus bis zu wärmlicher Schläfrigkeit, denn hatte er während der Nacht sehr bitter unter der Kälte gelitten und nicht gewußt, wohin er sein armes Bettlerhemd ziehen und wie darin Zuflucht finden sollte, so half dem der Steinsaft für mehrere Stunden ab, rein durch die Sättigung, weshalb der Einsame auch am Abend, wenn wieder etwas davon hervorgetreten war, sich damit atzte, um weniger zu frieren.

Ich vermag euch zu sagen, welche Bewandtnis es damit hatte, denn ich habe die Alten gelesen, bei welchen mit vielem Recht die Erde sich den Namen der großen Mutter und magna parens erwarb, aus der jedwedes Lebendige sprießend heraufgeschickt und gleichsam Gott emporgereicht, kurz, aus Mutterleib geboren worden sei. So auch der Mensch, der nicht zufällig homo und humanus heißt, zum Zeichen nämlich, daß er aus dem Muttergrunde des humus ans Licht trat. Alles aber, was gebiert, hat auch die notwendige Nahrung für seine Kinder, und gerade daran erkennt man ja, ob eine Frau

*wirklich gebar und nicht etwa ein fremdes Kind als eigenes vorweist,
daß sie nämlich über die Quellen der Nahrung für das Geborene
verfügt oder nicht verfügt. Darum wollen jene Autoren, die ich ver-
ehre, wissen, daß anfangs die Erde ihre Kinder mit eigener Milch
ernährte nach der Geburt. Denn ihre uteri hätten als Schläuche tief
hinabgereicht mit ihren Wurzeln, und dahin habe von selbst die Natur die Kanäle der Erde gelenkt und milchähnlichen Saft aus der
Öffnung der Adern fließen lassen, wie ja auch jetzt bei allen entbun-
denen Frauen süßliche Milch in die Brust sich ergießt, weil dorthin
der ganze Säftestrom des mütterlichen Körpers, oder vielmehr ein
nährender Auszug davon, gesandt wird.*

*Klein, unfertig und unerwachsen, heißt es, noch nicht berufen zur
Weihe höherer Nahrung, zum Bau des Getreides, habe damals der
Mensch an den Brüsten der Mutter gehangen und kindische Nahrung genossen. Wie recht aber meine Gewährsmänner, die Alten, mit
dieser Aufstellung haben, zeigt die Geschichte Gregors. An einigen
wenigen Stellen der Erde, es werden im ganzen nur zwei oder drei
sein, noch dazu an versteckten und unbewohnten Orten gelegen,
sind solche Nährsaftquellen der Urzeit, tief in den mütterlichen Organismus hinabreichend, gleichsam aus alter Gewohnheit, in wenn
auch herabgesetzter Tätigkeit geblieben, und eine von ihnen, wo
noch die aufsickernde Frühnahrung in vierundzwanzig Stunden ein
kleines Becken füllte, hatte der Büßer auf seinem Steine vorgefun-
den.»* [19]

Gregor wird durch den Trunk der Erdmilch immer kleiner, zum
«verkrümmten Erdsäugling», «*an dem die zurückgebildeten Glied-
maßen, Ärmchen und Beinchen, auch Äuglein und Mundöffnung
schwer zu erkennen waren*» [20].

Und wie wurde Gregor wieder zum erwachsenen Menschen?

*«Es könnte wahrlich nichts einfacher sein und dem Verständnis
geringere Schwierigkeiten bieten. Nach siebzehnjährigem Zullen an
der Erde alter Mutterbrust braucht nur höhere Nahrung wieder
seine Lippen zu berühren, um den Säugling des Steines in den Stand
erwachsener Menschheit zurückzuversetzen.»* [21]

Ein anderes, wertvolleres Gefäß – eine solche Nahrungsquelle ist
allerdings schon «in sich unbezahlbar» – begegnet uns im Märchen
«Der Page und der Silberkelch» [22]. Da schleicht sich ein kleiner Page

in den Elfenhügel ein und sieht, daß es dort einen Kelch gibt, der aus sich selbst heraus Wein produziert. Niemand füllt ihn nach, aber der Kelch ist ständig voll. Nicht nur dies, die Art des Weines richtet sich nach dem jeweiligen Wunsch des Trinkenden. Jeder bekommt den Wein, den er am liebsten mag. Unter Gefahren raubt der Page den Kelch.

Hier dient der Inhalt des Kelches nicht zur Nahrung, sondern als Getränk und, mehr noch, ist dem Geschmack des Trinkenden angepaßt und dient so seinem Genuß und seiner Lust.

Trinken, das auch Lust macht und Genuß ist, Trinken, das die zukünftige Fähigkeit zum Genießen weckt – auch hier können wir die Ähnlichkeiten, ja die Gleichsetzungen mit der Brust nicht übersehen.

Ein anderes Gefäß, das aus sich selbst heraus alle Speise und Reichtümer hervorbringt, ist das goldene Becken in «Peronnik der Einfältige»[23]. Es befindet sich zusammen mit der diamantenen Lanze im Schloß Kerglas im Besitz des Zauberers Rogear. Es ist gefährlich, sich seiner zu bemächtigen, viele Ritter verlieren dabei ihr Leben. Die diamantene Lanze hat nämlich die Eigenschaft, jedem den Tod zu geben, den sie in aggressiver Absicht berührt. Das goldene Becken hat gegenteilige Eigenschaften: Es genügt, daraus zu trinken, um von allen Leiden geheilt zu sein. Selbst Tote werden davon zum Leben erweckt. Dem einfältigen Peronnik gelingt es mit List, alle Gefahren zu überstehen, und er kommt in den Besitz der goldenen Schale und der diamantenen Lanze.

Das Gegensatzpaar des lebenspendenden Gefäßes und der todbringenden Lanze stellt ein Motiv zeitloser und immer gültiger Polarität dar. Es fällt aber auch hier wieder auf, daß das goldene Becken alle Merkmale der weiblichen Brust hat: Es produziert Nahrung aus sich selbst heraus – und es hat alle Eigenschaften, die der Milch in ihrem Symbolgehalt zugeschrieben werden: Es ist heilend und sogar, wie das Wasser des Lebens, lebenspendend. Die Schale ist ein weibliches Symbol, die Lanze ein männliches. Hier steht das lebenspendende neben dem lebensvernichtenden Prinzip.

Dieses Märchen ist eine volkstümliche Form der Gralsgeschichte, in der wir ebenfalls das Motiv einer Schale finden, die Speisen spenden und heilen, die lebenserhaltend und beseligend wirken kann.

Die Gralslegende hat über Jahrhunderte die Phantasie der Menschen angeregt. Sie hat Gläubige, Fanatiker, Romantiker, Wissenschaftler gefesselt. Sie hat eine enorme Breitenwirkung gehabt und war allgemein bekannt. Sie hat Ritter zur Quest und Kirchenväter zum Protest gebracht. Sie hat eine Flut von Literatur hervorgebracht über literarische Werke (Chrestien des Troyes, Robert de Boron, Wolfram von Eschenbach und viele andere) bis hin zu wissenschaftlichen und pseudowissenschaftlichen Versuchen aller möglichen Fachrichtungen, ihr eine eindeutige und unumstößliche Interpretation zu geben. Wir haben hier jedoch eine so vielfältige und vielschichtige Legende vor uns, daß es für sie nicht nur eine einzige Deutung geben kann, wie einerseits die Menge und Unterschiedlichkeit derjenigen, die sie ansprach und beschäftigte, andererseits die Gegensätzlichkeit der Richtungen, die sie für sich in Anspruch nahmen, zeigt. Sie hat ihren Ursprung in Motiven der keltischen Kultur; auch pagane Riten (paganus = Landbewohner: Reste antiken Heidentums) und hermetische Mysterien (dem Hermes Trismegistos zugeschrieben – Lehre der Gnostiker) werden zur Herleitung herangezogen. Deutlich sind ebenso orientalische Einflüsse. Später übernahm das Christentum die einzelnen Motive und verknüpfte sie mit historischen Personen, Orten und Ereignissen, bis schließlich die Gralslegende in ihrer bekannten Form in der religiös-mystischen Stimmung des 12. Jahrhunderts in eine literarische Form gebracht wurde.

Eine Legende ist eine sagenhafte Geschichte, und so ist es auch mit der Gralslegende: Die Motive und die Symbole, die sie enthält, entstammen der Urgeschichte der Menschheit; aber niemand kann mit Sicherheit sagen, ob es je den Gral, wie er beschrieben und besungen wurde, gegeben hat, noch was er wirklich war. Er wird meist als Schale oder Schüssel beschrieben, aber auch als wundertätiger Stein. Dieser wundersame Gegenstand soll von einem jungen Mann gesucht und gefunden werden. Es ist aber immer eine sehr gefährliche Suche, die mit vielen Bedingungen verknüpft ist.

Jetzt zum Inhalt der Gralslegende: Ein Junge, Perceval oder Parzival, wächst vaterlos, nur von seiner Mutter versorgt, im Wald heran. Die Beziehung zur Mutter ist seine einzige Erfahrungsquelle und seine ausschließliche Bindung. Diese Mutter beschützt ihn vor allen

Gefahren und Erfahrungen, und so bleibt er naiv und ahnungslos, ein «Dummling» wie der Held vieler Märchen.

Der Schutz einer Mutter ist natürlich und lebenswichtig, solange ein Kind hilflos darauf angewiesen ist. Er wird schädlich und verhindert die Entwicklung zum eigenständigen erwachsenen Menschen, wenn die Mutter daran festhält, obwohl das Kind jetzt selbst in der Lage wäre, zunehmend einen Teil der Verantwortung für sich selbst zu übernehmen. So wird eine neurotische, bindende, besitzergreifende Mutter ein neurotisches, gebundenes, abhängiges Kind haben, auch wenn dies den Jahren nach längst erwachsen geworden ist. Mutterliebe ist nichts Rührendes, Liebliches, wie uns Romane, Geschichtlein und Bilder glauben machen wollen. Sie ist etwas Mächtiges, Urtümliches, Elementares, von ungeheurer Macht. Die Verwässerung durch Christentum und kulturelle Strömungen ist nur ein Versuch, uns dies vergessen zu lassen.

Perceval hat also eine persönliche Mutter, die ihn isoliert, festhält, seine einzige Bezugsperson ist und bleiben will und die bestimmte Erwartungen in ihn setzt. Aber Perceval ist neugierig geblieben. Er begegnet im Wald Rittern und beschließt, selbst einer zu werden. Die Begegnung mit dem männlichen Element, das ihm bisher unbekannt war, holt ihn aus der ausschließlich mütterlichen Welt heraus.

Er erzählt seiner Mutter von dieser Begegnung und von seinen Wünschen. Die Mutter wird daraufhin im wahrsten Sinne ohnmächtig: Sie hat nun ihre ausschließliche Macht über Perceval verloren. Sie versucht, ihn durch den ausführlichen Bericht über das Schicksal seines Vaters und dessen Tod abzuschrecken. Aber der Sohn versteht sie nicht. Er fordert von ihr Essen. Das ist es, was die Mutter für ihn bedeutet: die Nahrungsquelle.

Er trennt sich von ihr, löst sich ab und geht in die Welt hinaus. Da die Mutter nur durch ihn gelebt hat, er also die Funktion der Lebensberechtigung im Sinne einer Ich-Ergänzung seiner Mutter hatte, sinkt sie nach seinem Weggang wie tot zu Boden. Das zeigt, wie symbiotisch diese Bindung war.

Er findet einen Lehrmeister, der nachholt, was die Mutter versäumt hat. Dieser bringt ihm vor allem zwei Dinge bei: Er sei zu alt, sich immer auf das zu berufen, was seine Mutter ihn gelehrt habe. Er unterstützt damit die seelische Trennung von den Normen und Maßstäben der Mutter. Und dann sagt er – und damit richtet er

Schaden an –, Perceval solle nicht zu viel fragen. Er unterbindet damit auf männliche Art die Neugier dieses Menschen, die ihm doch die Trennung von der Mutter ermöglicht hat, und trennt ihn damit auch vom tragfähigen Urgrund seines eigenen Handelns, seiner eigenen Aktivitäten. Denn durch Fragen gewinnt der Mensch neue Erkenntnisse. Fragen und Antworten bewirken auch Kontakte zwischen Menschen und knüpfen neue Beziehungen. Perceval ist also zwischen zwei Extreme geraten: das allzu bindende Weibliche und das allzu trennende Männliche. Jetzt wird es ihm schwer werden, sich selbst zu finden.

Schließlich bricht Perceval auf zur Quest. Er will die Mutter besuchen, findet sie aber nicht und trifft statt dessen auf die Frau Blanchefleur. Er trifft das Weibliche in einer neuen, anderen Form, nachdem er dem Mütterlichen entwachsen ist und es nicht wiederfindet. Auch dort hält es ihn nicht lange. Er hat die unerlöste, bedrohte Frau gefunden statt der Mutter. Er kämpft auch für sie, aber da jeder Mensch letztlich nur sich selbst erlösen kann, zieht er weiter, wiederum um die Mutter zu suchen. Und wieder findet er etwas anderes: einen Fischer, der ihm den Weg zur Gralsburg weist. In dieser Burg befindet sich der Gral, ein Symbol von unerhörter Vielschichtigkeit und Vielfalt. Der Legende nach ist der Gral meist ein Gefäß mit wundersamem und wunderwirkendem Inhalt.

Das Gefäß selbst gehört, wie wir schon gesehen haben, zu den ältesten Symbolen der Menschheit. Das Gefäß, in welcher Form auch immer, als Topf, Becken, Schale, Becher, Kelch oder Pokal, ist schon für sich lebenswichtig. Ohne Gefäß läßt sich kein Inhalt aufbewahren. Ein leeres Behältnis hat die Aufgabe, gefüllt zu werden. Für sich genommen, stellt es eine Möglichkeit dar, die aber erst noch verwirklicht werden muß. Auf den Inhalt kommt es eigentlich an.

Es gibt in der Gralsgeschichte Hinweise darauf, daß dabei die Marienverehrung eine Rolle spielt, und dahinter steht die Verehrung der Muttergottheit. Aber Maria ist in der christlichen Kirche nur ein Gefäß für das Wort Gottes, ein Behälter; sie wird nur zum Aufbewahrungsort gemacht – wie die Frau überhaupt. An dieser Entwicklung erkennen wir, was ein Behälter wert ist: Er ist wichtig für das Enthaltene, aber nicht mehr. Das Aufbewahrte ist entscheidend, nicht der Aufbewahrungsort. So kommt es durchgängig zur Entwertung des Weiblichen, zu der degradierenden Entwicklung, vor der wir heute stehen.

Aber der Gral enthält etwas. Gefäß und Inhalt sind gemeinsam wichtig, eines ist ohne das andere wertlos: Leeres Gefäß und zerlaufener, verlorener Inhalt haben keinen Sinn.

Nun hat ein Gefäß zweierlei Möglichkeiten: Entweder wird darin etwas gemischt und es entsteht daraus etwas Neues, wie wir das in vielen Märchen geschildert bekommen und im Alltag in dem einfachen Beispiel eines Kochtopfes mit Suppe sehen, die als etwas Neues, Einheitliches aus vielen vorher getrennten und sehr unterschiedlichen Zutaten entsteht. Im Gefäß vollzieht sich Entstehung, Wandlung – wie im Leib der schwangeren Frau. Oder aber, als andere Möglichkeit, aus dem Gefäß heraus wird der Inhalt weitergereicht, verteilt, das Gefäß spendet Getränk und Nahrung, die ihrerseits Wachstum, Stärke, Heilung gibt und dem Tod sehr direkt entgegenwirkt, der ohne diese Wirkung, ohne die Darreichung, eintreten würde – durch Verhungern, Verdursten, Verkümmern. Es spendet also Leben.

Das Gefäß in seiner haltenden, bewahrenden, erschaffenden, nach innen wirkenden – und in seiner spendenden, gebenden, nach außen wirkenden Funktion: Beides sind weibliche und mütterliche Prinzipien über jede persönliche Weiblichkeit und Mütterlichkeit hinaus. Maria, die Gebärende, und Sophia, die Spendende, die Alma mater, hier sind sie in einem allgütigen Symbol gemeinsam verkörpert. Allerdings bezeichnet dieses Symbol wiederum nur einen Teil der Weiblichkeit, es ist unzulässig, sie nur auf diesen Teilaspekt zu reduzieren.

Aber zurück zur Gralslegende. Ein Fischer weist Perceval den Weg zum Gral – zum überpersönlichen, allgemein Weiblich-Mütterlichen, wie wir gesehen haben. Perceval findet die Burg, er tritt ein und wird vom Burgherrn empfangen. Schließlich wird auch die Abendmahlzeit eingenommen. Und nun erscheint der Gral. Er wird in feierlicher Prozession von einer Frau vorbeigetragen. Was Perceval nicht weiß: Hier wäre Neugier, hier wäre die Frage erlösend, die ihm von seinem männlichen Lehrmeister verboten worden ist. Und so sieht er nur staunend, was da an ihm vorbeigetragen wird: zuerst die Lanze, dann Leuchter, dazwischen der Gral, danach ein silberner Teller. Die Lanze ist nach der Legende die gleiche, die Jesus am Kreuz verletzt haben soll, woraufhin dessen Blut aus der Brustwunde in einen Kelch geflossen sei. An dieser Stelle verknüpft die Legende Historisches mit Symbolischem. Josef von Arimathia soll diesen Kelch gehalten haben. Später wird er in den Kerker geworfen, und dort erscheint ihm Jesus, zeigt ihm den Kelch, den Gral, der Josef in den Jahren seiner Kerkerhaft am Leben erhält und tröstet. Nährend, ohne gefüllt zu werden, und tröstend – kommt uns dies nicht bekannt vor?

Diese Geschichte erinnert an ein Motiv aus der Zeit der Römer: Ein alter Mann wird im Kerker gefangengehalten, er soll verhungern. Der einzige Mensch, der Zutritt zu ihm hat, ist seine Tochter. Die Wärter warten auf den Hungertod des Alten, der jedoch auch nach vielen Wochen noch lebt. Schließlich entdecken sie, daß die Tochter, die ein Kind geboren hat, ihn täglich an ihrer Brust nährt und ihn so am Leben hält. Maler verschiedener Zeiten sind von diesem Motiv angeregt worden und haben diese Geschichte als «Römische Nächstenliebe» im Bild dargestellt.

Hier ist es das Blut aus der Brust Jesu, das den Josef von Arimathia am Leben erhält. Jesus in einer nährenden, weiblichen Funktion?

Der Gral wird bei jeder neuen Speise wieder vorbeigetragen, und Perceval sieht ihn «völlig unbedeckt» (Chrestien) an sich vorüberziehen. Bei Wolfram von Eschenbach wird der Gral selbst als Spender von Speise und Trank beschrieben: «die werde geselleschaft/ hete wirtschaft vome grâl.»[24]

Perceval ist noch nicht reif, den Gral zu erlangen. Dazu wird er noch viele Erfahrungen sammeln müssen. Am nächsten Tag ist die Burg wie verlassen, Perceval ist allein, der Gral ist wieder verschwunden. In der Folge wird eine weitere erstaunliche Eigenschaft des Grals deutlich: Der Gral erscheint nur zu bestimmten Zeiten. Zwar ist er immer vorhanden, er manifestiert sich aber nur manchmal und kann nur dann gefunden werden.

Auch dies kommt uns bekannt vor: Mütterlichkeit ist als Phänomen immer da. Aber sie manifestiert sich nur zu bestimmten Zeiten. Brüste hat jede Frau, aber nähren kann sie nur zu bestimmten Zeiten. Die Potenz des Nährens ist immer da, aber zur Potenzverwirklichung, zur Manifestation kommt es nur zu bestimmten Zeiten im Leben einer Frau.

Nach dem Fortgehen aus der Gralsburg zieht Perceval lange umher. Er begegnet noch vielen Frauen – Verkörperungen unterschiedlicher Aspekte der Weiblichkeit – und erfährt vom Tod seiner persönlichen, einengenden, besitzergreifenden Mutter, bis er schließlich fähig wird, dem Prinzip des Weiblichen zu begegnen, ihm zu dienen und sich seiner zu bedienen. Symbiose mit der Mutter und zu große Begrenztheit durch das Väterliche des Lehrmeisters, unbegrenzte Verschmelzung und eng gegrenzte Isolierung und Abspaltung – beides gilt schließlich nicht mehr für Perceval. In der Begegnung mit Perceval entfalten sich die ganzen Kräfte des Grals: Der verwundete König wird geheilt und erlöst, das verdorrte Land wird wieder fruchtbar, weil die Quellen wieder fließen können.

Der Gral ist das Symbol der Ganzheit und ein Symbol der Weiblichkeit, aber auch ein Symbol des Paradieses. Er enthält alle Aspekte der Frau, körperliche und geistige; er verkörpert das Gefäß des Leibes und das Seelische als Entwicklung und Entfaltung. Er erlöst aus der Einseitigkeit beider Extreme, er verbindet zwei Pole und führt zum Selbst hin, weg aus Symbiose und Isolation, er macht ganz. Die Suche nach dem Gral ist die Suche nach dem Selbst. Der Gral kann offenbar eine Kraft in uns selbst sein, eine Quelle, die uns nährt und die uns «das Wasser des Lebens» spendet, so wie die versiegten Wasser des wüsten Landes wieder frei fließen. Das Prinzip des Nährens und des Lebens in uns selbst finden zu können und damit wieder Anschluß an unseren überpersönlich-mütterlich-weiblichen Urgrund zu erreichen – das wäre eine sinnvolle Quest für jeden und jede von uns, für jeden Menschen.

Aber ist eine solche Suche für den heutigen Menschen noch zeitgemäß? Der nun folgende Traum ist 1983 geträumt worden, der Träumer war ein 52jähriger Mann, der eine führende Stellung im Management der Industrie einnimmt:

«Ich befand mich allein in der alten, barocken Jesuitenkirche meines Geburtsortes, ganz vorne in der linken Bankreihe der ‹Frauenseite› kniend. Ich blickte gebannt zum linken Seitenaltar hin, der ganz im Dunkeln lag. Ich wußte, daß dort – anstelle des

Seitenaltars – ein indischer Guru nackt im Lotussitz saß und intensiv zu mir herüberblickte. Zwischen uns beiden wogte ein intensiver Kraftstrom hin und her. Ich bemerkte, daß der Guru fast schwarzhäutig war und gekraustes Haar hatte. In der Nische des Seitenaltars wurde es allmählich heller, und mit zunehmendem Licht verwandelte sich auch der Guru. Seine Haut wurde ebenfalls heller und heller, bis sie schließlich weiß-strahlend war, und auch sein Haar wurde glatt und weich. Besonders auffallend war aber die Verwandlung seines Körpers, der zunehmend weiblich-weiche Formen annahm und Brüste entwickelte.»

Dieser Mann kehrt im Traum an den Ort seiner Kindheit zurück. Er kehrt vor allem auch an den Ort seines «Kinderglaubens» zurück, allerdings kniet er in einer Bankreihe der Frauenseite. Dort mag er als Kind mit seiner Mutter gekniet haben – Rückkehr auch zur Mutter?

Aber etwas ist im Traum anders als in seiner Kindheit: Im linken Seitenaltar befindet sich kein christlicher Heiliger, sondern ein indischer Guru, nackt und dunkel. Eine starke Beziehung, ein Kraftstrom, wird zwischen ihm und dem Guru wirksam. Dieser Mann hat etwas Eigenes an die Stelle der Heiligen gesetzt und sich damit aus der Einseitigkeit seines Kinderglaubens gelöst. Er selbst bemerkt dazu:

«Ich fühlte mich bestätigt, auf dem richtigen Weg zu sein. Ich mußte die einengenden Fesseln meiner katholischen Herkunft sprengen und auf die Suche nach meiner eigenen inneren Religiosität gehen. Dabei stieß ich auf indisches Gedankengut. Im Traum erlebe ich nun die Aufnahme indischer Spiritualität in meinen angestammten Hintergrund. Ich erlebe damit eine Erweiterung und Befreiung und ganz besonders eine Bestätigung, daß dieser Weg für mich richtig ist.»

Aber das ist nicht alles, was in diesem Traum geschieht. In der Kirche wird es heller – dies entspricht einer Zunahme der Bewußtwerdung, und mit seiner zunehmenden Bewußtheit bemerkt er weitere Veränderungen: Die Haut des Gurus wird heller, bis sie weiß-strahlend ist; das gekrauste Haar wird glatt und weich; aber die wesentliche Veränderung geschieht mit dem Körperbau des Gurus. Dieser nimmt zunehmend weibliche Formen an, es wachsen ihm Brüste.

Dieser Mann hat sich aus der Bindung von persönlicher Mutter und angestammter Kirche gelöst. Er mußte nach eigenen Wegen und Entwicklungszielen suchen. So hat er sich auf die Quest gemacht. Die Parallelen zu Perceval sind deutlich. Auch dieser löste sich von seiner Mutter, seiner Herkunft, und fand zuerst einen männlichen Lehrmeister, einen «Guru». Aber dies war nicht das endgültige Ziel seiner Suche, die schließlich zum Gral, dem Sinnbild des Weiblichen, führte. Auch der Träumer hat sich auf die Suche nach dem Selbst, seinem Entwicklungsziel, gemacht. Und auch er findet das Weibliche als leitende Kraft in sich selbst.

Die Erweiterung des eigenen Horizontes kann durch die Begegnung mit der Spiritualität anderer Religionen und Kulturen geschehen, im eben geschilderten Traum war es die Begegnung mit indischem Gedankengut.

Wie eng die Verknüpfung von Entstehung und Erhaltung mit Weiblichem und insbesondere mit der mütterlichen Fähigkeit des Nahrungsspendens, mit der Milch, ist, zeigt ein Mythos aus einem anderen Kulturkreis, nämlich aus dem Hinduismus.

In den kanonischen Schriften des Hinduismus, das sind unter anderem die Purânas, Lehrgedichte, sind die Legenden über Götter und Helden, aber auch philosophische Überlegungen und rituelle Anweisungen enthalten. Sie beruhen zum Teil auf sehr frühen Motiven, sind aber als Schriften wohl erst in der Zeit nach Christus entstanden. Sie galten um etwa 1000 n. Chr. schon als heilige Bücher, müssen also einige Zeit vorher abgefaßt worden sein. Eine ihrer Legenden ist der Mythos vom Milchmeer.

Das Milchmeer wird beschrieben als ein Meer, das den Trikuta umgibt. Der Trikuta ist ein mythischer Berg, der drei Gipfel aus Eisen, Silber und Gold hat und am Fuße des Meru liegt; auch der Meru ist ein mythischer Berg aus Gold und wird als Mittelpunkt der Erdscheibe und der Sternenbewegung gedacht. Vishnu – einer der großen Götter des Hinduismus, der als Erhalter der Welt zusammen mit Brahman, dem Schöpfer-Gott, und mit Shiva, dem Zerstörer und Schöpfer, eine Trinität bildet – ruht in kontemplativem Schlaf im Milchmeer. Er wird von Garuda, seinem Reittier, bewacht.

Der Mythos erzählt, wie durch den Fluch des Heiligen Durvasas, einer Teilverkörperung Shivas, die Götter vom Untergang bedroht waren. Das Land war verdorrt, die Brunnen waren vertrocknet, die Teiche leer – wie im wüsten Land in der Gralssage. Auf Vishnus Rat versuchen sie daraufhin, gemeinsam mit den Asuras (den Göttern und Mächtigen des Himmels, die über Maya, jene Wunderkraft, aus der Vishnu die Welt hervorgehen ließ, verfügen), den Unsterblichkeitstrank, Amrita genannt, zu gewinnen:

«Vor Durst und Hunger schmachtend
sind die drei Welten jetzt, die Erde recht beraubet,
ist tödlich schon verletzt; weil Menschen nun und
Geister vor Durst und Hunger matt,
So nahn wir dir, der Rettung in seinen Händen hat,
es sei von dir Erbarmen dem bittren Leib geschenkt» –
da sprach der Hohe Vater, der alle Welten lenkt,
Brahmâ sprach:
«Weil durch den Fluch des Weisen des Glückes Göttin schwand,
Weil sich durch dieses Unheil gelöst der Schöpfung Band,
Laßt zu Nârâyan's Himmel uns steigen alsobald.»
Drauf ging er mit den Göttern hin, wo das Milchmeer wallt.
...

«So eilt zum Mandarfelsen hin, an des Milchmeers Strand,
und dreht diesen Felsen, um dessen Fuß sich schlingt
Der König aller Schlangen; nur so, Ihr Götter zwingt
Ihr Lakshmi zu erscheinen, und Glück wird Euch zuteil.
...

Die Götter aber rührten das Milchmeer fort und fort;
Der Schlangen König wand sich rings um der Felshöhl' Grund.
So drehten ihn die Götter und Rishis nun die Rund,
Und sangen Shrî zu Ehren die Hymnen sonder Rast.
Da sahn am elften Tage, von grausem Schreck erfaßt,
Ein scharfes Gift sie steigen aus jenem Element;
Das Gift heißt Kâlakûta, und höllenglutgleich brennt;
...

Da sangen sie den Mantra, der die drei Namen hält,
Durch dessen Kraft verschwand nun der Giftdunst aus der Welt.
...

Und rührten in dem Milchmeer mit frischer Kraft, erneut;
Da schwebte aus dem Meere der ersten Göttin Bild,
Aus dem ringsum bewegten, in Strahlen eingehüllt,

Und sprach, dem Naß entsteigend: sagt, was ist eu'r Begehr?
Aufs neue rührten alle die Götter in dem Meer,»

...

Weitere Götter entsteigen während dieses Quirlens dem Meer.
«Als nun am zwölften Tage, beim Sonnenaufgang ich,
Samt den andern Göttern bewegte jenes Meer,
Erschien die Hohe Lakshmî, die Herrin aller Welt,

...

Und Brahmâ auch im Osten steigt aus des Milches Meer.» [25]

Die Götter quirlten also das Milchmeer mit Hilfe des Berges Mandara als Stock, der Schildkröte Kurma (Vishnu in seiner 9. Inkarnation) als Grundlage und dem Schlangenfürst Vasuki als Seil. Aus diesem Quirlen des Milchozeans schließlich gingen das Gift Kâlakûta oder Halahala, die Kuh Surabhi (ein vergöttlichtes Tier) und das Pferd Uccaishravas und der Elefant Airavata hervor. Weiterhin erschienen der Parijâta-Baum, die Apsaras (Nymphen) und dann die Göttin Lakshmî. Zum Schluß entstand Amrita, der Unsterblichkeitstrank. Damit war die Welt erlöst.

Hier ist es also ein Milchmeer, das alles Göttliche hervorbringt, aber auch tödliches Gift, das unschädlich gemacht werden muß. Aber letztlich gelingt es, Hunger und Verderben zu bannen; Amrita, der Unsterblichkeitstrank, entsteht aus der Milch. Nach anderen indischen kosmogonischen Vorstellungen war die ganze Welt in ihrem Uranfang ein Milchmeer, aus dem durch einen riesigen Quirl oder auch durch Peitschenschläge Butter gewonnen werden konnte, die die erste Nahrung der Lebewesen darstellt. Butter gilt in Indien als Träger kosmischer Energien: Milch als erste Nahrung, als Uranfang.

Es dürfte aber auch in anderen Kulturen noch mehr, zum Teil vergessene Hinweise auf die entscheidende Wichtigkeit des Nährens und der Milch geben.

In Anatolien gibt es die Ausgrabungsstätte von Çatal Hüyük, einer Stadt, die vor etwa 8000–9000 Jahren eine bedeutende Industrie- und Handelsmetropole gewesen sein muß. Diese Stadt war auch ein religiöses Zentrum. Ein überraschender Fund dort zeigte, daß die Menschen damals schon mit dem Mysterium der Wandlung vertraut gewesen sein müssen. In einem Kultraum fanden sich neben einem Stierhaupt, das aus der Wand herausragte, zwei ebenfalls aus der Wandfläche hervortretende röhrenartige Gebilde. Sie wurden als stilisierte Frauenbrüste gedeutet. Eine nähere Untersuchung zeigte eine Überraschung: Die Gebilde waren mit Geierknochen angefüllt. Die Knochen des toten Totenvogels wurden symbolisch zum Lebensstoff umgedeutet, denn der Tod des Todes bringt das Leben hervor. Wir sehen also, daß bereits in einer so frühen Zeit das Wissen um die lebenspendende, wandelnde Kraft der weiblichen Brust nicht nur bekannt, sondern auch verehrt und symbolisch benutzt wurde.

Die Brust als Symbol des Uranfangs des Lebens und als Symbol der Wandlung – die ganze Vielseitigkeit dieses Geschehens war bekannt und ist uns in seiner vollen Bedeutung verlorengegangen.

Aber das Nähren bewirkt auch Stärke. Wir müssen wieder einen großen Sprung tun, um jetzt in die griechische Mythologie einzutauchen.

In vielen antiken Sagen spielt das Motiv, daß Menschen von Tieren gesäugt werden und dadurch besondere Eigenschaften bekommen, eine große Rolle. So wird Kybele, die Tochter des phrygischen Königs Meon und der Dindyma, ausgesetzt, weil sie kein Knabe war. Sie stirbt nicht, sondern wird von Panthern und Löwen ernährt, schließlich von Hirten gefunden. Als sie, erwachsen geworden, von ihren Eltern erkannt wird, greifen diese wieder in ihr Leben ein und töten den Mann, den sie liebt. Kybele wird aber schließlich zur Göttin, und zwar zur Mutter-Gottheit, zur Göttin der Erde und schließlich zur Mutter der Götter. Jupiter, der Zeus der Griechen, soll der Sage nach ihr Sohn sein. Sie wird hier mit der Mutter-Göttin Rhea gleichgesetzt. Jupiter muß, damit ihn sein Vater nicht verschlingt, in einer Höhle versteckt und aufgezogen werden. Er wird von der Ziege Amalthea genährt. Andere Sagen sprechen von einer Nymphe gleichen Namens. Nach einem Jahr ist Jupiter schon stark genug, um es mit Saturn aufzunehmen. Auch hier werden mit dem Säugen durch ein mütterliches Tier besondere Kräfte übertragen.

Die Ziege Amalthea wurde zum Lohn für ihre Ammendienste unter die Sterne versetzt. Jupiter brach ihr aber ein Horn ab, dem die Kraft innewohnte, Speisen und Getränke im Überfluß hervorzubringen – ein weit verbreitetes Motiv also, wie wir bereits im Märchen gesehen haben, das hier direkt mit der nährenden Ziege verbunden ist.

Die Ziege ist eines der ältesten Symbole für Mütterlichkeit, ähnlich wie die Kuh. Sie steht in vielen Kulturen im Zusammenhang mit Fruchtbarkeitsriten und ist in Indien Symbol für Urmaterie und Verkörperung der Urmutter. Auch im Märchen «Einäuglein, Zweiäuglein, Dreiäuglein»[26] ist die Ziege die Verkörperung der nährenden und den Tod überwindenden Mutterliebe.

In einem anderen Zusammenhang, nämlich als notwendige Voraussetzung zur Adoption, finden wir die Bedeutung des Nährens in der folgenden Sage dargestellt:

Zeus bittet Hera, daß sie den Herakles adoptiere. Daraufhin legt sich Hera zu Bett. Sie nimmt das Kind unter ihre Kleidung und läßt es darunter zu Boden gleiten. Herakles verdankt seine Unsterblichkeit dem Umstand, daß er durch die Göttin genährt worden war. Nähren adoptiert – es ist so wichtig wie gebären. Das genährte Kind wird zum eigenen Kind. Gleichzeitig überträgt es wie im Märchen «Der junge Riese»[27] auch hier die Eigenschaften der Göttin, er wird unsterblich.

In einer anderen, späteren Form dieser Sage bittet Zeus nicht mehr, sondern verfügt über Hera. Er überwältigt sie, indem er sie einschläfert. Hermes legt den Herakles an ihre Brust. Aber Herakles beißt Hera, die daraufhin erwacht. Sie stößt den Knaben von sich, wobei ihre Milch über den Himmel fließt. So wird die Entstehung der Milchstraße erklärt.

Die Göttin wird gebraucht, weil sie über eine Fähigkeit verfügt, die Zeus fehlt und die unentbehrlich ist. Aber die Göttin wird hier nicht mehr gefragt, ob sie ihre Fähigkeit zur Verfügung stellen will; sie wird eingeschläfert und benutzt, dabei auch durch den Biß des Knaben verletzt.

Diese kurze Zusammenstellung einiger Mythen erhebt keinen Anspruch auf Vollständigkeit. Es gibt in vielen Kulturen viele weitere Mythen und Legenden, aber auch kultische Abbildungen, die mit der Brust und ihren Funktionen zusammenhängen.

Die weibliche Brust hat noch in einer anderen Überlieferung eine gewisse Bedeutung, und zwar symbolisiert sie hier einerseits Weiblichkeit, andererseits wird immer wieder das Fehlen oder die Zerstörung einer Brust – durch die Frauen selbst – erwähnt:

Die Amazonen – sind sie Mythos oder Geschichte? Genausowenig, wie diese Frage beantwortet werden kann, wissen wir auch über die Herkunft des Wortes. Es soll im Griechischen «die Brustlosen» heißen, von «a-mazos» kommen; diese sprachliche Herkunft des Wortes wird jedoch immer mehr angezweifelt, zumal die Amazonen nicht die griechische Sprache benutzten. Eine andere Möglichkeit wäre die, daß es sich von «a-maza» ableitet, «diejenigen, die ohne Gerste leben», die kein Brot herstellten, weil sie von der Jagd lebten. Eine weitere – vielleicht die wahrscheinlichste – Ableitung kommt vom indogermanischen Wort für «Mond», Sanskrit «masa»; es war überliefert, daß die Amazonen den Mond, ein Symbol der Weiblichkeit, verehrten.

Aus der Zeit der Amazonen, etwa um 1300–1200 v. Chr., ist nichts Schriftliches überliefert. Die ältesten schriftlichen Zeugnisse über die Amazonen stammen von Homer, also mehr als 800 v. Chr. Er erwähnt sie an drei Stellen der Ilias. An sich wird Homer von den Historikern als zuverlässige Quelle betrachtet. Auch spätere Autoren, Diodor, der im Jahrhundert v. Chr. lebte, Plutarch, geboren 46 n. Chr., Justin, etwa 100–165 n. Chr., beschreiben das Volk der Amazonen und die Amazonenkämpfe. Andere, wie Strabon, etwa 100 v. Chr., bezweifeln die Existenz der Amazonen vehement.

Dagegen sprechen in der Tat die fehlenden zeitgenössischen Aufzeichnungen, wobei zu sagen ist, daß es aus dieser frühen Zeit ohnehin wenig schriftlich Überliefertes gibt. Aber auch in den ägyptischen Papyri fehlen die Hinweise auf sie. Allerdings gibt es an sehr verschiedenen Orten erstaunlich ähnliche Sagen über sie. Die Archäologie kennt jedoch keine Funde der beschriebenen typischen halbmondförmigen Schilde und der gefürchteten Doppeläxte; allerdings ist danach noch nicht mit dem gleichen Engagement gesucht worden wie beispielsweise nach anderen Zeugnissen der Vergangenheit.

Wer waren die Amazonen?

Sie waren ein Volk von Frauen, die sich gegen die Übergriffe männlicher Stämme verteidigten, aber diese auch angriffen und zu

Eroberungen auszogen. Sie waren in den meisten Überlieferungen ein Volk ohne Männer. Sie benützten Männer lediglich dazu, um Nachkommen zu erzeugen. Mit den neugeborenen Knaben verfuhren sie nach verschiedenen Sagen in unterschiedlicher Weise: Sie töteten sie sofort nach der Geburt; sie gaben sie an den väterlichen Stamm zurück, wo sie aufgezogen wurden; sie verstümmelten sie, so daß sie kein Unheil mehr anrichten konnten und für kriegerische Angriffe unbrauchbar waren, und benutzten sie für Arbeiten im Hause; sie lebten in friedlicher Koexistenz mit ihnen, wobei den Männern die häuslichen Aufgaben zufielen.

Die neugeborenen Mädchen wurden zu Jägerinnen und Kriegerinnen erzogen. Dazu gehörte der Überlieferung nach, daß ihnen als kleinen Kindern die rechte Brust ausgebrannt wurde, denn das Herausragen der Brust galt als hinderlich im Kriege, besonders beim Bogenschießen. Nach den Amazonenlegenden lebten die meisten Amazonen in Kleinasien, an dem Fluß Thermodon; auch die Schwarzmeeramazonen werden beschrieben. Andere frühere Amazonenstämme sollen in Libyen gelebt haben.

Ist der Gedanke an die Existenz von Amazonen wirklich so absurd?

In den ersten menschlichen Gemeinschaften sollen die Frauen bestimmend gewesen sein. Das läßt sich auch leicht verstehen. Nichts ist sicherer als die Erbfolge durch Frauen. Ob ein Kind das Kind eines bestimmten Mannes ist und damit sein Nachkomme, bleibt immer unklar. Die mütterliche Ahnenreihe ist hingegen unbezweifelbar, während an der väterlichen immer Ungewißheiten bleiben. Aber nicht nur das: Frauen waren auch die ursprünglichen Ernährerinnen ihrer Sippe, vom ersten Tag an, aber auch dadurch, daß sie durch das Hegen von Pflanzen den Ackerbau begründeten und die einfachen Instrumente zur Bearbeitung der Erde erfanden. Die Männer dieser frühen Gesellschaften trugen durch Ausübung der Jagd zur Ernährung bei. Die Frauen bestimmten aus Gewohnheit und aus der Kraft ihrer nährenden Funktionen heraus. Sie besaßen keinen Besitz, keine Hierarchie, damit keine Herrschaft und auch keine Waffen. So war es leicht, die frauenbestimmende Gesellschaft abzuschaffen. Männer sind eher bereit, Gewalt in jeder Form auszuüben und zu rauben, sie sind auch körperlich stärker. Mitbestimmend war sicher auch das männliche Bedürfnis nach dem Beweis seiner persönlichen biologischen Unsterblichkeit. Der Mann mußte der Produkte seines eigenen Spermas sicher sein. Dafür war es notwendig, sich eine bestimmte Frau als eine Art «Haustier» zu halten. Sonst war er nie sicher, ob seine Kinder auch wirklich von ihm abstammten. Die Existenz von Amazonen ist daher denkbar als der letzte Versuch der Frauen, die überkommene Kultur der Frauenbestimmung und Frauenfreiheit zu erhalten. Hierzu mußten sie die Waffen der Männer, die nicht ihre waren, also die Waffen der Gewalt, anwenden. Damit stellten sie eine Gefahr dar, die aber, da die Waffen der Frau andere sind und da sie mit fremden Waffen kämpfen mußten, nicht unüberwindbar war. Die Erbitterung der Männer war sicher groß, denn das Amazonentum ist die schlimmste Abweichung von den Normen der männlichen Herrschaftstheorien, eine Umkehr männlicher Werte, ein Infragestellen männlicher Überlegenheit.

Warum sollen die Amazonen aber eine Brust geopfert haben, wenn sie den Kampf gegen Männer antraten? Denn dieser Hinweis zieht sich konstant durch die verschiedenen Quellen der Amazonensagen. Allerdings stellen die griechischen Bildhauer auf verschiedenen Friesen und Altären und die griechischen Vasenmaler die Amazonen immer unverstümmelt dar.

Was kann aber eine Brustverstümmelung aussagen? Könnte sie, wenn sie vorgenommen worden war, eine Reaktion sein?

Die Amazonen mußten auf die weiblichen Arten der Aggression verzichten. Die weiblichen Aggressionsformen, die in den Mythen von den Muttergottheiten dargestellt werden, sind Einverleiben, In-sich-Aufnehmen, Verschlingen, Ersticken, Überschütten und Vergiften, also Aggressionsformen, die gleichsam nach innen wirken. Männliche Aggressionsformen, wie sie in der Geschichte der «Mannheit» immer aufgetreten sind, sind Zuschlagen, Erschlagen, Erstechen oder Erschießen, also nach außen hin wirkende Aggressionsformen. Von den Amazonen wurde somit eine unweibliche Art der Aggression erzwungen, die symbolisch durch den Verzicht auf eine Brust dargestellt werden kann. Damit war ihr Untergang vorprogrammiert. Das Handeln gegen sich selbst könnte sich auch in einer autoaggressiven Selbstverstümmelung gezeigt haben. Die neuere Medizin scheint dies anzunehmen, indem sie den «Amazonenkomplex» beschreibt; damit sind Frauen mit autodestruktiven

Tendenzen gemeint, die «die normale Frauenrolle», was immer das sein mag, nicht akzeptieren und an Brustkrebs erkranken.

Diese Erklärung ist sehr einfach, fast so einfach wie diejenige, die unwidersprochen angenommen wird, daß nämlich die Amazonen sich die Brust ausbrannten, weil sie beim Bogenschießen störte. So leicht sollten wir es uns nicht machen.

Ein anderer Erklärungsansatz könnte darin bestehen, daß sie ihre Weiblichkeit ablehnten, weil sie damit in einer veränderten Welt nicht zurechtkamen, und dies durch Selbstverstümmelung dokumentierten. Sie machten sich damit unattraktiv und bewiesen, daß sie ohne Männer auskamen. Auch dies wäre eine recht simple Erklärung.

Ein anderer Gedanke wäre folgender: Die Amazonen werden an der Nahtstelle zwischen Orient und Okzident lokalisiert, sie lebten am Übergang der alten Zeit zur Antike, die für sie die neue Zeit war, sie lebten ebenso am Übergang von frauenbestimmten Gesellschaften zur Männerherrschaft. Sie saßen also sowohl räumlich, zeitlich als auch politisch an den Stellen der «Spaltung». Nun ist bekanntlich das Prinzip der Spaltung eher ein männliches Prinzip, während Verbindung ein weibliches Prinzip ist. Es könnte also überlegt werden, ob diese Frauen nicht den Wunsch hatten, durch den Verzicht auf ein Stück Weiblichkeit, also durch den Verzicht auf eine Brust, mehr Männlichkeit darzustellen, mehr Ganzheit und nicht ausschließlich weiblich zu sein, also «androgyner» zu werden. Auch Pfeil und Bogen, angeblich der Grund für die Selbstverstümmelung, sind ja ein Ganzheitssymbol. Vordergründig hieße das möglicherweise auch, den neuen Herrschaftsverhältnissen angepaßter zu sein.

Das Ausbrennen der Brust könnte auch eine kultische Handlung und eine Art von Initiation gewesen sein und Aufnahme in die Gemeinschaft der Amazonen bedeutet haben. Damit wäre eine Brust als Opfer dargebracht worden, als Opfer vielleicht für die Muttergöttin? Die Priester der Kybele, der Muttergöttin, die sogenannten Korybanten, entmannten sich, indem sie sich die Genitalien mit einem geweihten Steinmesser abschnitten. Der Gebrauch eines Steinmessers deutet auf einen sehr frühen Kult hin. Andere Messer waren verboten. Frauen, die sich der Kybele weihten, sollen sich die Brüste abgeschnitten haben. Ein solcher Kult ist für die Amazonen

185

nicht beschrieben worden, aber etwas Ähnliches ist durchaus denkbar, der Sinn der Brustlosigkeit auf der rechten Seite wäre so am ehesten begründet. Aber das sind Mutmaßungen, die versuchen, eine Sage zu verstehen.

Wir wissen auffallend wenig über die Amazonen. Verständlich ist dies schon: Unliebsame Männer werden aus dem Land vertrieben, sie bleiben aber auch in ihren Niederlagen Helden, ihr Tod ist ein Heldentod. Unliebsame Frauen hingegen werden aus dem Bewußtsein vertrieben. Ihr Tod ist kein Heldentod, sondern der Tod durch Vergessen, wie unsere gesamte Geschichtsschreibung und unser historisches Verständnis beweist.

Kehren wir in die Gegenwart zurück. Der folgende Exkurs über andere Kulturen zeigt deutlich, wie sehr die europäische sogenannte wissenschaftliche Betrachtungsweise spezialisiert ist, so daß sie im Laufe der Zeit den Bezug zum Lebendigen verloren hat. Im Zuge der Kolonialisierung – ein Höhepunkt in der männlichen Geschichte, was Anmaßung und Zerstörung betrifft – hat sie sich jedoch zur einzig richtigen, weil logischen Art zu denken erklärt und sich damit den Zugang zum symbolischen Denken und zum Verständnis des Symbols an und für sich verbaut. Symbole können nun einmal nicht auf der Basis von Subjekt-Objekt-Trennung im Sinne einer wissenschaftlichen Denkweise verstanden werden. Die einseitige rational-männliche Orientierung bewirkt einen Spaltungsprozeß, der weltweit die Stammeskulturen zum Untergang geführt hat.

Bei einem Volk aus dem Hochland von Indonesisch-Neuguinea zum Beispiel, das G. H. Herd in seinem Buch «Guardians of the Floods» [28] «Sambia» nennt, schildert er Gebräuche, die darauf schließen lassen, daß nicht nur die biologische Funktion, sondern auch die symbolische Bedeutung der Brust bekannt ist.

So wird im Rahmen der Abfolge der Initiationsschritte den Knaben beigebracht, daß sie den Samen älterer, noch unverheirateter Männer trinken müssen. Diese ersetzen wiederum den verlorenen Samen durch das Trinken einer Pflanzenmilch, die aus einer Wurzel bereitet wird, die den gleichen Namen wie die weibliche Brust tragen soll. Mädchen schlucken im Rahmen der Heiratsprozedur den Samen ihres Bräutigams. Das soll sie nicht nur stark machen, sondern ihre Vagina öffnen und sich in ihrer Brust in Milch umsetzen. Das Samengeben und Samentrinken wird hier ganz bewußt mit dem Nähren und Milchtrinken gleichgesetzt. Es muß also bekannt sein, welche Macht in der Brust verkörpert ist, daß die Männer dort alles tun, um die Milch der Frau zu ersetzen, beispielsweise indem sie Samenflüssigkeit und Pflanzenmilch trinken. Es zeigt sich aber auch, daß dieses Wissen abgewehrt und durch männliche Überlegenheitsphantasien ersetzt wird, indem vorgegeben wird, daß sich die Milch in der Brust der Frau erst durch das Samentrinken bilden soll.

Anders ist es bei den Karanga, einem afrikanischen Stamm in Rhodesien. Sie streben, wie viele andere ursprüngliche Stämme, eine Synthese von Subjekt und Objekt an. Sie können daher ebenfalls nicht aus dem Bereich des Logischen verstanden werden. Die Bedeutung der Brust ist den Karanga in ihrer biologischen Funktion als sexuelles und als mütterliches Organ selbstverständlich wohlbekannt. So ist sie im Liebesspiel zwischen Mann und Frau, das bei den Karanga einen großen Platz einnimmt, ein ausgesprochenes Reizobjekt. Es findet sich bei diesem Stamm nämlich die Vorstellung, daß der Ehemann der erste Säugling seiner Frau sei. Zum Nähren des Kindes wird die Brust während der ersten zwei bis drei Lebensjahre als einzige Nahrungsquelle benutzt. Die Karanga wissen also um die Wichtigkeit der Muttermilch. So gelten große Brüste als Vorboten starker Kinder, und es wird alles getan zur Vergrößerung der Mamillen, damit das Kind auch wirklich daran saugen kann.

Aber neben diesen konkreten Aufgaben hat die weibliche Brust ihre ebenso festen Funktionen im symbolischen Weltbild des Stammes. So gilt die strikte Weisung an den Mann, eine Frau niemals auf die Brust zu schlagen, da er sie dadurch töten könne. Dies verrät mehr als bloße höfliche Umgangsregel, es erinnert andeutungsweise an das Zitat aus dem Roman von H. H. Ewers (Seite 107). Die Weisung zeigt aber auf, daß die Brust symbolisch als Sitz des Lebens gesehen wird – wie übrigens auch das Genitale des Mannes. Für die Karanga ist die Analogie leicht verständlich. Die Brust steht vom Körper ab und gibt eine weiße Milch, die das Leben der Kinder erhält. Das Genitale des Mannes steht ebenfalls vom Körper ab und

produziert eine weiße Flüssigkeit, den Samen, der neues Leben er-
zeugt und das Kind im Uterus ernährt. Für die Karanga sind diese
beiden Organe im eigentlichen Sinn des Wortes lebens-wichtige
Teile des Menschen, sie sind Trägerinnen des Lebens und geben das
Leben weiter.

Die Brust findet sich als Symbol in Alltagsgegenständen, die
sehr bewußt gehandhabt werden, indem deren Gebrauch ein Identifizieren mit dem Dargestellten durch Analogie bewirkt, ganz im
Sinne Jaspers':

*«In Symbolen ursprünglich leben, heißt in der Wirklichkeit le-
ben, die ich nicht weiß und doch im Symbol gegenwärtig habe.»*[29]

Ein eindrückliches Beispiel bildet der Krug, in dem sich verschiedene Symbole überschneiden. In unserem Zusammenhang
interessiert speziell, daß er, wie wir auch in den Märchen gesehen
haben, als Brust der Mutter gedeutet wird. Darin wird der tägliche
Maisbrei zubereitet – wie der Hirsebrei im Märchen «Der süße
Brei». Der Maisbrei wird von der ganzen Familie gegessen, die
Kinder wachsen davon und werden groß und stark. Die Analogie
zu den Brüsten der Mutter, die den Neugeborenen den «täglichen
Maisbrei» geben, wird ganz bewußt gesehen.

Die Kochkelle, die von ihrer Form her eigentlich ein «phalli-
sches» Symbol sein könnte, wird ihrerseits mit der eigenen Mutter
verglichen: «Wie hungrig du auch bist, die Kochkelle kannst du
nicht essen.» Damit wird die Wichtigkeit der Mutter-Kind-Bezie-
hung dargestellt. Die Kochkelle ist ja ein scheinbar unbedeutendes
Instrument. Aber nur scheinbar. Alle Zutaten für den Brei, das
Wasser, der gemahlene Mais und die Töpfe können vorhanden
sein, aber ohne Kochkelle kann nicht gekocht werden. Die Karanga wollen damit die größere und wichtigere Bedeutung der
Mutter für das Kind hervorheben, was bei ihnen mit dem Sprich-
wort ausgedrückt wird: «Die große Brust kommt von der Mutter,
des Vaters Brust ist an viele aufgeteilt.»

Besonders beim Thema der Brustmilch kommt das Zusammenspiel zwischen konkreter und symbolisch erlebter Brust zum Ausdruck. Wenn zu Beginn der Schwangerschaft die Brüste der Frau
anschwellen und Milch produzieren, so wird diese nach Meinung
der Karanga an den Embryo im Uterus abgegeben. Uterus und
Brust sind nach dieser Vorstellung gleich eng miteinander verbun-

den wie Mund und Magen. Darum darf die Frau während der Schwangerschaft ihrem Mann im Liebesspiel die Brust nicht mehr reichen; die Milch, die schon jetzt produziert wird, ist nur für das wachsende Kind bestimmt.

Daß Muttermilch eine unabdingbare Nahrung des Neugeborenen und Kleinkindes bis ins 2. oder 3. Lebensjahr ist, kommt in der Auffassung zum Ausdruck, daß einzig und allein dadurch schnelles Wachstum und Stärke möglich seien.

Andererseits ist den Karanga auch der seelische Aspekt des Nährens für Mutter und Kind deutlich. Sie erkennen, daß das Kind seine erste Liebe von der Mutterbrust bekommt. Sie setzen voraus, daß das Kind um die Liebe der Mutter wisse, indem diese es an die Brust nehme. Es spüre die Weichheit und Wärme der mütterlichen Brust und fühle sich dort glücklich, geliebt und sicher. Sie wissen auch, daß ein glückliches Kind schneller wächst und daß es stärker und klüger wird. Wenn es viel Liebe und Zärtlichkeit erhält, geht es ihm gut, ohne diese Liebe würde es krank, unglücklich und inaktiv werden, und sein Lächeln verschwände.

Das Kind an der Brust wird bei den Karanga als Einheit mit der Mutter betrachtet:

«‹Die Mutter gibt Milch, Liebe und Zärtlichkeit, aber sie empfängt auch sehr viel durch das Kind›, sagen die Karanga. Durch das saugende Kind erfährt die Mutter eine Befriedigung sexueller Wünsche, was den Ehemann teilweise ersetzen hilft. Ebenso vermittelt das Kind der Mutter Sicherheit, indem es sie fester an die Gemeinschaft bindet. Sie hat ja einen der freudigsten Höhepunkte ihres Lebens erreicht: sie gab Leben an einen Menschen, und dies nährt ihre eigene Hoffnung, selbst einmal ein echter Ahnengeist zu werden. – ‹Kind und Mutter sind wohl zwei Personen, aber sie sind Eins›, heißt es wörtlich. Denn während der Zeit des innigen körperlichen Kontaktes übermitteln sich die beiden Liebe, Trauer und Freude. Ist das Kind krank, dann ‹erzählen› die Brüste der Frau, daß dem Kind etwas fehlt, denn sie schwellen an. Ist dagegen die Mutter krank oder traurig, dann fühle sich das Kind unwohl, es werde launisch und schreie andauernd. Selbst wenn ihm die Mutter die Brust reiche, bleibe es unglücklich.»[30]

Brustmilch wird auch als Heilmittel angewendet, sie wird zum Beispiel in entzündete Augen geträufelt.

Brustmilch ist für die Karanga die mildeste Nahrung, in ihr verbinden sich Milde und Unschädlichkeit. Diese Milde wird symbolischerweise auf die Genitalien des Kleinkindes übertragen, die täglich mit der Brustmilch eingerieben werden, damit sie diese Eigenschaften annehmen. Dies kommt einer Kontrolle des Geschlechtstriebes im frühkindlichen Stadium gleich, die nach der Vorstellung der Karanga in der Folge ein normales Sexualverhalten sichern soll. Durch analoges Denken wird hier eine Art von Brustmilch-Therapie eingesetzt. Wie die Muttermilch, so weist auch der Samen für den Karanga konkreten wie symbolischen Charakter auf. Während der Zeit der Schwangerschaft findet beispielsweise intensiver sexueller Verkehr statt, denn in der Vorstellung ernährt der Samen des Mannes den Embryo im Uterus genauso wie die Brustmilch.

Die Karanga scheinen vieles von dem noch zu wissen, was wir uns mühsam wieder in Märchen und Legenden zusammensuchen müssen.

Warum wurde alles Wissen um die Wichtigkeit der weiblichen Brust und ihre Symbolik so tief verdrängt, so weitgehend «vergessen»? Wäre alles deutlich in unserem Bewußtsein vorhanden und gegenwärtig, dann hätte die Abwertung der Frau zum inferioren Wesen nicht stattfinden können.

Das Wissen um die weibliche Brust ist ein wichtiger Teil des Wissens um das Wesen der Frau, und für Frauen bedeutet es einen wichtigen Faktor im Ringen um ihr Selbstverständnis und im Neuerfassen des eigenen Wertes.

Vielleicht ist aber durch die Zusammenstellung im Vorangegangenen deutlich geworden, daß wir nicht ganz von unseren Quellen abgeschnitten sind; denn alles, was die Karanga beispielsweise noch als lebendiges Wissen bewahren, können wir uns, zwar mühsam und in Fragmenten, aus unseren eigenen Überlieferungen herleiten; Voraussetzung dafür ist allerdings, daß wir die Quellen unserer eigenen Kultur ernst nehmen und nicht abwerten. Viele Aspekte der Weiblichkeit lassen sich in mühsamer Kleinarbeit wieder rekonstruieren.

Statt einer Zusammenfassung soll sich das Ende wieder dem Anfang annähern – wir hatten begonnen mit der Frage, wie Frauen ihre Brust erleben. Dazu soll noch einmal eine Frau zu Wort kommen, die dies in Form eines Gedichtes geschildert hat:

Ich war ein Kind, ein froh verspieltes Kind,
und voll von Streichen, wie es viele Kinder sind.
Ich wußte nicht, daß diese Zeiten enden.
Verspielt trug ich die Zeit in meinen kleinen Händen.

Doch irgendwann, unmerklich, spürbar kaum
begann ich mich zu wandeln. Erst nur wie im Traum,
dann wach, erlebt' ich zaghaft-neu Gefühle
und meiner Brüste neue runde weiche Kühle.

Zuerst mit Angst – dann sah ich auch den Sinn –
nahm ich mich an und lernte langsam, wer ich bin.
Und dann, von diesem Wissen fest gehalten,
da konnte ich bejahend mich zur Frau entfalten.

Denn meiner Brust lebend'ge Wirklichkeit,
die lehrte mich den steten Wechsel aller Zeit.
Und so erlebe ich das Stirb und Werde
und nehme teil an der Unsterblichkeit der Erde.

(H. G., 56 J.)

Epilog

Die Ausgrabungsarbeiten sind einstweilen beendet.

Bei Ausgrabungen muß eine Menge an Schutt, Trümmern und Staub bewegt und entfernt werden. Wenn ich daran denke, daß diese ganze Arbeit angefangen hat mit drei Fragen, die ich mir selbst stellte, und mit einer knappen Handvoll Büchern, dann bin ich erstaunt über den Berg an Literatur, der nach jenen ersten frustrierenden Versuchen schließlich dennoch zusammenkam. Teilweise waren es Literaturhinweise in den gefundenen Büchern, teilweise aber auch die Wachheit und Aufmerksamkeit meiner Freundinnen und Freunde, die so vieles zusammentragen halfen. Die Brauchbarkeit des Gefundenen war unterschiedlich. So schienen viele Hinweise neue Spuren aufzuzeigen, aber vieles erwies sich als Sackgasse. Merkwürdiges tauchte auf, Mutmaßungen und auch reine Phantasiegebilde. Frauen sind, so hat es sich bestätigt, das am meisten diskutierte und sonderbarste Lebewesen auf unserem Planeten.

Vieles war, wie das bei Ausgrabungen so ist, nicht verwendbar, denn es hatten sich ganz moderne und unbrauchbare Scherben unter die alten gemischt. Rekonstruktionen wurden dadurch manchmal unmöglich gemacht oder doch sehr erschwert. Zwar ist es normalerweise leicht, die Scherben einer antiken Vase von denen eines Zwiebelmuster-Service zu trennen – aber nicht dann, wenn beides fragmentiert und durchmischt wurde und wenn das eine das andere verfälscht und durchdringt. Beispielsweise sind ja Angst und Abwehr des Weiblichen, die zu den «objektiven», «wissenschaftlichen» Lehrmeinungen der Psychoanalyse geführt haben, überhaupt nicht direkt greifbar, nur indirekt nachweisbar. Aus der Starrheit und der vermeintlichen, erbittert verteidigten Objektivität läßt sich zwar auf den Druck dahinter schließen, so wie aus der Stärke einer Stadtmauer auf die Stärke der möglichen Feinde geschlossen werden kann. Aber Beweise dafür gibt es nicht. Allerdings fanden sich einige Gefäße, nachdem teilweise der Staub von männerbestimmten Jahrhunderten – vielleicht Jahrtausenden – abgetragen worden war, nur leicht beschädigt oder sogar ganz intakt; aber leider waren sie durch lange mißbräuchliche Benutzung zweckentfremdet worden, wie etwa ein Obstkorb, in dem lange Schädlingsbekämpfungsmittel oder Rattengift gelagert waren, keinen Hauch des ursprünglichen Duftes nach Weide und Äpfeln mehr enthält. Der ursprüngliche Gebrauch mancher Fundgegenstände war daher oft nicht mehr so unmittelbar zu verstehen. Einige Gefäße hatten so, gleichsam durch Gewohnheitsrecht, im Laufe der Zeit den Besitz gewechselt – wie der Gral etwa.

Manches war einfach in zwei unterschiedlich große Teile zerbrochen, von denen die eine Hälfte weitgehend fehlte. Sie mußte rekonstruiert werden, während die andere noch vorhanden war, allerdings recht beschädigt. Im Grunde ist es ja unsinnig und entspricht einer Zerlegung und künstlichen Spaltung in zwei Teile, wenn die Brust und das Nähren vom Gebären und von allen damit verbundenen Vorgängen getrennt betrachtet wird. Die Bedeutung von Schwangerschaft und Gebären konnte ja nie ganz geleugnet werden. Sie konnte nur reduziert werden auf das «Austragen» der Frucht, des Kindes also, das der Mann der Frau «gemacht» hatte, und auf das «Entbundenwerden». Und sie wurde pathologisiert, indem Schwangerschaft zur «Krankheit» mit vielen aufwendigen medizinischen Untersuchungen gemacht und die Geburt ins Krankenhaus verlegt wurde. Die erhaltene Hälfte ist also zwar vorhanden und bekannt, sie hat aber Risse und Sprünge bekommen. Auch sind wichtige Teile davon verlorengegangen, so der Symbolgehalt. Es gibt im Zuge der Pathologisierungsversuche der weiblichen Fähigkeiten eine Fülle von Literatur über die erhaltene Hälfte. Äußerst wenig – außer in medizinischen Fachbüchern auf rein organischer Grundlage – gibt es aber über die andere Hälfte des Ganzen, über die ursprünglich untrennbar mit der Fähigkeit des Gebärens, des Hervorbringens, verbundene Fähigkeit des Nährens, des Erhaltens, und die damit untrennbar verknüpfte Bedeutung und Funktion der Brust, insbesondere über ihre seelische Bedeutung und ihren Symbolgehalt.

Das Phänomen der Spaltung, die unsere Kultur wie ein Riß, ein Sprung, eine Bruchstelle durchzieht, macht sich auch hier deutlich bemerkbar. Ein Teil der weiblichen Potenzen wurde abgespalten, vergessen und aus unserem Bewußtsein verdrängt. Er ging verloren. Die beschädigte Hälfte des unliebsamen Gefäßes «Weiblichkeit», also die Gebärfähigkeit, ist nicht mehr so besonders wertvoll – und damit ihrer Bedeutung beraubt, aber so auch nicht mehr angsterregend. Die Züchtungs- und Manipulierungsversuche der letzten Jahre, Embryotransfer, «Retortenbabys», Genmanipulationen und Reproduktionstechnologien zeigen deutlich, wie brüchig dieses Gefäß weiterhin gemacht wird. Die Folgen davon, daß Zusammenhänge nämlich nicht mehr in ihrem ursprünglichen Sinn und auf ihrem natürlichen Hintergrund erlebt und erfahren werden können, betreffen wiederum hauptsächlich Frauen: Zunehmende psychische und körperliche Störungen und Krankheiten verunsichern sie. Wundert uns das? Und bei diesen Störungen wird dann, um dem Faß den Boden endgültig auszuschlagen, versucht, ganz logisch und wissenschaftlich die Zusammenhänge zu erklären, so wie es gerade Mode ist. Der Seele des Menschen, besonders der Frau, wird genauso Gewalt angetan wie dem Körper. So kommt es zu immer weiter zunehmender Beschädigung des noch Erhaltenen.

Ein einziges Beispiel kann die Brüchigkeit, die Einseitigkeit, die Spaltung vielleicht verdeutlichen. So wird versucht, das Wesen der Symbiose, also eine bestimmte Form von Verschmelzungsbestrebungen in Beziehungen, zu ergründen. Es gibt ganze Kongresse über dieses Thema, die versuchen, die Ursachen der – meist als krankhaft und narzißtisch angesehenen – Symbiose zu verstehen und Wege aus der pathologischen Symbiose des neurotisch Kranken zu finden, ohne auf die Ursprünge zu achten. Hier wird mit Einzelbruchstücken herumhantiert. Versuche allerdings, aus wenigen kleinen Fragmenten ein ganzes Gefäß zu rekonstruieren, müssen mißlingen, es sei denn, es gäbe eine genau gleiche Stelle an anderen Gefäßen, so daß sinngemäß die Vermutung möglich wäre, daß es sich hierbei um etwas Analoges handeln könne. Das Wesen der natürlichen normalen Symbiose zwischen Mutter und Kind, verkörpert durch die Verbindung über die Brust – Symbol symbiotischer Verbundenheit, Symbol auch paradiesischer Ganzheit –, wird mit keinem Gedanken gestreift: Denn was sollen uns «altbekannte Binsenweisheiten» «ohne Relevanz»? Von der verlorengegangenen Ganzheit geht niemand aus, um die Zerstörung zu verstehen. Dieser

Teil unseres eigentlich ursprünglichen menschlichen Wissens ist – falls er überhaupt noch ausgegraben werden kann – ebenfalls sehr restaurierungsbedürftig. Um in seiner Bedeutung wieder anerkannt werden zu können, müßte er erst einmal gefunden werden. Aber wer gräbt schon danach?

Eine Ausgrabung ist immer etwas sehr Spannendes, sie regt Neugier und Phantasie an. Eine Ausgrabung vermittelt uns jedoch immer nur ein Bild davon, wie das Leben am Ausgrabungsort beschaffen war. Sie läßt vieles offen. Die Rekonstruktionen von Scherben zeigen uns Eindrücke, aber sie sind für sich nicht mehr lebendig, sondern nur Reminiszenzen. Ausgrabungen erheben auch niemals den Anspruch auf Vollständigkeit oder Lückenlosigkeit. Zu vieles, besonders Zartes und Vergängliches, ist zerstört worden. Aber einiges läßt sich vielleicht wieder mit Leben füllen, indem wir es säubern, ausbessern und von neuem benutzen. Und weiteres läßt sich vielleicht noch finden, wenn wir die Suche danach nicht aufgeben.

Anmerkungen

Wie Frauen ihre Brust erleben

1 Stefan Zweig, Die Welt von Gestern, Fischer-TB, S. 63

Weitere verwendete Literatur:

Ayalah, Daphna/Weinstock, Isaac J.: Brüste. Frauen sprechen über ihre Brüste und ihr Leben, Berlin 1983

Borneman, Ernest: Lexikon der Sexualität, Herrsching 1984

Hertz, D. G./Molinski, H.: Psychosomatik der Frau. Entwicklungsstufen der weiblichen Identität in Gesundheit und Krankheit, Berlin 1980

Mester, Horst: Der Wunsch einer Frau nach Veränderung der Busengröße. Ein Beitrag zur Frage der Dysmorphophobia, Zschr. Psychosom. Med. 28, S. 69–91 (1982)

ders.: Motive einer kosmetischen Operation der Brüste. Schwierigkeiten der Indikationsstellung, Zschr. Sexualmedizin 10/1982

Wenderlein, Matthias: Psychosomatik in der Gynäkologie und Geburtshilfe, Stuttgart 1981

Wenner, Robert: Brustdrüsen und Laktation, Zschr. Sandorama 5/80, Basel

Was ist das, eine Frau?

1 Großer Brockhaus, Ausgabe 1978/79
2 Großer Brockhaus, Ausgabe 1884/87
3 Meyers Enzyklopädisches Lexikon, Ausgabe 1973/75
4 Freud, Sigmund, Werkausgabe in zwei Bänden, Gütersloh 1978, Band I, Drei Abhandlungen zur Sexualtheorie. Über die weibliche Sexualität, S. 355
5 Finkler, Rudi/Hansen, Nikolaus, Unbändig männlich. Ein Lesebuch für halbstarke Väter und Söhne, Hamburg 1983, S. 111f

6 Freud, Sigmund, ebenda, S. 294, siehe auch S. 273

7 Klein, Melanie, Die Psychoanalyse des Kindes, München/Basel 1971, S. 216, siehe auch S. 205

8 Klein, ebenda, S. 217

9 Klein, ebenda, S. 241

10 Horney, Karen, Die Psychologie der Frau, München 1977, S. 133

11 Deutsch, Helen, The Psychology of Women. A psychoanalytic Interpretation, 2 Volumes, New York 1944

12 Rotter, Lillian, Zur Psychologie des Weiblichen, München 1975, S. 370

13 Rotter, ebenda, S. 372

14 Rotter, ebenda, S. 374

15 Jung, Carl Gustav, Die Frau in Europa, in: Gesammelte Werke Bd. 10, Zivilisation im Übergang, Olten 1974, S. 135

16 Jung, ebenda, S. 140

17 Jung, Die Syzygie: Anima und Animus, in: Gesammelte Werke Bd. 9/2 Aion, Olten 1976, S. 23

18 Neumann, Erich, Zur Psychologie des Weiblichen, München 1975, S. 26 f

19 Groddeck, Georg, Das Buch vom Es, München 1961 (Erstausgabe Wien 1923), S. 76

20 Neumann, Erich, Das Kind. Struktur und Dynamik der werdenden Persönlichkeit, Fellbach 1980, S. 105

21 Paula Modersohn-Becker in Briefen und Tagebüchern, hrsg. Busch, G./Reinken, L. von, 1980

Weitere verwendete Literatur:

Duden Herkunftswörterbuch (Band 7), 1963

Kluge, Etymologisches Wörterbuch, Berlin 1975

Langenscheid: Lateinisch-Deutsch, Wörterbuch

Der kleine Stowasser: Lateinisch-deutsches Schulwörterbuch, München 1964

Hirschberg, Walter: Lexikon der Völkerkunde

Barz, Helmut: Wieso Gott-Vater? in: Schultz, Hans-Jürgen (Hrsg.), Vatersein, Stuttgart 1982

Murken-Altrogge, Christa: Paula Modersohn-Becker. Leben und Werk, Köln 1980

Nabakowski, Gislind: Frida Kahlo. Eine Frau malt um ihr Leben, in: art (Kunstmagazin) Nr. 8, August 1980

Pusch, Luise F.: Das Deutsche als Männersprache, Frankfurt 1984

Schlesier, Renate: Konstruktionen der Weiblichkeit bei Sigmund Freud, Frankfurt 1981

Steenfatt, Margret: Ich, Paula. Die Lebensgeschichte der Paula Modersohn-Becker, Weinhein und Basel 1983

Verlust der Brust durch Operation

Beck, D./König, U., et al.: Zur Psychosomatik des Mamma-Carcinoms, Zschr. für Psychosomatische Medizin Band 21, 1975

Beller, F. K./Wagner, K.: Wiederherstellungschirurgie nach Ablatio mammae, Zschr. Münchener Med. Wschr. 121 (1979), Nr. 44

Buchmann, Peter: Heilung durch Invalidisierung, Neue Zürcher Zeitung, 28.11.84, Nr. 278

Chasseguet-Smirgel, J.: Psychoanalyse der weiblichen Sexualität, Frankfurt, 1977

Cramer, J./Blohmke, M./Bahnson, C. B./Bahnson, M. B. et al: Psychosoziale Faktoren und Krebs, Zschr. Münchener Med. Wschr. 119 (1977), Nr. 43

Eicher, Wolf: Sexuelle Dysfunktion nach gynäkologischen Operationen und Möglichkeiten der Vermeidung, Sonderdruck aus Archives of Gynaecology, Vol. 232, München 1981

ders.: Die sexuelle Erlebnisfähigkeit und die Sexualstörungen der Frau, Stuttgart 1977

ders./Eiermann, Wolfgang: Mamma, Zschr. DIA 17, 1980

Faber, P.: Rehabilitation beim Mammakarzinom, Zschr. Klinikarzt 8 (1979), S. 656–661

Fest, Joachim C.: Hitler – eine Biographie, Berlin 1974

Flöhl, Rainer: Mehr Individualität bei der Krebstherapie, Frankfurter Allgemeine Zeitung, 14.3.84, Nr. 63

Girstenbrey, W.: Krebs und Psyche. Manuskripte, Bayerischer Rundfunk, Wissenschaftsredaktion, 1981

Gros, V./Brum-Valery, C.: Approche psychosomatique des affections mammaires, Zschr. Revue de Médecine Psychosom., Psychol. Medical 11, 1969, S. 239–250

Günther, Bernulf: Das Mammakarzinom – aktuelle Aspekte und Kontroversen, Zschr. Deutsches Ärzteblatt, 79. Jahrgang, Nr. 47/1982

Hahn, Mechthild: Psychosoziale Betreuung Krebskranker in Klinik und Praxis, Zschr. Klinikarzt 8 (1979), S. 662–668

Henle, Magda: Krebs – eine «weibliche» Krankheit? Zschr. Psychologie heute, Nr. 4, 9. Jahrgang 1982

Hertz, D. G. / Molinski, H.: Psychosomatik der Frau, Berlin 1980

Jäger, R. S.: Psychologische Diagnostik bei Krebskranken – Einige Überlegungen zu Strategien und Zielsetzungen, Deutsches Institut für Internationale Päd. Forschung, Nr. 106/107, Frankfurt 1982

Lermer, Stephan: Krebs und Psyche, München 1982

Le Shan, Lawrence: Psychotherapie gegen den Krebs, Stuttgart 1982

Lohmann, R. / Voges, B.: Mammakarzinom, Psychosoziale Aspekte, Zschr. Münchener Med. Wschr. 121, Nr. 44, 1979

Maehder, Kurt: Krebs und Psyche, Zschr. Biologische Medizin, 13. Jahrgang, Nr. 5/1984

Mardor, Lea: Yad L'Hakhlama (Reach to Recovery) in Israel, Zschr. Israel J. Med. Sci. Vol. 17, Nr. 9–10, 1981

Meerwein, Fritz (Hrsg.): Einführung in die Psycho-Onkologie, Bern 1981

Miller, Pamela J.: Mastectomy: a Review of Psychosocial Research, Zschr. Health and Social Work, 1981

Neumeyer, Michael / Wolff, E. / v. Ritter-Röhr, D.: Psychosoziale Aspekte des Mammakarzinoms, Zschr. Sexualmedizin, 9. Jahrgang, Nr. 3, 4, 5, 1980

Olbricht, Ingrid: Der Aussagewert der Plattenthermographie im Vergleich mit der klinischen und mammographischen Untersuchung, Diss. Marburg 1975

dies.: Die Bedeutung der Brust für die Frau aus psychotherapeutischer Sicht und die Folgen der Mastektomie, in: Jäger, R. S. (Hrsg.), Psychosoziale Nachsorge von Krebskranken, Deutsches Institut für Internationale Pädagogische Forschung, Frankfurt 1983

dies.: Die Bedeutung der weiblichen Brust als Organ und als Symbol aus psychotherapeutischer Sicht und die psychischen Folgen der Mastektomie, Zschr. Ärztin, 29./30. Jahrgang 12 (1982), 1 (1983)

Ryhinen, Olivier: Zur Problematik psychosomatischer Zusammenhänge beim Carcinom unter besonderer Berücksichtigung des Mamma-Carcinoms, Diss. Basel 1974

Sanger, Clare / Reznikoff, M.: A Comparison of the Psychological Effects of Breast-saving Procedures with the Modified Radical Mastectomy, Zschr. Cancer 48, American Cancer Society, 1981

Schmidt, Ursula: Die Frauenselbsthilfe nach Krebs, in: Psychosoziale Nachsorge von Krebskranken, Deutsches Institut für Internationale Pädagogische Forschung, Frankfurt 1983

dies.: Frauenselbsthilfe nach Krebs, Interview, Zschr. Ärztin 4/1982

Schule / Trimborn: Rehabilitation nach Mammakarzinom, München 1984

Shukla, H. S./Sandeep, Kumar, et al.: An investigation of delay in treatment of breast cancer, Zschr. Indian J. Med. Res. 73, May 1981, S. 815–818

Trotnow, S./Pauli, H. K.: Gibt es soziale Unterschiede zwischen Frauen mit gutartigem und Frauen mit bösartigem Brusttumor? In: H. H. Abholz, Krankheit und soziale Lage, Frankfurt-New York 1976

Wenderlein, J. M.: Klinischer Verlauf nach Brustkrebs – Therapie durch Persönlichkeits-Faktoren mitbestimmt? Zschr. Praxis der Psychotherapie u. Psychosomatik 27, 1982

Ziegler, Gismar: Zum derzeitigen Stand psychosomatischer Tumorforschung und Therapie, in: Psychosoziale Nachsorge von Krebskranken, Deutsches Institut für Internationale Pädagogische Forschung, Frankfurt 1983

Die weibliche Brust als sexuelles Organ

1 Wolf, Christa, Kassandra, Darmstadt 1983, S. 124
2 zitiert nach Theweleit, Klaus, Männerphantasien, Hamburg 1980, S. 124

Weitere verwendete Literatur:

Baumann, Hans-Oskar: Wo nur noch Ausziehen anzieht, Stern Nr. 47/1984

Borneman, Ernest: Lexikon der Sexualität, Herrsching 1984

Brownmiller, Susan: Weiblichkeit, Frankfurt 1984

Grützmacher-Sawicka, Iris: Die erotische Bedeutung der Brust aus frauenärztlicher Sicht, in: praktische sexualmedizin, Verlag Medical Tribune GmbH, Wiesbaden 1984

Huber, R.: Die erotische Bedeutung der Brust aus anthropologischer und historischer Sicht, ebenda

Sigusch, Volkmar: Exzitation und Orgasmus bei der Frau, Stuttgart 1970

Springer-Kremser, Marianne: Die erotische Bedeutung der Brust aus psychoanalytischer Sicht, ebenda

Wenderlein, Matthias: Psychosomatik in der Gynäkologie und Geburtshilfe, Stuttgart 1981

Die Brust als mütterliches Organ

1 Körner, Heinz (Hrsg.): Die Farben der Wirklichkeit, ein Märchen-buch, *Lucy Körner Verlag*, Fellbach 1983

Weitere verwendete Literatur:

Baumgartner, C.: Die psychomotorische und soziale Entwicklung von brustgestillten und flaschenernährten Kindern im ersten Lebensjahr, Zschr. Praxis der Psychotherapie u. Psychosomatik 28/4, Juli 1983

Czerwinski, Claudia: Der Streit um die Muttermilch, Zschr. Ärztin 10/1983

Duden: Das Herkunftswörterbuch (Bd. 7), Mannheim 1963

Ehrenreich, Barbara/English, Deidre: Hexen, Hebammen und Kran-kenschwestern, München 1975

Eibl-Eibesfeldt, Irenäus: Die !KO-Buschmanngesellschaft, München 1972

Hertz, D. G./Molinski, H.: Psychosomatik der Frau. Entwicklungs-stufen der weiblichen Identität in Gesundheit und Krankheit, Berlin 1980

Kluge, Friedrich: Etymologisches Wörterbuch der deutschen Sprache, Berlin 1975

Palgi, Phyllis/Issroff, Judith: Being female – the inner and outer wo-man from a cross-cultural perspective, Kap. 1, in: Handbook of Psychosomatic Obstetrics and Gynaecology, ed. Dennerstein L. & Burows G., Elsevier Biomedical, Holland 1983

Peters, Egon: Fördert Muttermilch den Zahnfeind Karies? Zschr. Me-dizin heute 9/1984

Stark, Eva-Maria: geboren werden und gebären. Eine Streitschrift für die Neugestaltung von Schwangerschaft, Geburt und Mutterschaft, München 1976

Teppe-Seiradakes, Benedikta/Sternowsky, Hans-J.: Bereitschaft zum Stillen, Zschr. Deutsches Ärzteblatt, 79. Jahrg., Nr. 33/1982

Theweleit, Klaus: Männerphantasien, Bd. 1, Hamburg 1980

Wenner, Robert: Die Laktation. Verhinderung und Unterdrückung, Sandoz-Broschüre, Basel o. J.

World Health Organization: Women and Breast-Feeding, Broschüre, Genf o. J.

Die seelische Bedeutung der weiblichen Brust

1 Spiegel Nr. 48, 26.11.1984, S. 59
2 Eibl-Eibesfeldt, Irenäus, Menschenforschung auf neuen Wegen. Die naturwissenschaftliche Betrachtung kultureller Verhaltensweisen, Wien/München/Zürich 1976
3 Martin Buber, zitiert nach Goldschmidt, Herman Levin, Abschied von Martin Buber, Köln/Olten 1966, S. 25

Weitere verwendete Literatur:

Ayalah, Daphna/Weinstock, Isaac J.: Brüste. Frauen sprechen über ihre Brüste und ihr Leben, Berlin 1983

Buber, Martin: Das Problem des Menschen, Heidelberg 1982

Chesler, Phyllis: Frauen – das verrückte Geschlecht, Reinbek 1977

Daly, Mary: Gyn/Ökologie. Eine Meta-Ethik des radikalen Feminismus, München 1980

Dorsch, Friedrich: Psychologisches Wörterbuch, Bern 1976

Duden: Das Herkunftswörterbuch (Bd. 7), Mannheim 1963

Ebach, Jürgen: Liebe und Paradies, Zschr. Anstösse 2/1983

Groddeck, Georg: Krankheit als Symbol. Schriften zur Psychosomatik, Frankfurt 1983

Grossmann, Klaus E.: Die Qualität der Beziehung zwischen Eltern und Kind, Zschr. Praxis d. Psychotherapie u. Psychosomatik 30/1, Jan. 1985

Kluge, Friedrich: Etymologisches Wörterbuch, Berlin 1975

Jacoby, Mario: Sehnsucht nach dem Paradies, Fellbach 1980

Palgi, Phyllis/Issroff, Judith: Being female – the inner and outer woman from a cross-cultural perspective, in: Handbook of Psychosomatic Obstetrics and Gynaecology, Dennerstein & Burrows, Holland 1983

Shuttle, Penelope/Redgrove, Peter: Die weise Wunde Menstruation, Frankfurt 1984

Zur Symbolik der weiblichen Brust

1 Kinder- und Hausmärchen. Gesammelt durch die Brüder Grimm
2 ebenda
3 ebenda
4 ebenda
5 ebenda

6 ebenda

7 Kaukasische Märchen. Aufgezeichnet von Ulrich Benzel, Regensburg

8 Deutsche Märchen vor und nach Grimm, Hrsg. N. Hesse, Zürich

9 Grimms Märchen

10 Provenzalische Märchen, Frankfurt, S. 149

11 Märchen aus Dänemark, Norwegen und Schweden

12 Grimms Märchen

13 Zigeunermärchen, Frankfurt, S. 223

14 ebenda, S. 262

15 ebenda, S. 198

16 Märchen aus Polen, Ungarn und der Slowakei, S. 122

17 Zigeunermärchen, Frankfurt, S. 250

18 Grimms Märchen

19 Thomas Mann, Der Erwählte, Frankfurt 1956, S. 208 ff

20 ebenda, S. 213

21 ebenda, S. 253

22 Märchen aus England, Schottland und Irland, S. 209

23 Märchen aus Frankreich, den Niederlanden und der Schweiz, S. 30

24 zitiert nach Burdach, Konrad, Der Gral. Forschungen über seinen Ursprung und seinen Zusammenhang mit der Longinuslegende, Darmstadt 1974

25 zitiert nach: Glasenapp, Helmut von, Indische Geisteswelt. Glaube, Dichtung und Wissenschaft der Hindus, Wiesbaden

26 Grimms Märchen

27 Grimms Märchen

28 Herd, G. H., Guardians of the Floods

29 Jaspers, Karl, Allgemeine Psychopathologie, Berlin 1946, S. 276

30 Aschwanden, Herbert, Symbole des Lebens. Bewußtseinsanalyse eines afrikanischen Volkes, Zürich 1976

Weitere verwendete Literatur:
Lexika:

Bächtold-Stäubli, Hanns (Hrsg.): Handwörterbuch des deutschen Aberglaubens (Stichwort: Brüste, Bd. I), Berlin 1942

Bauer, Wolfgang / Dümotz, Irmtraud / Golowin, Sergius: Lexikon der Symbole, Wiesbaden 1984

Beit, Hedwig von: Symbolik des Märchens (2 Bde.), Bern 1972

Bertholet, Alfred: Wörterbuch der Religionen, Stuttgart 1976

Chevalier, Jean / Gheerbrant, Alain: Dictionnaire des symboles (4 Bde.), Seghers et Jupiter, Paris 1973

Grant, Michael / Hazel, John: Lexikon der antiken Mythen und Gestalten, München 1976

Haussig, H. W. (Hrsg.): Wörterbuch der Mythologie. I. Abteilung, 8. Lieferung: Moeller, Volker, Die Mythologie der vedischen Religion und des Hinduismus, Stuttgart 1966

Herder-Lexikon: Symbole, Freiburg 1978

Hirschberg, Walter: Wörterbuch der Völkerkunde, Stuttgart 1965

Lurker, Manfred: Wörterbuch der Symbolik, Stuttgart 1979

Ranke, Kurt (Hrsg.): Enzyklopädie des Märchens (Stichwörter: Adoption und Brüste) Bd. 2, Berlin 1979

Scherf, Walter: Lexikon der Zaubermärchen, Stuttgart 1982

Schliephacke, Bruno P.: Bildersprache der Seele. Lexikon zur Symbolpsychologie, Berlin 1979

Vollmer: Wörterbuch der Mythologie, Reprint der Originalausgabe 1874, Wiesbaden 1983

Becker, H.: Psychodynamic Aspects of Breast Cancer, Zschr. Psychotherapie u. Psychosomatik 32 / 1979

Benz, Andreas E.: Der Gebärneid der Männer, Zschr. Psyche 38, 4 / 1984

Bettelheim, Bruno: Die symbolischen Wunden. Pubertätsriten und der Neid des Mannes, München 1975

Birkhäuser-Oeri, Sibylle: Die Mutter im Märchen, Stuttgart 1976

Borneman, Ernest: Das Patriarchat, Frankfurt 1979

Chrestien de Troyes: Perceval oder die Geschichte vom Gral, Stuttgart 1963

David, Ann Rosalie: Aegyptische Mumien. Ein Forschungsbericht des Museums von Manchester. Aus: Mannheimer Forum 80 / 81

Devereux, Georges: Baubo. Die mythische Vulva, Frankfurt 1981

Eliade, Mircea: Die Religionen und das Heilige, Darmstadt 1976

Früh, Sigrid / Wehse, Rainer (Hrsg.): Die Frau im Märchen. Im Auftrag der Europäischen Märchengesellschaft, Kassel, 1985

Grimal, Pierre: Mythen der Völker (3 Bde.), Frankfurt 1967

Jung, Emma / Franz, Marie Louise von: Die Gralslegende in psychologischer Sicht, Olten / Freiburg 1980

Kerényi, Karl: Mythologie der Griechen I, Zürich 1964

Laiblin, Wilhelm (Hrsg.): Märchenforschung und Tiefenpsychologie, Darmstadt 1975

Leca, Ange-Pierre: Die Mumien, Düsseldorf 1982

Mann, Ullrich: Schöpfungsmythen, Stuttgart 1982

Mann, Ullrich: Theogonische Tage, Stuttgart 1970

Matthews, John: Der Gral. Die Suche nach dem Ewigen, Frankfurt 1981

Meyer, Rudolf: Zum Raum wird hier die Zeit. Die Gralsgeschichte, Frankfurt 1983

Neumann, Erich: Die Große Mutter. Eine Phänomenologie der weiblichen Gestaltungen des Unbewußten, Olten / Freiburg 1974

Orlandi, E. (Hrsg.): Buddha und seine Zeit, Wiesbaden 1967

Riedel, Ingrid: Farben, Stuttgart 1983

Röhl, Klaus Rainer: Aufstand der Amazonen. Geschichte einer Legende, Düsseldorf / Wien 1982

Schliephacke, Bruno P.: Märchen, Seele und Sinnbild. Neue Wege zu altem Wissen, Münster / Westf. 1974

Schult, Arthur: Die Weltsendung des Heiligen Gral in Parzival des Wolfram von Eschenbach, Bietigheim 1975

Shuttle, Penelope / Redgrove, Peter: Die weise Wunde Menstruation, Frankfurt 1982

Voss, Jutta: Das Schwarzmond-Tabu, Stuttgart 1988

JORGOS CANACAKIS
KRISTINE SCHNEIDER

KREBS
Die Angst
hat nicht
das letzte
Wort

KREUZ VERLAG

Im Kampf gegen den Krebs hat die medizinische Forschung vieles in Bewegung gesetzt, was Hoffnung auf Heilung weckt – wenigstens was den direkten körperlichen Eingriff betrifft. Im seelischen Bereich aber treibt die medizinische Maschinerie die Betroffenen in vielen Fällen in die Entfremdung von Körper und Geist. Sie erleben das Wegschneiden, Wegbestrahlen, Weggiften als fantastischen apparativen Aufwand, hinter dem der Mensch mit seinen Empfindungen, Fragen und Gefühlen nicht mehr sichtbar wird. Die Autoren dieses Buches wollen Abschied nehmen von der High-Tech-Apparatemedizin in der Krebsbekämpfung und zeigen Wege, sich ganzheitlich mit der Krankheit auseinanderzusetzen.

Jorgos Canacakis/
Kristine Schneider
**Krebs –
Die Angst hat nicht
das letzte Wort**
*280 Seiten,
kartoniert
mit vierfarbigem
Umschlag,*
ISBN 3-7831-0935-3

Jutta Voss
**Das
Schwarz
mond-
Tabu**
*Die kulturelle
Bedeutung
des weiblichen
Zyklus*

Kreuz Verlag

Über der Menstruation liegt bis heute ein gesellschaftliches Tabu, das sich in Medizin, Psychotherapie, Religionswissenschaft und Theologie auswirkt. In ihrer breit angelegten Studie über die Bedeutung des weiblichen Zyklus in matriarchalen Kulturen belegt die Autorin, daß ursprünglich Heiliges zum Verfluchten wurde. Symbol dafür ist die einst als heilig verehrte Wildsau.

Jutta Voss
**Das Schwarzmond-
Tabu**
Die kulturelle Bedeutung des weiblichen Zyklus
*280 Seiten mit
Schwarz-weiß-Abbildungen, gebunden*
ISBN 3-7831-0944-2

Kreuz
Verlag